课程思政优秀教学案例库

文化与传播专业 课程思政 教学案例集萃

陆彦明 主编

首都经济贸易大学出版社
Capital University of Economics and Business Press
·北京·

图书在版编目（CIP）数据

文化与传播专业课程思政教学案例集萃 / 陆彦明主编 .
--北京：首都经济贸易大学出版社，2024. 1
ISBN 978-7-5638-3638-3

Ⅰ. ①文… Ⅱ. ①陆… Ⅲ. ①高等学校-思想政治教育-教案（教育）-汇编-中国 Ⅳ. ①G641

中国国家版本馆 CIP 数据核字（2023）第 254401 号

文化与传播专业课程思政教学案例集萃
WENHUA YU CHUANBO ZHUANYE KECHENG SIZHENG JIAOXUE ANLI JICUI
陆彦明 主编

责任编辑 杨丹璇
封面设计 风得信·阿东 FondesyDesign
出版发行 首都经济贸易大学出版社
地　　址 北京市朝阳区红庙（邮编 100026）
电　　话 （010）65976483　65065761　65071505（传真）
网　　址 http://www.sjmcb.com
E- mail publish@cueb.edu.cn
经　　销 全国新华书店
照　　排 北京砚祥志远激光照排技术有限公司
印　　刷 北京建宏印刷有限公司
成品尺寸 170 毫米×240 毫米　1/16
字　　数 307 千字
印　　张 15. 25
版　　次 2024 年 1 月第 1 版　2024 年 1 月第 1 次印刷
书　　号 ISBN 978-7-5638-3638-3
定　　价 68. 00 元

目　录

一、传播学专业课程思政案例

二、广告学专业课程思政案例

三、艺术类专业课程思政案例

一、传播学专业课程思政案例

“媒体姓党”与舆论监督

课程名称： 传播法

课程性质： □公共课　☑专业课

课程类别： ☑理论课　□实践课　□理论实践一体课

课程所属学科及专业： 新闻传播学

授课教师： 郑文明

授课对象： 文化与传播学院传播系本科生

一、课程简介

传播法是为传播学专业本科生开设的专业核心课程。通过本门课程的教学，学生能够在中国特色社会主义法治理论指导下，系统掌握我国传播法的基本概念、原理和制度，熟悉作为公民尤其是媒体从业人员在传播活动过程中应享有的表达自由的权利和应履行的义务，学会正确地处理“喉舌论”与舆论监督权的关系，增强自己的传播法律意识，培育正确的言论法治观念，较好地应对未来职业生涯中的各种法律风险。

本课程是一门与传播学交叉的法学类课程。它围绕“表达自由”这一基本权利展开，包括表达自由的法律保护和限制两个部分。本课程坚持理论联系实际原则，通过结合介绍典型案例，系统讲授传播法的基本概念、表达自由价值与法律保护、表达自由的法律限制、内容规制理论、新闻自由、舆论监督权、知情权与政府信息公开、表达自由与国家安全的冲突与平衡、淫秽色情和虚假等信息的监管、传播活动中传媒侵犯名誉权和个人信息权等、传媒与司法的关系、传媒著作权。

目标1：通过本门课程的教学，学生在思想上能够认识到传播法对于中国特色社会主义民主与法治建设以及在自己未来职业发展中的重要性，认识到国家依法保障公民行使言论自由权利，国家依法对传媒进行监管是建设社会主义法治国家的重要组成部分。

目标2：通过本门课程的教学，学生能够在中国特色社会主义法治理论指导下，系统掌握传播法的基本概念、原理、传播规范体系和基本制度等方面的知识。

目标3：通过本门课程的教学，培养学生自觉运用传播法基本原理分析和解决现实问题的能力，包括厘清传播活动中的各项法律关系，学会正确行使表达自由权利，发挥传媒的舆论监督功能，同时在大众传播活动中自觉维护国家安全、公共利益，遵守国家对大众传播活动及各类传媒的管理制度，并高度尊重公民、法人的合法权益，学会正确地处理“喉舌论”与舆论监督权的关系，充分发挥传媒对于我国社会主义民主与法治建设的积极推动作用。

二、课程思政元素发掘

本课程各个章节在授课时包含的思政元素如下：

元素1：言论法治观。法治是一种与人治对立，强调以法治国、法律至上、法律具有最高地位的治国方略，是一种民主的法制模式和依法办事而形成的法律秩序，是一种包含人民性、权利本位、平等、正当性等内容的法律价值和法律精神，是一种追求富裕、民主、文明和安全的理想社会模式。1999年3月5日第九届全国人民代表大会第二次会议通过了宪法第13条修正案，在宪法第5条增加一款规定：“中华人民共和国实行依法治国，建设社会主义法治国家”，明确以国家根本大法的形式把依法治国的治国方略上升为一项基本的法律原则。2018年3月11日，第十三届全国人民代表大会第一次会议高票通过了对现行宪法的第五次修正。其内容之一即是在第24条内容中增加“国家倡导社会主义核心价值观”，而“法治”是社会主义核心价值观的构成要素之一。言论法治是法治理论的重要组成部分，言论法治建设是中国法治建设不可分割的组成部分。通过本部分内容的学习，可以让学生认识到在新闻传播领域贯彻言论法治原则的重要性。

元素2：公民表达自由权利的保障和限制。表达自由权利是一项受到《世界人权宣言》和《公民权利和政治权利国际公约》保障的基本人权，也是一项我国宪法重点保护的权利。我国宪法第35条规定：“中华人民共和国公民有言论、出版、集会、结社、游行、示威的自由。”第41条规定：“中华人民共和国公民对于任何国家机关和国家工作人员，有提出批评和建议的权利；对于任何国家机关和国家工作人员的违法失职行为，有向有关国家机关提出申诉、控告或者检举的权利，但是不得捏造或者歪曲事实进行诬告陷害。”第47条规定：“中华人民共和国公民有进行科学研究、文学艺术创作和其他文化活动的自由。国家对于从事教育、科学、技术、文学、艺术和其他文化事业的公民的有益于人民的创造性

工作，给以鼓励和帮助。"

但任何权利都不可能是绝对的，表达自由的权利也是如此。我国宪法第 51 条规定："中华人民共和国公民在行使自由和权利的时候，不得损害国家的、社会的、集体的利益和其他公民的合法的自由和权利。"本条规定构成了对上述表达自由权利保护性规定的限制。

通过对本部分内容的学习，学生应懂得表达自由权利是公民的基本权利，国家有义务提供保护和协助，同时还要谨记，包括媒体从业人员在内的每一个公民在行使表达自由权利时不能损害国家利益、公共利益以及其他公民的相关权益。

元素 3："媒体姓党"与舆论监督。2016 年 2 月 19 日，习近平总书记在北京主持召开党的新闻舆论工作座谈会并发表重要讲话，强调党的新闻舆论工作坚持党性原则，最根本的是坚持党对新闻舆论工作的领导。党和政府主办的媒体是党和政府的宣传阵地，必须姓党。"党媒姓党"这一论述深刻回答了新时代下党的新闻舆论事业发展的一系列重大问题，丰富和发展了党的新闻舆论工作理论，是指导做好新形势下党的新闻舆论工作的指南。同时强调，坚持媒体姓党原则和正面宣传为主，并非否定舆论监督。舆论监督是现代社会反腐败斗争的一项重要手段。通过舆论监督使腐败行为暴露在光天化日之下，可以约束政府部门和官员的权力，从而达到有效遏制腐败行为，实现社会公平正义的目的。习近平总书记指出："舆论监督和正面宣传是统一的。新闻媒体要直面工作中存在的问题，直面社会丑恶现象，激浊扬清、针砭时弊，同时发表批评性报道要事实准确、分析客观。"总之，媒体姓党和舆论监督是统一的。

通过对本部分内容的学习，学生应牢记新闻媒体从业人员在新闻工作中必须坚持党性原则，将媒体姓党和舆论监督有机结合起来。

元素 4：表达自由与英雄烈士人格权之间的冲突与平衡问题。2018 年 4 月 27 日，第十三届全国人民代表大会常务委员会第二次会议通过《中华人民共和国英雄烈士保护法》（以下简称《英雄烈士保护法》），全面加强对英雄烈士的保护，维护社会公共利益，弘扬社会主义核心价值观。《英雄烈士保护法》明确规定，国家和人民永远尊崇、铭记英雄烈士为国家、人民和民族作出的牺牲和贡献。国家保护英雄烈士，对英雄烈士予以褒扬、纪念，加强对英雄烈士事迹和精神的宣传、教育，维护英雄烈士尊严和合法权益。《英雄烈士保护法》强调，以侮辱、诽谤或者其他方式侵害英雄烈士的姓名、肖像、名誉、荣誉，损害社会公共利益的，依法承担民事责任；构成违反治安管理行为的，由公安机关依法给予治安管理处罚；构成犯罪的，依法追究刑事责任。因此，公民在行使表达自由权利时，一定不能损害英雄烈士的各项人格权。

元素 5：遵守社会主义新闻职业道德规范。媒体从业人员除了严格遵守各项传播法律规范外，还要恪守新闻职业道德规范。2019 年 11 月 7 日，中华全国新闻工作者协会第九届全国理事会第五次常务理事会对《中国新闻工作者职业道德准则》进行了修订，包括全心全意为人民服务、坚持正确舆论导向、坚持新闻真实性原则、发扬优良作风、坚持改进创新、遵守法律纪律、对外展示良好形象等 7 条准则。践行这些道德规范，需要新闻工作者从思想上提高认识，行动上自觉实践，始终坚守理想，明确责任，恪守职责，加强自律，做一个有职业理想、道德修养和思想情操的人。

三、教案设计

（一）教学目标

知识目标：全面系统地了解和掌握“媒体姓党”和舆论监督的基本含义以及两者之间相互冲突与相互统一的关系。

能力目标：培养学生运用“媒体姓党”和舆论监督的辩证关系理论去分析、解决从业过程中的相关具体问题的能力。

育人目标：培养学生自主分析、辩证看待、全面认识事物的能力。

（二）教学内容

教学重点：“媒体姓党”的基本含义、“媒体姓党”与舆论监督两者之间既冲突又平衡的关系。

教学难点：“媒体姓党”是否等于所有媒体都姓党？舆论监督与新闻自由的区别。

（三）教学手段与方法

1. 问题导学法

通过具体案例或典型事件引出本课要解决的主要问题，即“媒体姓党”的具体含义是什么、舆论监督和新闻自由有何区别、“媒体姓党”与舆论监督的关系。通过问题引入讲授内容可以激发学生学习兴趣，拓宽视野（增加知识积累）。

2. 比较式讲授法

舆论监督是中国新闻媒体的一项基本功能，是社会监督的重要武器，它可以监督政府工作中的缺点和错误，可以批评群众中的消极落后现象，可以揭露社会上的阴暗面和腐败现象。舆论监督有点类似于西方的新闻自由，但两者之间有本质的区别。本次课程运用比较式讲授法讲解舆论监督和新闻自由之间的差异，使学生在比较研究中深入了解并掌握舆论监督的本质。

3. 讨论式教学法

"媒体姓党"强调新闻媒体对党和政府要进行正面宣传报道，而舆论监督则是一种对党和政府在实际工作中存在的问题进行的善意批评，两者之间必然产生冲突，如何平衡这种冲突是本次课程需要重点讲解的内容，也是本次课程讲解的难点。在学生对"媒体姓党"和舆论监督的基本含义、理论有一定了解的基础上，可以通过分组讨论的方式让学生就两者之间的关系以及如何解决两者之间的冲突问题进行归纳和总结。

（四）教学过程

1. 课程导入

给学生播放中央广播电视总台《焦点访谈》栏目2021年8月24日制作的节目《能耗超低 建筑变'绿'》和《每周质量报告》栏目2021年7月25日制作的节目《电动自行车质量调查》，通过这两个具体案例引出两个问题，即新闻媒体如何做正面报道、如何进行舆论监督，进而引申出本课要解决的主要问题，即"媒体姓党"的具体含义是什么、"媒体姓党"与舆论监督的关系、舆论监督和新闻自由有何区别。

2. 新课讲授

首先，介绍"媒体姓党"这一论述是如何产生的。2016年伊始，习近平总书记到人民日报社、新华通讯社、中央电视台考察调研，并于2月19日下午主持召开党的新闻舆论工作座谈会。会上，习近平总书记指出，新闻舆论工作各方面、各个环节都要坚持正确舆论导向，提出了"媒体姓党"的思想。其次，对"媒体姓党"的具体含义进行讲解。习近平强调，党的新闻舆论工作坚持党性原则，最根本的是坚持党对新闻舆论工作的领导。党和政府主办的媒体是党和政府的宣传阵地，必须姓党。党的新闻舆论媒体的所有工作，都要体现党的意志、反映党的主张，维护党中央权威、维护党的团结，做到爱党、护党、为党；都要增强看齐意识，在思想上政治上行动上同党中央保持高度一致；都要坚持党性和人民性相统一，把党的理论和路线方针政策变成人民群众的自觉行动，及时把人民群众创造的经验和面临的实际情况反映出来，丰富人民精神世界，增强人民精神力量。新闻观是新闻舆论工作的灵魂。要深入开展马克思主义新闻观教育，引导广大新闻舆论工作者做党的政策主张的传播者、时代风云的记录者、社会进步的推动者、公平正义的守望者。再次，讲授"媒体姓党"和舆论监督之间的关系以及如何平衡两者之间的冲突。"媒体姓党"强调新闻媒体要听党话，也就是新闻媒体要做正面宣传，而正面宣传和舆论监督从表面上看似乎是对立的，但其实它们之间是辩证统一的关系。正面宣传是运用新闻手段去发掘社会生活中的光明、正义、善行、义举，发现社会生活中的好人好事，传播正能量，传递人间大爱。而舆论监督则是对党和政府工作中的缺点和失误、党员干部中的腐败现象以及人民内部出现的问题及错误开展批评和进行监督。最后，分析舆论监督和新闻自由两者之间的区别。这一区别主要表现为：舆论监督的理论基础是“喉舌论”，而新闻自由的理论基础是“第四权”理论；舆论监督强调党的领导下的内部反映或公开报道，新闻自由强调新闻媒体相对独立于立法、行政与司法权等。

3. 课程思政

本部分教学内容课程思政主要表现为：第一，“媒体姓党”论述是马克思主义新闻观中党性原则在新时代的体现；第二，“媒体姓党”和舆论监督辩证统一的观点以及对西方新闻自由理论的批判性吸收体现了党的理论自信和制度自信。

4. 小结

“媒体姓党”是马克思主义新闻观的重要内容，是新时代的党性原则；“媒体姓党”尤其是“党媒姓党”是党媒的客观属性，其与舆论监督是辩证统一的关系。在实践中，媒体从业人员应该自觉将“媒体姓党”与舆论监督有机结合起来，并将舆论监督与新闻自由区别开来。

四、教学效果分析

（一）实施效果

（1）明确了课程的价值目标，提高了育人效果。学生基本上弄清了“媒体姓党”的基本含义以及“媒体姓党”与舆论监督的关系。

（2）注重课程设计，较好地满足了大学生对有难度的高质量学习的需求，提高了课程的挑战度，增强了学生的获得感。

（3）从知识与能力、情感与态度、价值与立场这三个维度，组织课堂教学和课下阅读，同步实现价值塑造、能力培养、知识传授三位一体的教学目标，教学方法接地气，课堂互动感强，学生参与度高。

（二）存在的实际困难和问题

（1）传播学专业的本科生普遍缺乏法律基础知识和法学思维方式，对法学中的一些基本概念、基本原理和基本理论缺乏认知。再加上传播法涉及宪法、刑法、行政法、民法、知识产权法、诉讼法等众多法律部门，对于没有法学基础知识的学生来说，更增加了本门课教授讲课和被学生接受并喜爱的难度。

（2）学生的课前预习、课后阅读情况参差不齐。

（3）总体上学生对本门课的重要性认识不足，不愿投入更多的时间和精力，

绝大多数学生只做到了上课认真听。

（三）今后的改进思路和注意事项

（1）采用现代教育技术，如雨课堂等，优化课程设计，进一步提高学生的课堂参与度和课堂教学效果。

（2）加大课前预习检查和课后阅读的指导和监控力度。

“定量资料搜集与分析”中的思政建设

课程名称：传播研究方法

课程性质：□公共课 ☑专业课

课程类别：□理论课 □实践课 ☑理论实践一体课

课程所属学科及专业：传播学

授课教师：李先知

授课对象：传播学二年级本科

一、课程简介

本课程围绕新闻传播学研究过程中所使用的系列方法，系统介绍研究的基本原理和具体技术，内容主要包括社会科学研究的原理及一般步骤、研究问题选取、研究方案设计、概念测量与操作化、抽样原理与方法、问卷调查研究方法、实验研究方法、实地研究方法、非介入性研究方法、定量和定性分析方法、研究结果表达等传播学研究中一些常用而成熟的方法。

课程采用双语教学模式，课堂讲授和课外实践相结合，要求每位学生全程参与课外实践，使学生能够利用传播学的基本研究方法，观察、分析、理解当代社会传播中的现实问题，提高其综合分析问题和抽象思维的能力，达到学以致用的效果。

二、课程思政元素发掘

元素1：引导学生树立求真务实、突破陈规的科学研究精神。课程希望培养学生突破陈规、求真务实、大胆探索的科学创新精神，提升学生从事求知的意识和能力，从而培育学生的现实批判意识和创新精神，让学生树立专业自信及认同。

元素2：培养学生规范使用科学研究技术的能力。在整个教学过程中，学生

要学会如何科学规范地操作，严格以客观真实的资料为基础，不捏造数据，不弄虚作假，不一知半解，而是遵循科学的途径，实事求是，对"真实"进行系统的探索。

三、教案设计

（一）教学目标

1. 知识目标

全面学习定量资料搜集和分析的基本原理、问卷研究的类型和基本结构、问卷设计的基本原则、定量数据的准备和操作、定量数据的基本分析关系类型、定量数据分析的主要步骤。

2. 能力目标

通过本课程的学习，学生能够自己设计问卷、发放问卷、搜集数据、分析数据，了解社会传播研究的基本思维。

3. 价值目标

提高学生综合分析问题和抽象思维的能力，达到学以致用的效果，追求学生能力的培养而不是知识的普及。

（二）教学内容

教学内容：

（1）问卷研究基本概念。

（2）问卷法的优缺点。

（3）问卷设计。

（4）数据准入和操作。

（5）变量间的关系类型。

（6）数据分析的基本步骤。

教学重点：掌握如何设计问卷，掌握资料整理和初步的统计分析。

教学难点：对具体社会现象进行问卷调查和数据分析。

（三）教学手段与方法

方法类课程的教学旨在使学生更为系统科学地开展一项规范化的研究，同时培养他们观察、分析、理解当代各类社会现象的基本思维。因此，本课程不是停滞于理论讲解式的"授人以鱼"，而是侧重培养学生运用理论知识进行实践研究的能力，使教学进入"授人以渔"的更高层面。

因此，本课程打破了以往只有线下课堂讲授的教学方式，采用了多种教学方式相结合：理论知识以课堂讲授为主，案例分析和数据分析则以线上课件学习和学生实操为主。

1. 线下教学：理论知识讲授为主

由于学生对传播研究方法课程认知的完全缺失以及偏差认知，因此课程理论知识讲授非常必要，这也是该课程建设的重要部分。

2. 线上教学：借力多方平台采集数据和统计分析

教师向学生讲授理论知识，可以让学生对该课程形成系统性的认知。但是在教师主讲的传授型教学中，学生大多处于接受信息的地位，他们只知道理论，却不知道这些理论当初是怎么研究出来的，以及是不是存在研究设计的问题等。而方法类课程有助于学生转变思维方式，即从单纯地接受知识点转向对这些知识点进行思考，进而发现问题、研究问题。因此，该课程设计的关键就是注重学思结合。

（四）教学过程

本课程有理论教学内容，但更重视实践、实证研究。在课程讲授上，将理论知识讲授与学生社会实践操作相结合，既有课堂教学内容，又有线上学生自主学习内容，还有课外社会实践调查内容。

1. 线下理论知识讲授，采用启发式教学

本课程理论部分知识，采用教师讲授、案例分析、课堂讨论相结合的互动式、综合教学方法。采用启发式教学方法，鼓励学生提问和参与讨论，使用与学生日常生活相关的社会现象作为案例，以调动学生的学习兴趣，提高其课堂参与度，并做到学以致用。

2. 线上数据采集分析，“借力而行”采用“小步走路”策略

考虑到该课程学生以文科生为主，数学基础相对薄弱，学生存在对数据的畏难情绪，该课程要适当促进但又不能大跃进，充分发挥学生的优势和长处，有效弥补学生的不足之处。所以，在课程教学上，要尽可能让学生知道数据如何来，如何用数据说话，如何读懂数据，但不要求学生编程抓取数据。在数据操作部分采取“借力而行”“小步走路”的策略，不让学生学习枯燥难懂的数据编程、数学统计等原理性内容，使学生克服畏难情绪，让学生能够学得懂、乐于学、用得上。

课程重点对问卷设计、调查执行、资料搜集和录入、资料分析等内容进行练习，并要求每位学生全程参与实践。考虑到传播学学生没有数学和统计学先导课程的情况，在数据分析工具选择上，尽量做到“知原理懂运用”，并不要求学生进行深入的统计原理的学习。在数据分析工具上，选取了适合社会科学学生容易上手的 SPSS 进行操作。该软件无需太多编程知识作为基础，并且提供了传播学

研究所需要的大多数数据统计模型。通过本课程的学习，学生可以了解如何利用不同方法进行传播学研究。

3. 授人以渔，采用过程管理教学方式

在教学目标上，本课程不以考核为目的，而以知识运用为目的。本课程采用过程管理的教学方式，要求学生选取自己感兴趣的任何一个传播现象或问题，然后根据教学进度分别完成问卷设计、试调查、正式调查组织实施、数据搜集与整理、数据分析、研究报告写作。每次课后教师会布置线上操作部分的作业和课后实践操作内容，学生的每次作业都是一环套一环的，新作业都与前一次作业相关联。因此，学生必须基于前一次实践作业，才能进行下一步实践。这既能保证学生实践操作和课堂教学紧密同步，也能从系统性上让学生对研究方法课程有整体掌握。

4. 举一反三，对共性问题进行反面案例总结

学生需要在课堂上对每一次的课程作业进行展示，教师会对学生出现的共性问题进行总结归纳并展示给学生，要求学生针对这些问题提出自己的看法，做到举一反三，巩固知识点。

总体上，本课程采用教师专题主讲、课堂讨论、学生数据采集、计算机分析等相结合的教学方法，注重培养学生数据业务的实践能力和科学的思维能力，提升学生设计和实施社会调查项目以及通过科学的社会调查分析问题、解决问题的专业能力。通过课程建设，既强化学生的理论思维能力，又培养学生的实践能力。

四、教学效果分析

随着大数据时代的到来，科学研究方法、数据搜集、数据分析等在各个行业需求日益明显。本课程建设让学生能够形成良好规范的科学研究能力，实现科学思维能力的培养，时刻保持对于本学科的科学化、前沿化知识的敏锐性。

课程通过指导学生运用社会科学的调查研究方法，对社会现象或新闻事件进行调查研究，然后对所获取到的数据进行挖掘，用数据说话，揭示出深刻的洞见，以增强学生对社会问题的关切，树立社会关怀意识，增强社会责任感。

以传播的力量弘扬正能量

课程名称：传播与说服
课程性质：□公共课 ☑专业课
课程类别：□理论课 □实践课 ☑理论实践一体课
课程所属学科及专业：新闻传播学
授课教师：吴三军
授课对象：传播学系本科

一、课程简介

传播与说服是为传播学本科专业而开设的课程。本门课程的教学，使学生深入把握传播与说服二者间的密切关系，了解有关传播与说服的基本理论与方法，培养学生现实条件下发现有关规律的能力。教学过程中，理论与案例相结合，为学生进一步学习其他传播相关领域知识打好基础。

本课程是一门培养学生良好媒介素养的课程，它将传播学与营销学、社会心理学等多学科知识相结合，有利于学生拓宽视野，提高传播的应用实践能力。

二、课程思政元素发掘

元素 1：外媒抹黑中国的深层次背景与手法。
元素 2：面对外媒抹黑，中国该采取何种手段反制与回应。
元素 3：历史上主流媒体的宣传手段的得失。
元素 4：如何使用媒介手段增强公众的公德意识。
元素 5：谣言盛行时代如何保持独立思考。
元素 6：说服基本理论对当下年轻一代思考教育的启示。

三、教案设计

（一）教学目标

目标1：明确现代社会中传播作为一种说服手段的重要意义与价值。

目标2：培养相应的媒介素养，能对一些传播活动的说服意图作到明辨与洞察。

目标3：能熟练运用文字、图片、视频等符号，并了解各自的长处与短处。

目标4：针对具体说服任务，结合实践，学会设计传播计划书。

目标5：通过案例，讲解意识形态斗争在传播领域里的表现，帮助学生树立正确的传播观，在大是大非面前能够形成坚定的立场和判断。

（二）教学内容

（1）刻板印象为什么普遍存在及其对传播说服的影响？为什么必须区别事实判断与价值判断？

（2）运用刻板印象理论，解读社会因地域、种类等造成的不公的来源。

（3）针对某一具体报道或者一番言论，判断其中哪些是事实。

（4）说服的定义，几大有关说服理论流派的名称及代表人物。

（5）修辞的定义及与常规意义上修辞的不同。

（6）古希腊修辞理论。

（7）修辞在现代说服语境中的含义。

（8）命名定义的重要性。为什么归因总会引起歧义？

（9）形象说服的作用与意义。

（10）心理补偿等视觉心理术语。

（11）视觉生理与大脑思维解读。

（12）摆拍造假与正常情境再现的关系。

（13）以中西方跨文化视角看政治冲突。

（14）跨文化传播中有关说服的基本理论。

（15）西方不同主流媒体的政治倾向以及对中国的影响。

（16）以内容分析法、语义分析法对某一传播内容倾向加以判断。

（三）教学手段与方法

1. 小组讨论法

围绕某一议题，分小组事先进行讨论。后续在课堂上派代表以演讲加 PPT

的形式加以呈现。具体议题包括：

（1）李子柒的海外用户数为何赶超西方主流媒体？她的视频传递了什么样的中国形象？

（2）冰桶挑战之类的慈善筹款运动何以成功？

（3）西方势力借助“中国病毒”一词来表述新冠病毒，有何居心？该如何驳斥？

（4）你觉得在什么情况下纪实内容可以情境再现又不影响真实？

（5）我们以龙的形象和“宣传”一词为例，讨论了某些中国式符号表达在对外传播中出现的误读。思考一下，你还能发现什么类似的例子吗？

（6）请你结合自己的经历或近来社会热点议题现象，谈谈区别事实判断和价值判断的意义。

2. 实践表达法

以一分钟小视频脱口秀形式，针对“如果消除西方对中国的偏见”这一议题表达自己的观点。

（1）具体要求与打分标准：

①自拟标题，标题可以借鉴网文风格，以在不媚俗的前提下尽可能有吸引力，让人有进一步点击收看的冲动。得分占比为20%。

②时间把控精准，越接近60秒越好（正负允许偏差不超过5秒，即55~65秒）。得分占比为20%。

③逻辑关联清晰，以理服人；或富于某种情绪力量，以情动人。得分占比为50%。

④语流顺畅，有节奏感。得分占比为10%。

（2）形式标准：

①以自拍视频形式录制，mp4格式，竖屏。焦点清晰，无明显噪声。

②不用穿插其他素材、特效，要纯演讲（接近脱口秀要求）。中间不能有断点，也不可用倍速（主要锻炼同学们的时间把控能力，增强时间意识）。

③可以使用Pr或手机APP剪映进行剪辑。

④演讲内容全片加字幕（剪映里有自动生成功能，然后个别校正）。

（四）教学过程

总体思路遵循的是理论先导、案例解析、启发思考、学以致用、明辨是非的原则。表1以公益筹款中的传播说服为例，对教学过程加以描述。

表 1

要点	手段	时间
什么是公益筹款	相关定义，概念导读，找出共性	5 分钟
公益筹款难在哪里	以双十一与 2019 年全国善款总量相对比，突出公益筹款任重道远	15 分钟
公益筹款与传播的关系	列举一些经典筹款活动，提示二者间的关系	10 分钟
传统模式的弊端	列举一些失败案例，指出传统模式的根源	10 分钟
创新模式有哪些（1）	体验式传播，以冰桶挑战为例	20 分钟
创新模式有哪些（2）	互动式传播，以拯救饥饿为例	10 分钟
创新模式有哪些（3）	狂欢式传播，以小黄鸭项目为例	30 分钟
总结	如何做到好点子被更多人接受，如何做到传播向善	5 分钟

四、教学效果分析

经过三年多的教学实践，我们取得了一些明显的效果。主要体现在：

首先，学生们普遍表示，经过学习，提高了对我国社会主义优越性的认识，增强了对我党领导的信心，更加看清了西方媒体所谓公正、自由的表面之下的虚假与偏见。

其次，学生真正掌握了一种看待传播说服的视角与方法，以及使用这种方法加以表达的技能。

如何改变我们的文化偏见

课程名称：跨文化传播
课程性质：□公共课　☑专业课
课程类别：□理论课　□实践课　☑理论实践一体课
课程所属学科及专业：新闻传播学，传播学专业
授课教师：熊壮
授课对象：传播学专业等本科学生

一、课程简介

跨文化传播是传播专业本科生的通识教育必修课。跨文化传播是来自不同文化背景的人们交换信息的过程，它以传播学、社会学、文化学、语言学、国际关系学等学科为理论支撑。本课程通过介绍跨文化传播的历史、基本概念与基本理论、跨文化传播与交流实践等诸多问题，力图让学生了解并掌握跨文化传播的基本知识与实践技能，为今后从事对外文化交流奠定必要的知识基础。

课程要求学生具有多元文化认同感，能以开放的态度、批判的思想和包容的胸襟对待多元文化现象；具有较强的跨文化传播意识和能力。跨文化传播能力是时代赋予新闻传播类专业内涵建设的目标之一，服务于习近平总书记提出的建设"人类命运共同体"的宏大目标。跨文化传播交际具有多元性和跨学科性，非常适合作为"课堂思政"的切入点，做到将"育人"与专业知识学习巧妙融合。本课程采用混合式教学法，"线上"与"线下"结合，"课内"与"课外"并重，强调"讲练结合"。

二、课程思政元素发掘

课程思政教学目标：①针对当前中外交流频繁的现实，培养学生的文化适应性和对待西方文化冲击的能力；②让学生具有多元文化认同感，能以开放的态

度、批判的思想和包容的胸襟对待多元文化现象；③拓展学生的国际视野，提升跨文化沟通意识与能力，服务于建设“人类命运共同体”的宏大目标。

三、教案设计

（一）教学目标

知识与技能目标：了解文化偏见中常见的刻板印象、偏见、歧视、种族主义等的概念解释、特征、分类，并掌握各种成因及之间的关系。能够理解及辨别跨文化交际过程中常见的文化偏见现象，思考并剖析出现此类现象的原因及可能产生的影响。

思想政治教育目标：通过对文化偏见的理解，调整自身文化身份及思维定式，帮助分析解读社会主义核心价值观，深化在全球化世界中树立自身民族文化自信的认知，培养中国情怀；培养辩证思维能力，从理论视角辩证看待国内及世界范围内的时事，进一步深化培养跨文化交际意识与跨文化交际能力。

（二）教学内容

本章节内容如下：

第一节：认知的本质与过程。

第二节：影响认知的因素。

第三节：文化与认知的关系。

第四节：刻板印象、偏见和歧视（本案例所涉及章节）。

教学重点：刻板印象、偏见、歧视、种族主义等的概念解释、特征、分类，及其成因。

教学难点：东西方思维的异同；语言与思维同轨迹；偏见难以改变的原因。

考核要求：了解文化偏见中常见的刻板印象、偏见、歧视、种族主义等的概念解释、特征、分类，并掌握各种成因及之间的关系。能够理解及辨别跨文化交际过程中常见的文化偏见现象，思考并剖析出现此类现象的原因及可能产生的影响。

（三）教学手段与方法

课程思政切入点：①通过对文化偏见的理解，调整自身文化身份及思维定式，帮助分析解读社会主义核心价值观，深化在全球化世界中树立自身民族文化自信的认知，培养中国情怀；②培养辩证思维能力，从理论视角辩证看待国内及世界范围内的时事，进一步培养跨文化交际意识与跨文化交际能力。

（四）教学过程

本课程的教学实施过程可以分成课前、课中和课后三个部分。

1. 课前

教学采用翻转课堂、混合式教学法，“线上”与“线下”结合，“课内”与“课外”并重。因此，学生需要在课前通过学习通平台看课程导览，进行预习和学习，完成线上任务（关键概念的自学与提问等）；选择某一视频平台观看2004年奥斯卡最佳电影撞车（*Crash*）。

2. 课中

教师课上通过面授、个人展示、小组展示、小组讨论、案例分析、习题训练等，使学生领悟并活用该课程的基本知识。同时，本着与时俱进的精神，尤其在案例教学实操中，紧跟国内及世界时事，将中国精神和国际视野扩展的思考有机融合。具体到本话题的讲解，细化如下。

（1）话题导入：与学生讨论电影 *Crash* 中存在的刻板印象或歧视现象，并观看2017年中国留学生全球接力发布的反对种族歧视的 *Say My Name* 的视频（2分44秒），引出跨文化交际中常见的文化偏见（刻板印象、歧视等）。

（2）概念回顾：结合引入话题，通过课堂测试、快问快答等方式考察及巩固学生微课视频中已学的文化偏见话题的主要教学内容：

①刻板印象的概念、分类、特征及成因；

②偏见形成的过程、分类和影响；

③种族歧视的形成、分类和影响；

④刻板印象、偏见、歧视、种族主义等之间的相互联系。

刻板印象、偏见等都是普遍、常见的态度和文化心理现象。

从认知角度来看，刻板印象的概念引导人们解释所获得的信息，从而影响人们的决策和行为。从构成角度来看，交流中的刻板印象有助于促进文化认同和理解不同的文化。两个角度对刻板印象的看法，都说明刻板印象通过固有的不知不觉的方式影响人们的跨文化交流，包括阻止人们参与跨文化对话。

19世纪初期，莫里尔在他的《阿里巴巴历险记》一书中初次使用术语“刻板印象”。大约100年后，1922年，瓦尔特·李普曼（Walter Lippmann）在《舆论》一书中推广其现代含义如“我们脑海中的图像”（the picture in our heads）。

历史上，心理学家已经对刻板印象进行了丰富的研究，他们关注人们为什么会形成刻板印象。传播学学者以及心理学和社会学的学者们研究刻板印象如何在日常交流和媒体中被塑造、保持和分享。

刻板印象是指按照性别、种族、年龄或职业等对人进行社会分类，形成的关于某类人的固定印象，并普遍认为它与某些特征和行为相联系。

刻板印象是人们对某些特定类型的人（人群）持有的固有观念。这种观念在人们的认知过程中形成。刻板印象在日常交流中被作为一种片面地描述对某类人的印象的单一方式。虽然还没有研究证明刻板印象是准确的，但人们可能会依据这种看法做出有偏见和歧视的决定。在人们相互熟知后，依据刻板印象的表达可能会淡化。

从认知理论的角度出发，刻板印象可以定义为“一种涉及认知者的关于某个人类群体的知识、观念与预期的认知结构”。

在跨文化传播研究的视域中，刻板印象主要被看作人们对其他文化群体特征的期望、信念或过度概括（overgeneralization），这种态度建立在群体同质性（group homogeneity）的基础上，具有夸大群体相似性而忽略个体差异的特点：①过度强调群体间差异；②低估群内差异；③选择性认知。

决定刻板印象影响大小的因素主要是信息量。人们关于他人的信息量越少，就越可能按照刻板印象对他人的行为做出反应。

受到偏见或弱势团体成员，会担忧自己的行为表现可能强化社会文化中既有的某种刻板印象，而这项顾虑造成额外负担，继而干扰他们在特定情境中的表现。相对地，未受到偏见的团体成员则无此顾虑。这些观点在性别刻板印象实验（Spencer & Steele，1996）中得到验证。

从认识论的角度来看，任何认为能够清除刻板印象和偏见，因而摆脱一切先入之见的想法都是天真而错误的，重要的是采取批评和鉴别的立场。

同时还应看到，对人类社会的理解的客观性追求是一个无限接近的过程，刻板印象和偏见毕竟是人类认知的出发点，无法彻底摈除，重要的是要让刻板印象和偏见在实践中通过学习得到修正。

经由认知发展到刻板印象，很自然会继续发展成偏见（prejudice）。偏见不仅停留在看法或信仰的阶段，它已进入了态度的范畴。偏见以态度为基础，是我们对一群人产生错误的信仰或看法所累积而成的僵化态度。偏见的错误与对传播的伤害比刻板印象要严重。

演化心理学家认为，所有动物都强烈偏好遗传上和自己类似的动物，并且对于遗传上不相似的生物感到恐惧、厌恶或排斥。在分子生物学层次，免疫系统会辨识并攻击外来细胞，这会造成器官移植时的问题。

偏见是否真有遗传基础，目前难以确定。但对人类而言，即使生理上相似，只要信念不同（例如政治倾向），也可能产生强烈偏见。

对偏见起因的解释之一是，它是我们处理与整合外界信息时不可避免的副产品。

世界实在太复杂，人们倾向于将信息分类与组合，形成基模（schemas）并用来诠释新的或陌生的信息，依赖潜藏且不太正确的判断法则（heuristics），以及依靠往往有误的记忆。

这些社会认知历程虽然可以帮助我们快速地处理外界复杂信息，但也会产生刻板印象。例如：把塞车问题归咎于某种驾驶族群（例如老年人或女性），比实际分析复杂的道路工程效果、车流模式以及各种人士的开车技术要容易多了。

形成偏见的第一步是区分团体，也就是根据某些特征，将各种对象归类于不同团体。人类的社会认知历程倾向于将较相似者归为一类，忽视同一团体成员之间的差异，并夸大不同团体成员之间的差异。

最常见的分类就是依据自己的认同作区分：内群体（in-group），即个体所认同或归属的群体；外群体（out-group），即个体认同或归属之外的群体。

这会形成“内群体偏私”（以正面情绪或较好的待遇去对待内群体成员，而以负面情绪或较差的待遇去对待外群体成员）、“外群体同质性”（高估外群体成员彼此之间的相似性，认为他们之间的相似性比内群体成员之间更高）与“错觉相关”（对于事实上无关的事情，以为彼此有所关联的信念）现象。当某个人、事、物显得独特或醒目（亦即和我们熟悉的人、事、物不同）时，我们较容易将个别特征联结到对方所属的整个群体，而产生错觉相关。在团体或社会中，少数族群（基于人种或性别等特征）显得较为独特。少数族群之特定人物的行为或特征容易被认为与其所属团体有所关联，亦即被关联到其所属团体所有成员上。

现实冲突理论（realistic conflict theory）：资源有限会导致团体之间产生冲突，进而增加偏见与歧视。

例如：19 世纪时，许多中国人前往加州淘金，与英国移民直接竞争，当时的美国盛行反中国移民的偏见与暴力事件，中国移民在西方人心目中的形象是负面的，甚至被形容为残忍无人性。数年后，中国移民担任美国人不愿从事的纵贯铁路劳工，其形象扭转，被形容为勤劳、朴实与守法。美国内战结束后，大量退伍军人涌入已饱和的劳工市场，此时对中国人的负面态度又增加，其形象被形容为狡诈与愚笨（Jacobs & Landau，1971）。

代罪羔羊论（scapegoat theory）：人们在遭受挫折或不满时，会倾向于攻击他们所厌恶、目标显著且相对弱势的团体。当人们不明白造成挫折的实际责任归属时，亦可能找代罪者。

第一次世界大战后，德国严重通货膨胀。20 世纪 30 年代纳粹掌权，试图将挫折归咎于犹太人，政府借着指责代罪者来规避责任。

规范压力：我们顺应社会的方式。人们会从各种正式或非正式渠道习得社会文化的价值观与规范，包括带有刻板印象与偏见的规范，如制度化歧视（institutional discrimination）。

制度化种族歧视（racism）与性别歧视（sexism）：我们生活的社会体制已将

种族或性别刻板印象与歧视视为规范，使得大部分人都带有种族或性别歧视态度。

若社会中某弱势团体成员大多从事较低阶的工作，而很少从事较高地位之工作，仅在这样的社会中生活，便可能对此团体的先天能力抱持负面态度。这是因为，大多数人宁愿顺应社会规范，即使没有明确的法令限制此团体成员，他们也很可能受到无形的限制。

（3）案例分析：将学生分成小组，进行小组讨论。结合已学知识分析2018—2019年某时尚品牌辱华言论案例以及2018—2019年时尚品牌选用的亚裔模特引发网友冲突的新闻案例，引发大家对文化偏见以及文化自信的思考。

（4）比较研究：观看短片 *Asian Stereotypes* 片段及 *What do Europeans Think about Americans* 片段，了解中外常见的刻板印象及用词。通过头脑风暴、小组讨论等活动组织学生探究其出现的原因及可能的负面效果，进而探讨跨文化交际过程中的应对措施。

许多个人偏见可能根深蒂固，不易自我察觉，但人仍可能通过学习增强自我反省的能力，改变偏见。例子（Langer，Bashner & Chanowitz，1985）：Decreasing prejudice by increasing discrimination。

给予一群六年级的儿童特别课程，要求他们思考身体障碍者面临的问题，例如行动不便者如何开车、盲人如何成为优秀的新闻播报员。

上过此课程的儿童比未上过的儿童更愿意与身体障碍者一起去野餐。他们也较能理解特定身体障碍的特殊影响，而非将所有身体障碍者一致视为适应不良。

换言之，在个人层次上，仍有可能通过学习了解自己的偏见并加以克服。

3. 课后

课堂教学、案例操练之后，布置研究型小组学习任务，结合国内及世界时事，让学生用跨文化交际理论知识分析时事，组织学生思考在全球化的世界中，中国将如何发出自己的声音，如何更好地讲出中国故事，如何更好地站立于民族之林，并以小组为单位进行展示。

四、教学效果分析

本课程采用翻转课堂、混合式教学法，“线上”与“线下”结合，“课内”与“课外”并重，强调“讲练结合”，结合跨文化交际案例、新闻时事等资源，以学习者为中心，贴近学生生活，集理论性、知识性、实践性和趣味性于一体，弱化理论体系的铺展，以情景案例教学为特点，深入浅出，拓展学习者的文化视野，增强国际公民意识，促进自主学习能力的发展。

（1）通过翻转课堂、混合式教学改革，弱化单一的理论体系铺陈，将理论知识学习与学生身边的时事结合，引导学生从其感兴趣的案例出发，有效地调动了学生参与学习的积极性。

（2）因为教学方式的变化，学生有了网络平台这个更自由的分享空间，更愿意分享自己所想、所思、所感，案例讨论更为积极，更加深入地体会到了文化偏见以及建设人类命运共同体的迫切性。这种“课内+课外”的模式，实现了课内理论学习与课外生活体验的有机融合，取得了理想的教学效果。

春风化雨，润物无声

——让马克思主义新闻观入脑入心

课程名称： 马克思主义新闻观

课程性质： □公共课 ☑专业课

课程类别： □理论课 □实践课 ☑理论实践一体课

课程所属学科及专业： 新闻传播学，传播学专业、广告学专业

授课教师： 石刚等

授课对象： 大学二年级传播学专业、广告学专业本科生

一、课程简介

马克思主义新闻观（Marxist Views of Journalism）是教育部规定的高校新闻传播类专业大学生的必修课。

习近平总书记指出："新闻观是新闻舆论工作的灵魂。要深入开展马克思主义新闻观教育，引导广大新闻舆论工作者做党的政策主张的传播者、时代风云的记录者、社会进步的推动者、公平正义的守望者。"这就决定了本课程所担负的特殊使命。为国家和民族培养什么样的传媒人才，关系到党和国家的未来。

本课程旨在讲授马克思主义新闻观的起源、发展、理论构架和现实意义，用马克思主义新闻观武装学生头脑，自觉践行党对新闻舆论工作者的基本要求。

本课程以专题讲座的形式开设，采取集体授课的方式。

马克思主义新闻观课程有一支优质稳定的教学团队。文化与传播学院精挑细选，组成了政治素质好、业务水平高的教学团队。文化与传播学院院长石刚担任课程负责人，副院长陆彦明，传播系主任贺心颖、副主任徐铁瑛，学院青年骨干教师毛琦、刘吉冬、高亢、熊壮等组成稳定的教学团队。经济日报社张曙红副总编辑领衔，由评论理论部副主任齐东向、资深编辑魏永刚等媒体人组成的共建团队使我们的力量更加强大。教学团队互相学习观摩，共同研讨，不断提升教学质量。

本课程从2017级开始开设，受到学生的热烈欢迎。

二、课程思政元素发掘

将马克思主义新闻观贯穿于新闻传播人才培养的全过程，是国家社会发展的现实需要。马克思主义新闻观的课程性质也决定了其思想性政治性较强的基本特征。

（一）指导思想

以马克思主义新闻观为指导，构建国际视野、问题导向、批判精神、团队协作、能力进阶的“五位一体”新闻传播人才培养模式。

（1）坚持马克思主义新闻观的指导地位。研读习近平总书记的重要讲话，关注马克思主义新闻观中国际视野、问题导向、批判精神等核心范畴，并将其引入和应用在新闻传播人才培养模式。

（2）以立德树人为根本任务。在新闻传播人才培养过程中，打通课堂内外、校内校外，融通线上线下，实现课程思政在时间与空间维度上的拓展。

（3）贯彻“以学生为中心”的教育教学理念。学生主动完成阅读—反思—展示—实践—总结反思，实现从“记住事实”向“学会思考”转变，进行新闻传播学教学与研究实践活动。

（4）适应国家社会发展需要，培养具有信息能力、逻辑思维与表达、沟通、时间管理、团队协作、批判思考、组织协调、探究力和创新力等能力素质的高级人才。

（二）课程思政的全程融入

马克思主义新闻观是理论实践一体课，既注重对学生理论素养的培养，也注重对学生分析问题解决问题能力的提升。

第一讲让学生了解什么是马克思主义新闻观，马克思主义新闻观概念的产生背景及其界定，马克思主义新闻观的主要内容，学习马克思主义新闻观的意义。马克思主义新闻观是马克思主义的重要组成部分，是马克思主义关于新闻传播现象和新闻传播活动的总的观点与看法，是以马克思、恩格斯为代表的历代马克思主义者总结概括无产阶级新闻事业的实践经验而形成的关于新闻传播的本质、属性、地位、作用、原则及其规律的科学理论。马克思主义新闻观是新闻工作者的强大思想武器，可以帮助学生树立正确的世界观、人生观和价值观。

第二讲对马克思主义新闻观进行理论溯源。我们发现，马克思主义经典作家都是出色的媒体人。早在青年时期，马克思、恩格斯就十分热爱、积极参与新闻写作事业，很早就发表了他们的处女作。新闻事业是马克思为自己人生选择的第一份职业。马克思于1842年5月开始为《莱茵报》撰稿。同年10月，大学毕业不久的马克思就被聘为《莱茵报》主编。马克思和恩格斯终生没有离开过新闻写作事业。他们一生中创办、编辑、参与编辑和领导的报刊共13家。列宁对无产阶级新闻事业和马克思主义新闻理论的主要贡献包括：明确地提出了无产阶级报纸的马克思主义办报方针；对无产阶级报刊的作用作出了科学的概括和表述；提出了无产阶级报刊的党性原则；提出了依靠全党办报、依靠群众办报的思想。

第三讲则重点回顾马克思主义新闻观中国化的主要历程，包括：历代中国共产党人和五代领导人对马克思主义新闻观概念的发展与创新；习近平总书记的宣传观和新闻观；马克思主义新闻观中国化的过程中不同历史时期的特点及其影响。我们会让学生了解中国共产党人的努力及其成果。比如，毛泽东同志极为重视文风问题，在延安整风运动中他所倡导整顿的“三风”之中就包括文风。他在《反对党八股》一文中列数了党八股的八大罪状，提出“洋八股必须废止，空洞抽象的调头必须少唱，教条主义必须休息，而代之以新鲜活泼的，为中国老百姓所喜闻乐见的中国作风和中国气派”。党八股的第一条罪状是“空话连篇，言之无物”。第二条罪状是“装腔作势，借以吓人”。第三条罪状是“无的放矢，不看对象”。第四条罪状是“语言无味，像个瘪三”。第五条罪状是“甲乙丙丁，开中药铺”。第六条罪状是“不负责任，到处害人”。第七条罪状是“流毒全党，妨害革命”。第八条罪状是“传播出去，祸国殃民”。这对于今天的舆论宣传依然有指导意义。

我们的每一讲都经过精心设计，不再一一列举。

三、教案设计

（一）教学目标

目标1：通过本课掌握马克思、恩格斯、列宁、毛泽东等马克思主义经典作家关于新闻的重要思想。理解马克思主义新闻观的基本概念和理论体系。

目标2：理解和把握中国共产党关于新闻舆论的基本思想，以及新时期党和国家对新闻舆论的基本要求。重点领悟习近平总书记关于新闻舆论工作的系列讲话精神，为将来成为媒体人做准备。

目标3：学会自觉运用马克思主义新闻观解读社会现象，把握新闻报道的政治方向，从而成为国家和社会需要的合格人才。

目标4：关注马克思主义新闻观中国际视野、问题导向、批判精神等核心范畴，并将其引入和应用在新闻传播人才培养模式。

（二）教学内容

本讲是马克思主义新闻观课程的开篇，必须让学生了解什么是马克思主义新闻观，它是谁最先提出来的，又是在什么历史背景下产生的。还要让学生知道学习马克思主义新闻观的重要指导意义。

（三）教学手段与方法

本课程采取启发式教学，抛出例子让学生现场讨论，现场解答学生的问题，从而水到渠成地得出结论，让人信服。

本课程采用丰富且鲜活的案例，用图片、视频、音频等资料全方位展现教学内容。

（四）教学过程

1. 第一阶段

用提问题的方式让学生思考什么是马克思主义新闻观，马克思主义新闻观是什么时候提出来的。

教师公布答案：20 世纪 90 年代末，“马克思主义新闻观”的概念开始被广泛应用。

紧接着抛出第二个问题：对这个时期的中国和世界你有多少了解？

因为现在的大学生都是“00 后”，对相关背景缺乏了解。课堂上将使用三个事件加深学生印象。

第一个事件：“银河号”事件。1993 年 7 月 23 日，美国以获得情报为由，指控中国“银河号”货轮向伊朗运输制造化学武器的原料，并威胁要对中国进行制裁。同时，美国向“银河号”所在的国际公海派出了两艘军舰和五架直升机。三周以后，中方建议由第三方与中方一起检查。该船驶入达曼港后，由中国检查组与沙特阿拉伯代表共同进行检查；美国则派专家作为沙特阿拉伯代表的技术顾问参与检查。对该船全部集装箱的检查证明，“银河号”没有美方指控的化学品。美国代表不得不签署否定其指控的检查报告。这个事件是对中国的严重挑衅，关乎中国的尊严。

第二个事件：五八事件。北京时间 1999 年 5 月 8 日上午 5 时左右，以美国为首的北约悍然对我国驻南联盟大使馆进行轰炸，造成正在使馆中工作的新华社记者邵云环和《光明日报》记者许杏虎、朱颖不幸牺牲，同时炸伤数十人，使馆馆舍严重损毁。其中一枚 JDAM 没有爆炸，直到五年后才由塞黑方面取出销毁。此事件非常恶劣，当即引发了中国人民的怒火。

第三个事件：考克斯报告。1999 年 5 月 25 日，就在以美国为首的北约悍然袭击中国驻南联盟大使馆的硝烟还没有散尽、中国人民在等待美国就这一野蛮行径提交调查报告的时候，美国国会却抛出另一份所谓的调查报告——《考克斯报告》。这份长达872页的报告共分为三个部分，指责中国20多年来在美国国家核武器实验室窃取了七种核弹头和中子弹的机密；报告说中国主要通过美国境内的所谓幌子公司从学术交流、旅游观光、接触实验室雇员等渠道搜集核弹头和高性能电脑技术的秘密资料。

这三个事件可以反映出这一时期我国所处的国际环境和舆论环境。以美国为代表的西方国家在政治上打压、经济上制裁、舆论上抹黑中国。

结论：马克思主义新闻观概念在中国的出现及其运用，一方面鉴于加强国内新闻工作者的思想政治教育，要求新闻工作者要讲政治，把握正确的政治方向；另一方面鉴于对西方新闻理论的批判。这两个方面的研究内容初步界定了马克思主义新闻观的研究范畴和研究目标。正如国内知名学者郑保卫所言："我们所说的马克思主义新闻观，是指马克思主义对于新闻现象和新闻传播活动的总的看法。它是马克思主义的世界观、人生观、价值观和方法论在新闻传播领域的反映与体现。作为一种科学的理论体系，马克思主义新闻观是世界无产阶级新闻事业经验与传统的科学总结，是马克思主义新闻思想与理论的高度概括，是与西方资产阶级新闻观有着根本性区别的新闻观。"

2. 第二阶段

继续抛出问题：为什么新闻传播学子要学习马克思主义新闻观？

学习马克思主义新闻观是培育和践行社会主义核心价值观的需要。党的十八大以来，中央高度重视培育和践行社会主义核心价值观。习近平总书记多次作出重要论述，提出明确要求。新闻媒体要发挥传播社会主流价值的主渠道作用，坚持团结稳定鼓劲、正面宣传为主，牢牢把握正确舆论导向，把社会主义核心价值观贯穿到日常形势宣传、成就宣传、主题宣传、典型宣传、热点引导和舆论监督中，弘扬主旋律，传播正能量，不断巩固壮大积极健康向上的主流思想舆论。

再提问：当今中国媒体舆论的特点是什么？

概括起来有三点：①传统主流媒体舆论影响力衰退；②网络舆论"倒逼"主流媒体；③国际舆论格局"西强我弱"。比如2021年的新疆棉事件。2021年3月24日，瑞典服装品牌H&M发表在官网上的一份声明在微博上广泛传播，引发中国网友愤怒。这份所谓《H&M集团关于新疆尽职调查的声明》称，H&M集团对来自民间社会组织的报告和媒体的报道"深表关注"，其中包括对新疆维吾尔自治区少数民族"强迫劳动"和"宗教歧视"的指控。声明表示，H&M不与位于新疆的任何服装制造工厂合作，也不从该地区采购产品/原材料。这一事件基本上与2018年至2020年间以美国为首的西方反华势力对中国在新疆进行的去极端化和职业培训工作发起的一轮轮"抹黑"行动有关。美国战略与国际研究中心（CSIS）以及澳大利亚战略政策研究所就分别在 2019 年 10 月和 2020 年 3 月炮制了两份歪曲中国新疆政策的报告，并将重点对准使用包括棉花在内的新疆产品和劳动力的外国知名品牌的产业链。

所以，学习马克思主义新闻观也是加强舆论引导、形成社会共识的需要，是提升新闻职业道德水平的需要。

新闻从业人员行为失范已经成为一个严重的社会问题。失实新闻、策划新闻、广告新闻、公关新闻、标题党新闻大量出现……不正确的政治立场、不恰当的采访方式、不恰当的报道方式使媒体从业人员的形象受到了影响。比如兰州日报社的赵文就因为发表不当言论被处理（见图 1）。

兰州新闻网　网站首页　> 新闻中心　>兰州新闻　正文

兰州日报社关于赵文违规发表不当言论的处理决定

http://www.lzbs.com.cn　2015-06-01 18:07:46 作者：来源：兰州新闻网

我社《兰州日报》编辑部评论特稿部编辑赵文在其个人腾讯微博和新浪微博发表不当言论，伤害公安干警及家属的感情，在社会上造成不良影响。经调查，5月27日赵文在其腾讯个人微博上对有关网贴的恶意评论，造成恶劣社会影响。赵文的不当言论，目无新闻纪律，公开破坏公职规则，通过发表激进、极端的观点聚拢自己的网上人气，严重违反新闻职业道德，严重损害了兰州日报社和兰州地区新闻工作者的形象。

鉴于赵文个人不当言论造成的严重后果，依据《中华人民共和国事业单位工作人员处分暂行规定》相关条例及新闻职业从业的有关纪律规定，经报社党委（社委）会研究，给予赵文如下处理决定：

1.从即日起报请有关部门注销赵文新闻记者证（证号：B62005955000165），并办理相关手续；

2.从即日起将赵文调离采编岗位，责令其限期调离兰州日报社。

兰州日报社

2015年6月1日

图 1

四、教学效果分析

课程思政要做到“润物细无声”，让马克思主义新闻观入脑入心。经过三年的教学实践，本课程取得了良好的教学效果，不仅学评教的分数在 90 分以上，而且学生们也通过各种方式表达了对这门课的喜爱。

2020 年，该课程获得校级“课程思政”示范课程建设项目，并顺利结项。文化与传播学院是学校第一批课程思政试点学院，起到了示范作用。

贯穿于媒介组织领导者的智慧中的课程思政

课程名称：媒介经营与管理
课程性质：□公共课 ☑专业课
课程类别：□理论课 □实践课 ☑理论实践一体课
课程所属学科及专业：传播学
授课教师：高亢、陆彦明
授课对象：传播系大二学生

一、课程简介

媒介经营与管理课程是文传学院传播系学生的专业必修课程。该课程在新闻学、传播学、经济学原理、市场营销学等课程的基础上，从更高的层次培养具备传媒经营管理知识与业务基础，能在国家传媒管理机构、政策研究部门以及传媒、广告、文化管理等组织、机构、企事业单位从事媒介产业分析、发展预测、管理规划、策划运营等方面工作的复合型人才。

该课程已经开设了 17 年，课程的基本理论架构趋于成熟。主要授课模式是课堂讲授，针对课程中出现的重点难点问题，学生们在教师的指导下以分组的形式进行案例研究和专题讨论，并在小组汇报中以多媒体形式展示思考的成果和路径。此外，为了避免单一教师授课的弊端，该课程由两位教师集体备课，教学方法和教学资源共享，且在适当的时机邀请与课程内容相关的资深行业专家走进课堂，结合鲜活的传媒实践案例和媒介经营管理的实战经验拓宽学生们的视野，使其学会运用课堂所学知识进行传媒实践，从而更好地将课上与课下打通，将理论与实际结合进行思考和体悟。

二、课程思政元素发掘

元素 1：国有制媒体在面对传媒领域激烈的市场竞争时如何打破既有的思维

定式和优越感，以“为难自己”的方式“化危为机”、实现突围？

元素 2：什么是媒介组织领导者的智慧？我们可以从中学习什么？

本课程通过分析湖南广电集团成立芒果 TV 后，为寻求其在新媒体市场即视频网站市场的突破性发展，于重要的战略节点必须面临的一项重大战略抉择——“分销 or 独播”，运用经济学的思维方式，从二者各自选择的成本、收益、机遇、风险几个角度对其进行战略思考过程的模拟，进而得出湖南广电集团最优的战略决策是“独播”而非“分销”。

该战略思考过程的模拟过程简述见表 1。

表 1

战略决策	选择的成本	收益	机遇	风险
A 独播	10 亿元 + 确定性版权收入	湖南广电集团以芒果 TV 为突破口抢占新媒体市场，继而走上媒介融合发展道路所能获得的最大收益	(1) 时间窗口：互联网正由 PC 端向移动端转型，给了传统媒体迎头赶上的绝佳契机。 (2) 竞争对手实力弱：当时视频网站的内容原创能力不强，尚无法摆脱对传统媒体内容的依赖，短期内不具备与传统媒体抗衡的实力	直接风险：芒果 TV 一旦失败将面临 10 亿元+国有资产的流失 间接风险： (1) 因国有资产流失需承担的政治责任。 (2) 将自己摆在与其他视频网站竞争的对立面上，在“独播”的同时也丧失了版权互换所获得的相关收益
B 分销	湖南广电集团以芒果 TV 为突破口抢占新媒体市场，继而走上媒介融合发展道路所能获得的最大收益	10 亿元 + 确定性版权收入	在现有的舒适圈里持续稳步增长，短期内低风险获得稳定收益，在内容生产领域进一步做大做强	短期风险：技术、经验等的缺乏，加上无法依靠“独播”实现自身差异化，又是竞争中的“后来者”，芒果 TV 作为新媒体在视频市场上立足的机会渺茫 长期风险：不仅可能丧失预期增加的新媒体（芒果 TV）的市场份额，传统媒体（湖南广电）的市场份额也面临被其他头部视频网站蚕食的命运，继而最终影响湖南广电的经济效益、品牌价值和市场声誉

如果仅从 A、B 决策所导致的不同结果为湖南广电集团带来的最终损失或收益的具体数字的角度看，上表可以简化为图 1 的内容（为方便研究，将其版权收

益简化为10亿元)。

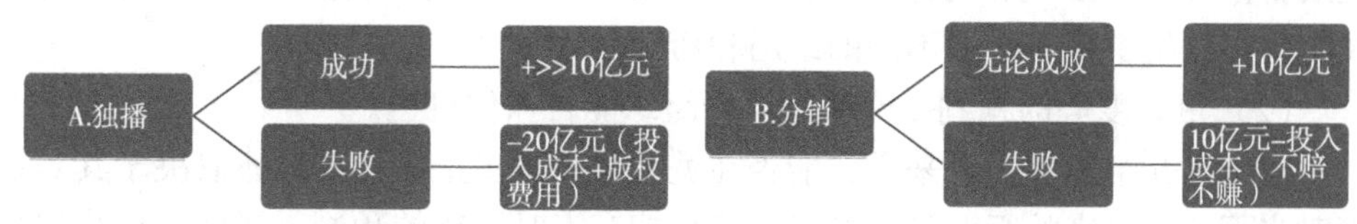

图1

由此可以看出：决策“B分销”虽然看似稳妥，却像“温水煮青蛙”一样，只看重眼前利益（10亿元的版权收入），却放弃了一个未来前景无限的巨大增量市场（芒果TV有可能占据一席之地的视频市场），且从长远来看其现有的存量市场也将面临一定的威胁。而决策“A独播”虽然意味着暂时放弃眼前的10亿元版权收入，一旦失败甚至需要承担国有资产流失的经济损失和相应的政治责任，但如果压上全部赌注奋力一搏（“独播”），一旦成功，整个集团将收获一个新的增量市场，获得新的发展生机，到那时，湖南广电集团在这个新的增量市场上所获得的收益将远超10亿元。故对比之下，从湖南广电集团长远发展来看，决策“A独播”显然是最优决策。

在以上分析的过程中，本课程的思政元素体现为：

第一，湖南广电集团作为国有媒体，在享有政策红利和现有市场优势的情况下，没有躺在原有的舒适圈里“睡大觉”，以最保险的方式选择稳妥战略，只满足于在现有的“存量市场”上坐收巨额版权收益，而是前瞻性地把握住了媒介融合这一大趋势，为了探索新的增量市场，勇于打破既有的思维定式和优越感，以“为难自己”的方式在新媒体市场上与其他视频网站一较高下，为此放弃不费力就能到手的版权收益，承担一旦失败将面对的国有资产流失的风险，最终巧妙地“化危为机”、实现突围，为自己挣得了高风险所带来的高收益。这说明在当今这个媒体竞争异常激烈的市场中，国有媒体不应将目光局限于当下的眼前利益，为求自保偏安一隅，对改革“讳莫如深”、畏首畏尾，而是要“主动革自己的命”，敢于在不触动底线的情况下大胆试错、不惧风险和挑战，向新媒体亮出自己的杀手锏，这样才能获得更大的市场机遇和发展空间。

第二，什么是媒介组织领导者的智慧？通过这一案例，我们可以概括得出媒介组织领导者的智慧主要包含三个方面：

（1）高瞻远瞩的眼界——决定媒介组织能够走多远。

在面对关键性战略抉择的时候，媒介组织领导者的选择尤为重要，因为它往往决定了媒介组织未来的市场机遇、发展方向甚至前途命运，而正确明智的选择往往依赖于高瞻远瞩的眼界，这直接决定了媒介组织能够走多远。具体而言，是只盯着眼前的短期利益，获取暂时的安稳，不顾长远发展（即躺在现有的舒适圈里"吃老本"），还是以牺牲短期利益为代价，不惧风险和挑战，瞄准更长远的发展目标（即走出现有的舒适圈，为博取更大的市场机会奋力一搏）。不同的选择将为媒介组织带来截然不同的结局和命运。

（2）审时度势的预判——决定媒介组织能否抓住机遇。

对于媒介组织领导者来说，能否在关键时刻做出正确的选择还取决于其是否能对当下甚至未来的行业和市场发展趋势拥有审时度势的预判。当然，这往往是媒介组织领导者多年来基于观察、思考和经验总结凝练而成的，它往往决定了媒介组织能否抓住机遇、力挽狂澜。就该案例来说，湖南广电集团的领导者们恰恰凭借审时度势的预判及时把握住了互联网正由 PC 端向移动端转型的时间窗口期。若不趁着视频网站"羽翼未丰"的最佳时机亮出"独播"这一撒手锏，不率先抢占其他视频网站的市场份额，等到视频网站真正具备了内容原创能力，就会反过来侵蚀原属于传统媒体的市场份额。其造成的最终结果可能远不是 10 亿元的版权收入所能弥补的。

（3）一往无前、破釜沉舟的勇气——决定媒介组织对风险的承受能力。

任何选择都会面临风险，而高风险才能带来高收益，这就需要媒介组织领导者具备一往无前、破釜沉舟的勇气，这种勇气往往决定着媒介组织在激烈的市场竞争中能否化危为机、绝处逢生，为自己开拓出更大的发展空间和发展机遇。因此，这种勇气尤为难能可贵，它决定了媒介组织对风险的承受能力。另外，媒介组织领导者高瞻远瞩的眼界和审时度势的预判最终能否"落地"，也取决于其对风险的承受能力和对不同意见的决断能力，即关键时刻敢不敢"赌一把"。实际上，每一位领导者在一定意义上都是冒险家，所以缺乏勇气、胆量和担当的人是做不了领导者的，而这些勇气、胆量和担当只能来自媒介领导者的内心深处，来自真正的企业家精神，因为没有勇气的智慧可能毫无价值。

三、教案设计

（一）教学目标

通过对湖南广电在 2014 年创立芒果 TV，进军新媒体市场时面对的一项重要战略抉择——"分销 or 独播"的战略思考过程的模拟，使学生理解媒介经营与管理学中的一项重要内容——"什么是媒介组织领导者的智慧?"。同时，在案例教学的过程中使学生深入领悟其中蕴含的两个思政元素：元素 1——国有制媒体在面对传媒领域激烈的市场竞争时如何打破既有的思维定式和优越感，以"为难自己"的方式"化危为机"、实现突围；元素 2——什么是媒介组织领导者的智慧，我们可以从中学习什么。在此基础上，号召学生进行相关的引申性思考，

自觉地将这些内容应用在今后从事媒介工作或进行人生抉择的过程中。

（二）教学内容

1. 导课

从每个人在成长道路上关键节点的重大决策对于人生方向和前途命运的重要性引申到媒介组织发展过程中的重大战略抉择对于其未来发展方向和前途命运的重要性上，引出本节课的案例教学："分销 or 独播？——湖南广电的战略抉择"。

2. 正课

深入剖析湖南广电战略抉择的过程并由此上升到媒介组织的领导者智慧。

（1）介绍湖南广电战略抉择的背景——凸显其顺应国家的媒介融合发展战略，意图进军新媒体，以芒果 TV 为突破口探索媒介融合的发展道路。

（2）对湖南广电"分销 or 独播"战略思考过程的模拟分析。

①引出战略思考的问题："分销 or 独播"。

②引导学生以湖南广电领导者的立场和视角，通过独立思考做出对于"分销 or 独播"问题的战略思考过程模拟，并提出模拟的基本要求："假设决策 A 是独播，决策 B 是分销，试从二者各自选择的成本、收益、机遇、风险几个角度进行考量和比较，最后综合分析得出湖南广电的最优战略决策是什么。"

重点：使学生理解模拟过程中所用的一个重要概念——"选择的成本"。

难点：由于决策 A 和决策 B 的投入成本相同，所以在二者比较的过程中不必列出"投入成本"一项。

③学生各自做出了战略思考过程的模拟，且得出了哪一个是最优战略决策之后，以表格的形式深入阐释教师对该问题的思考和理解。然后揭示湖南广电现实的战略抉择也是决策 A 的事实，作为对该战略思考过程模拟结果的佐证。

重点：在分析中建立起对媒介组织领导者所需智慧的理性认知。

难点：结合湖南广电在当时所处发展节点上的战略布局、所要达成的长远发展目标以及芒果 TV 面对的市场竞争环境，经过综合分析与考量得出决策 A 是最优决策的结论。

（3）从前面的战略思考过程引申出媒介组织领导者的智慧。

引发学生适当地跳出该案例，对该案例背后折射出的"什么是媒介组织领导者的智慧"这一问题进行引申性思考。结合学生的思考结果，最终分析得出媒介组织领导者的智慧在于：高瞻远瞩的眼界——决定媒介组织能够走多远；审时度势的预判——决定媒介组织能否抓住机遇；一往无前、破釜沉舟的勇气——决定媒介组织对风险的承受能力。

3. 结语

媒介组织领导者的智慧对于传媒工作和人生抉择具有启发意义。

现实的媒介组织决策过程由于受到很多因素的影响，往往是较为复杂的。我们的战略思考过程模拟只是一种简化形式，但其背后折射出的媒介组织领导者的智慧却是深刻的、耐人寻味的，这一智慧或思维实际上也是媒介经营与管理学中的一项重要内容。它不仅可以应用在大家今后可能从事的传媒工作中，也可以应用在我们每一个人的人生规划中。希望大家在今后人生发展的每一个重要节点都能高瞻远瞩、审时度势、不惧挑战、奋勇前行。

（三）教学手段与方法

1. 模拟演绎

从分销和独播二者各自选择的成本、收益、机遇、风险几个角度对湖南广电的战略思考过程进行模拟，最后综合分析得出湖南广电的最优战略决策是什么。在此过程中，贯穿第一个思政元素。

2. 启发式教学

启发学生站在媒介组织领导者的角度，独立地对战略决策 A（独播）和战略决策 B（分销）各自的若干相关因素进行对比、权衡与分析，通过自身思考选择出其中的最优战略决策。在此基础上，进一步引发其对于“什么是媒介组织领导者的智慧”（第二个思政元素）的深入总结与延展性思考。

（四）教学过程

在正课的第二部分——对湖南广电“分销 or 独播”战略思考过程的模拟分析中，通过启发学生从两种决策各自选择的成本、收益、机遇、风险几个角度进行考量和比较，最后综合分析得出湖南广电的最优战略决策是什么，结合学生做出的模拟结果，详细阐释这一问题的思考过程。在这一思考过程中，根据湖南广电集团作为国有媒体集团相较于视频网站市场上的新媒体在身份上的特殊性，其当时面临的特定市场环境、机遇挑战、身为湖南广电集团的领导者可能面临的权衡思考及领导者在这一关键性战略节点战略抉择所可能引发的不同结果，自然地引入第一个思政元素——国有制媒体在面对传媒领域激烈的市场竞争时如何打破既有的思维定式和优越感，以“为难自己”的方式“化危为机”、实现突围？

在正课的第三部分——从前面的战略思考过程引申出媒介组织领导者的智慧和结语，启发学生将前面所学内容上升到对第二个思政元素——“什么是媒介组织领导者的智慧？我们可以从中学习什么？”的思考，并在此基础上号召学生进行相关的引申性思考，自觉地将这些内容应用在今后从事媒介工作或进行人生抉择的过程中。

四、教学效果分析

由于该内容属于本课程的新增部分，目前正待实施，故课程思政的完成效果有待进一步关注和检验。

群体意识与群体传播

课程名称：传播学概论
课程性质：□公共课 ☑专业课
课程类别：□理论课 □实践课 ☑理论实践一体课
课程所属学科及专业：新闻传播专业
授课教师：刘吉冬
授课对象：文化与传播学院大一本科生

一、课程简介

传播学概论是为传播学专业本科开设的专业基础课。

通过本课程的学习，学生将从传播学的产生、传播学的研究现状和发展趋势等方面纵向了解传播学的学科背景、世界传播研究的发展潮流和中国传播研究的现状；从传播者、受众、信息、符号、媒介、传播技巧、传播环境、传播效果等方面比较系统地掌握传播学的基本概念、基本理论和基本观点；了解传播学与各相关学科知识的交叉性，具备初步的应用传播学理论进行各领域研究的能力；运用相关原理分析传播现象并解决日常生活中的一些实际问题，熟练运用社会调查方法，形成较强的传播实践能力。

二、课程思政元素发掘

元素 1：迎接互联网时代催生的一场前所未有的变革。新闻舆论传播力是核心竞争力。从党的十九大到率领中央政治局集体到人民日报社学习，习近平总书记多次强调提高新闻舆论传播力、引导力、影响力、公信力。互联网正在媒体领域催发一场前所未有的变革，社交媒体虹吸受众、算法推送渐成气候、智能革命方兴未艾，造成受众的大规模迁移和媒体接触习惯的大幅度转变。当前社会转型期出现了大量的城乡人口流动、性别意识、职业观念等社会问题，

不断冲击着我们原有的认知，需要我们不断提高自身的传播力，方能从容应对。

元素2：推动融媒体时代的纵深发展，做大做强新型主流媒体，为实现中华民族伟大复兴的中国梦提供强大精神力量和舆论支持。习近平总书记提出，推动媒体融合发展、建设全媒体，成为我们面临的一项紧迫课题。要运用信息革命成果，推动媒体融合向纵深发展，做大做强主流舆论，巩固全党全国人民团结奋斗的共同思想基础，为实现“两个一百年”奋斗目标，打造一批具有强大影响力、竞争力的新型主流媒体。通过流程优化、平台再造，实现各种媒介资源、生产要素有效整合，实现信息内容、技术应用、平台终端、管理手段共融互通、催化融合质变，放大一体效能，打造一批具有强大影响力、竞争力的新型主流媒体。

元素3：帮助学生努力提高自身的新闻专业媒体素养和道德修养。全媒体不断发展，出现了全程媒体、全息媒体、全员媒体、全效媒体，信息无处不在、无所不及、无人不用，导致舆论生态、媒体格局、传播方式发生深刻变化，新闻舆论工作面临新的挑战。信息社会对人类提出了众多新的挑战，面对信息安全与网络犯罪、信息爆炸与信息质量、个人隐私权与文化多样性的保护等问题，需要每个人不断提高自己的信息素养和道德修养，警惕群体极化出现的网络暴力现象。

三、教案设计

（一）教学目标

1. 知识目标

了解群体及其特征、分类、功能，探讨群体意识与群体传播之间的关系；通过阿希实验了解群体压力下趋同行为的产生。

2. 能力目标

通过提前阅读、影片欣赏、案例分析、模拟实验等教学手段，培养学生的自主学习和深度思考的能力，从而能够理性地看待群体传播现象对社会和个体产生的正负作用。

3. 价值目标

培养学生成为独立思考、不盲从的人。

（二）教学内容

本课时先介绍群体概念、特征、功能等相关内容，重点介绍群体意识及其与群体传播之间的相互关系，并通过阿希实验让学生真切感受到群体压力带来的趋同心理，引导学生善于从社会心理学视角观察社会现象。

教学重点：群体意识的内容以及与群体传播之间的相互关系。

教学难点：通过阿希实验了解群体压力下趋同心理的产生，引导学生从社会心理学视角观察社会现象。

（三）教学手段与方法

（1）从身边常见的打招呼现象出发，引出群体的概念，以及群体如何影响个体，引发学生思考。

课程思政的体现：让学生直观理解人是社会性动物，社会就是由彼此相互模仿的一群人组成的。

（2）通过提出问题、分析问题和解决问题的思路展开本节内容的讲解和分析。学生在案例实验和参与实践中充分感受到群体规范带给个体的巨大心理压力，迫使个体做出行为上的趋同。

课程思政的体现：教学目标之一便是培养具有独立判断和思考能力的人。通过群体规范实验，学生充分认识到人类的弱点和不足，只有不断自我学习，才能抵抗盲目跟从的群体思维，做到既不脱离群体，又能保持某种程度上的自主和独立。

（3）通过课堂练习和课后习题的训练，巩固学生课上所学知识，同时启发学生更多的思考。

课程思政的体现：在如今的网络时代，网络群体是群体研究的课题之一。网络媒体生态复杂多变，信息安全与网络犯罪、信息爆炸与知识产权、个人隐私权与文化多样性的保护、人肉搜索与群体极化等问题层出不穷，如何提高网民的媒介素养和道德修养成为一个亟待解决的问题。

（四）教学过程

在教学中，根据教学大纲和教学计划的要求，本着提出问题、分析问题并解决问题的教学总体思路进行各章节的教学安排。在教学过程中，坚持以启发式教学为理念，以问题为导向，培养学生的思考能力。同时以应用为教学的最终目的，巩固和加强学生的学习效果。具体的教学过程安排如表 1 所示。

表 1

群体传播（50 分钟）			
教学环节	**教师活动**	**学生活动**	**环节设计意图**
线上课前准备	利用线上链接功能，提前布置阅读书目及讨论： (1)［法］勒庞《乌合之众》，广西师范大学出版社，2016 年 1 月。 (2)［美］津巴多《路西法效应：好人是如何变成恶魔的》，三联书店，2015 年 10 月	1. 线上讨论 (1) 乌合之众形成的原因。 (2) 好人是如何变成恶魔的？ 2. 利用线上抢答的回答功能	培养学生良好的阅读、发问和交流的习惯，提升深度思考的能力
导言	总结线上讨论的成果，说明群体传播在人类社会中具有重要的研究意义	带领学生深入探讨群体的概念	时间：1 分钟 开场直接引入所讲的核心内容，让学生聚焦所探讨的问题
提出问题，引出概念及本节课程框架	从一个有趣的现象入手： 人与人之间新的打招呼方式："双十一，你都买了啥？"  及时提出问题： (1) 什么是群体？其本质特征有哪些？ (2) 群体有哪些类型？ (3) 群体是如何形成的？ (4) 群体与个体的关系是什么？	让学生充分展开讨论，从直观经验出发，鼓励学生思考群体的多种分类方法和类型	时间：5 分钟 使学生从各种分类方法中了解到人类的生存方式和相互影响的关系

续表

教学环节	教师活动	学生活动	环节设计意图
核心概念（教学重点1）	1. 什么是群体？其本质特征有哪些？ 所谓群体，指的是“具有特定的共同目标和共同归属感、存在着互动关系的复数个人的集合体”。——岩原勉（日本社会学家） 2. 群体的本质特征 （1）目标取向具有共同性（利益、关心、兴趣等）。 （2）具有以我们意识为代表的主体共同性。 这两个本质特征意味着群体具有互动机制和使共同性得到保障的机制	先让学生自由交流，然后展示PPT，最后教师进行总结	时间：5分钟 利用PPT多样化的制作和演示，展示出多种群体画像，帮助学生深刻地理解群体的概念
概念拓展——群体的主要类型	群体的主要类型： 库利的划分： 初级群体（primary group） 次级群体（secondary group） 塞弗林的划分： 基本群体（primary group） 参考群体（reference group） 偶然群体（casual group） 威瑟的划分： 组织群体 非组织群体 勒庞： 乌合之众（CROWD）	让学生区别不同群体的分类标准	时间：8分钟 通过分类，让学生理解群体的多样性和复杂性
核心概念：群体意识与群体规范（教学重点2）	提出问题：群体是如何影响个体的？ 群体意识是指参加群体的成员所共有的意识，包括以下内容： 群体目标和群体规范（核心：排他性） 群体情感（指成员间的私人情感和群体的共同情感） 群体归属意识（需求满足后对群体产生的认同感）	让学生一起探讨群体中哪些要素会影响到个体的认知、心理和行为等层面	时间：6分钟 意在让学生理解三个层面的内容： （1）相互影响发生在双方互动传播的基础上。 （2）群体如何约束个体的行为。 （3）群体意识的积极影响和消极影响

续表

教学环节	教师活动	学生活动	环节设计意图
观察实验，理解并运用知识	谢里夫的群体规范实验——自动移动光效果 实验条件：完全黑暗的房间；一点很微小而且静止的灯光；神经系统对昏暗的灯光的过度补偿效果。 实验过程：受试者在房间里坐好，触手可及的地方有一个按键，5 米以外的地方放置一盏会呈现一点灯光的器具。受试者在得到一个信号以后，看见灯光移动就按键，几秒钟后灯光会消失，受试者需要说出灯光移动的距离。 第一步，采用单人试验，经过几次反复之后，每个人都得出了自己的关于灯光移动距离的标准。 第二步，将几个人安排在同一个房间，彼此可以听见彼此估计的距离。 第三步，恢复到第一步的情境，让学生猜测这次实验的结果是否与单人实验的结果一致	学生先观察、思考，然后分组讨论： 这次实验的结果会怎样？ 在不确定的环境下，人们通常容易依靠别人的指导； 群体规范不仅存在，而且可以超越群体的存在	时间：5 分钟 通过实验的设计，让学生直观感受到群体对个体心理和行为产生的重要影响
核心概念：群体压力（教学重点 3）	所罗门·阿希（Solomon Asch）的“线条实验”将被试分成 7 人小组，请他们参加所谓的知觉判断实验。实验的真正目的是考察群体压力对从众行为的影响。7 名被试中，只有编号为 7 的被试为真被试，其他均为实验助手。被试与其他群体成员都围着桌子坐下后，实验者依次呈现 50 套两张一组的卡片。两张卡片中，一张画有一条标准直线，另一张画有三条直线，其中一条同标准线一样长。被试的任务是，在每呈现一套卡片时，判断三条编号依次为 1、2、3 的比较线中哪一条与标准线一样长。 实验开始后，前两次比较平静无事，群体的每一个成员都选用同一条比较线。作为第 7 号（第 7 个进行判断）的真被试开始觉得知觉判断很容易、很快。 在第三组比较时，实验助手们开始按实验要求安排故意做错误的判断。被试听着这些判断，困惑越来越大。因为他必须先听完前 6 个人的判断，等到第 7 个才说出自己的看法。结果，他面临是相信自己的判断还是跟随大家做错误判断的两难问题	学生根据阿希实验的步骤自己动手设计实验。 分组讨论并总结群体压力的来源和群体压力带来的后果	时间：8 分钟 让学生充分参与实验，在实验过程中体会到个体因群体压力而被迫做出从众行为的现象

续表

教学环节	教师活动	学生活动	环节设计意图
课堂讨论 知识巩固	观看影片《浪潮》部分片段，讨论以下问题： (1) 影片中学生们的群体意识是如何形成的？ (2) 如何看待群体思维？ 	学生观看影片并分组讨论	时间：10 分钟 帮助学生理解本节课的概念和扩展内容
课程总结 内容回顾	本课介绍了群体概念及其特征，重点介绍群体规范如何在群体传播中形成并影响个体。 通过进行阿希实验，让学生真切感受到群体压力带来的趋同心理，引导学生善于从社会心理学视角观察社会现象		时间：1 分钟 结合板书和 PPT 内容，对课程重点进行总给，帮助学生加深对所学知识的印象
课后作业 知识巩固	举出更多案例并分析群体是如何影响个体的。 当前互联网时代，如何防止群体极化现象的发生？		时间：1 分钟 通过课后习题的思考，帮助学生理解和运用所学知识，并结合当前环境做进一步的思考

四、教学效果分析

本课程的教学内容符合新闻传播学专业本科生的课程设置要求，充分尊重学生的认知水平，采用案例分析、动手实验等教学手段，营造出轻松愉悦的教学氛围，无形中激发了学生的探讨欲，最终帮助学生灵活地掌握本课程所学的相关知识并应用于实践。在此基础上，还激发学生不断探索和思考，将所学的其他知识融会贯通，真正提高学生分析问题、解决问题的能力。

本课程探讨的概念是群体以及群体与个体之间的相互关系。人是社会性动物，充分地认识群体的概念及群体的传播机制，有助于学生更好地理解人类的生存、传播的内在规律，也有助于他们理性地看待群体与个体的关系，做到既不孤傲避世，也不随波逐流。

移动互联时代的社交媒体与社会网络

课程名称：社交媒体与网络分析
课程性质：□公共课 ☑专业课
课程类别：□理论课 □实践课 ☑理论实践一体课
课程所属学科及专业：传播学
授课教师：汪雅倩
授课对象：传播学专业学生

一、课程简介

社交媒体与网络分析是一门探讨新媒介技术对社会网络及个体行为影响的综合性课程，对传播学专业而言，移动互联与社会网络的融合使得该课程的重要性尤为突出。本课程的重点在于介绍新媒体基础理论及研究方法，并在此基础上突出新媒体研究所涉及的前沿议题，让学生掌握基础知识的同时能够运用前沿理论及方法，对新媒体现象进行深入的观察与系统的研究。

二、课程思政元素发掘

元素 1：新媒体时代如何树立政治意识和思想认识。
元素 2：移动社交网络中如何保持正确的价值观。
元素 3：如何在社交媒体上建立正确的舆论观。
元素 4：社交媒体影响者的政治要素与思想要素。
元素 5：移动视频社交时代如何把握正确的方向。

三、教案设计

（一）教学目标

本课程具有较强的理论性和实践性，重点在于培养学生对新媒介技术、社交媒体及社会网络的观察分析能力。因此，本课程将采取教师讲授与学生讨论相结合的教学方式，以学生为主，共同完成以下目标：

目标1：让学生了解并掌握新媒体前沿理论、研究议题及研究方法。

目标2：让学生掌握社交媒体重要理论及核心议题。

目标3：在理论训练的基础上，让学生了解并掌握社交媒体常用的研究方法，主要包括社会网络分析法、网络民族志、扎根理论等，且能够实际操作。

目标4：让学生学会将理论应用到实践，锻炼学生跨学科的学习视域，能够运用社会网络思维对新媒体现象做出系统的观察与研究。

目标5（课程思政教学目标）：在教学方法和传播实践两个维度融入相应的思政元素，引导学生在新媒体时代正确地使用社交媒体；通过专业课知识和思政内容的结合来解答学生在日常媒介使用中遇到的问题，做好正确的价值引导，让学生成为积极的传播者和立场坚定的媒介使用者。

（二）教学内容

第一章　新媒体与社会

第一节　媒介与空间

1. 媒介与三种空间类型
2. 媒介变迁与社会空间

第二节　新媒体与个人空间

1. 新媒体属性
2. 新媒体与场景
3. 课程思政切入点：新媒体时代如何树立政治意识和思想认识

教学重点、难点：媒介变迁与对应的社会空间；空间的三种类型；新媒体属性及其与个人空间的关系。

课程的考核要求：了解并掌握媒介的变迁过程及社会空间的变化；熟悉空间的三种类型。

复习思考题：为什么新媒体时代强调个人空间？个人空间的根本属性是什么？

第二章　网络化个人主义：新的社会操作系统

第一节　网络化个人主义

1. 新型交往方式

2. 个人化的社交网络

第二节　三重革命：移动+互联+社交

1. 三重革命对网络化个人生活方式的影响

2. 三重革命对社会系统的影响

教学重点、难点：网络化个人主义的概念及内涵；三重革命的内涵及影响。

课程的考核要求：了解并掌握网络化个人主义的核心概念、三重革命的影响；以小组形式，分享关于“网络化个人主义具体表现”的讨论。

复习思考题：网络化个人主义为何能够成为新的社会操作系统？三重革命的内在逻辑是什么？

第三章　社交网络革命

第一节　网络化的社会

1. 网络化思维方式

2. 网络化的关系

第二节　社交网络的概念与结构

1. 何谓社交网络

2. 社交网络的结构

3. 个人化的社交网络

4. 课程思政切入点：移动社交网络中如何保持正确的价值观

第三节　社会网络分析方法的发展

1. 何谓社会网络分析

2. 社会网络分析方法的发展及理论脉络

教学重点、难点：社交网络的基本概念与核心属性；社会网络分析方法的发展脉络。

课程的考核要求：了解并掌握社交网络的概念，了解社会网络分析法的基本概念及发展，为第七章的实际操作做准备。

复习思考题：网络化的关系有哪些具体表现？个人化的社交网络意味着什么？社会网络分析方法为何重要？

第四章　移动革命与社交媒体

第一节　移动传播无处不在

1. 永远在线与超级连接

2. 公私空间的界限模糊

第二节　社交媒体时代的到来

1. 手机与日常生活

2. 课程思政切入点：如何在社交媒体上建立正确的舆论观

教学重点、难点：移动革命的内涵；移动传播的基本概念与影响；社交媒体对日常生活的影响。

课程的考核要求：了解并掌握移动革命的基本内涵、社交媒体对日常生活的影响。

复习思考题：为什么会出现移动革命？移动传播无处不在有哪些具体表现？公私空间的界限指什么？手机与日常生活有什么关系？

第五章　社交媒体时代的“微名人”

第一节　意见领袖的身份变迁

1. 从名人到“微名人”

2. 移动意见领袖

第二节　社交媒体微名人

1. 相似性吸引

2. 人格一致性

3. 虚拟“友谊”

教学重点、难点：引入新媒体前沿概念及理论“微名人”；阐释微名人、移动意见领袖、社交媒体影响者之间的关系；社交媒体微名人的核心要素。

课程的考核要求：掌握社交媒体微名人的基本概念及核心要素，并以小组形式分享“身边的社交媒体微名人”案例。

复习思考题：微名人与传统名人有何区别？微名人的出现意味着什么？

第六章　社交媒体与影响者营销

第一节　社交媒体影响者

1. 何谓 SMIs（社交媒体影响者）？

2. 社交媒体影响者的核心要素

3. 课程思政切入点：社交媒体影响者的政治要素与思想要素

第二节　社交媒体影响者的影响路径

1. 新媒体时代的准社会交往

2. 虚拟化社交

3. 可获得性期待

教学重点、难点：引入新媒体前沿概念及相关理论“社交媒体影响者”；展示社交媒体时代的影响者路径。

课程的考核要求：掌握社交媒体影响者、影响者营销、准社会交往等重要理论。

复习思考题：为什么会有社交媒体影响者？影响者营销对传统营销来说意味着什么？

第七章　社会化媒体与网络分析

第一节　社会网络分析基本概念

1. 个体网

2. 整体网

3. 复杂网

第二节　社会网络分析操作方法

1. Ucinet 实际操作

2. 经典案例分析

第三节　社会化媒体与整体网分析

1. 社会化媒体中的 KOL

2. 传播路径与层级分析

教学重点、难点：对社会网络分析基本概念及核心要素的阐释；社会网络分析方法的实际操作；对整体网基本概念及相关理论的阐释。

课程的考核要求：掌握社会网络分析的基本概念，学会使用 Ucinet，并以小组形式完成课程作业。

复习思考题：社会网络分析方法与传播学的关系是什么？社会网络分析在社交媒体时代有什么意义？

第八章　现在和未来：移动社交+短视频+场景

第一节　智能手机与短视频

1. 移动社交与不同场景的融合

第二节　交往在云端：网络化、视频化

第三节　课程思政切入点：移动视频社交时代如何把握正确的方向

教学重点、难点：移动互联网时代社交媒体的发展趋势，智能设备与社交场景的融合。

课程的考核要求：通过对未来发展趋势的分析，让学生了解移动社交与视频的传播模式，学会从传播学视角观察当下新媒介技术的发展与应用；同时结合本课程内容，以小组讨论的形式分享对“移动+短视频+社交场景”的认识与思考。

复习思考题：移动社交与短视频的结合有哪些表现形式？智能设备对日常生活有哪些影响？如何理解“交往在云端”？

（三）教学手段与方法

教学手段与方法见表 1。

表 1

	教学内容	教学方法	考核要求	教学载体
1	课堂理论系统讲述，并结合现实案例分析	以教师讲述为主，并且调动学生参与积极性，引用思政案例，将理论运用与现实案例相结合	课程参与课堂互动	主要通过课堂PPT展示及课堂互动完成
2	课堂分组讨论，推举代表发言	选择最新国内外热点研究领域，引导舆论及价值观，结合讲课内容，组织同学对相关内容进行深入解读，分析讨论	小组讨论课堂发言	课堂上分组并就近期热点事件进行讨论，推举代表发言
3	课程报告	同学利用课堂所学到的知识，对相关社会现象进行分析，并结合相关案例谈谈对自己的启发	小组报告	要求通过PPT做简短展示

（四）教学过程

本课程具有较强的理论性和实践性，重点在于对学生观察理解与分析应用能力的培养，故采取教师讲授与学生讨论相结合的教学方法，课堂讨论（20%）和课程作业展示（20%）作为平时成绩考核，期末考核采用提交课程研究论文形式。平时考核成绩占总成绩的40%，期末课程论文占总成绩的60%。

四、教学效果分析

本课程是一门兼具理论性与实践性的专业课程，注重多种教学手段的应用，尤其是案例教学，能够将专业知识与实际生活有效地结合，帮助学生理解与运用。

此外，本课程始终强调移动互联网时代的媒介观、舆论观，将所学知识与学生的思考、观念相结合，根据现实生活中的热点事件进行正确的舆论导向和价值观引导，教会学生在移动社交时代正确地看待并使用互联网。尤其在社交媒体无处不在的背景下，智能设备与设计场景深度融合，学会如何辨别及使用社交媒体成为当代大学生必备的媒介素养。

对此，本课程在不同章节中提出了不同的课程思政切入点及思政元素，从而与课程内容有效地结合，通过对媒介环境的分析，让学生了解移动社交与社会网络的传播模式、特征及影响，学会从传播学视角观察当下的新媒介技术与应用，同时以小组讨论的形式，解答学生在日常生活中对社交媒体使用的不解与困惑，分享彼此的理解与思考，从而真正地将思政融入课程教学中。

融媒体背景下主流媒体舆论引导新发展

——以《人民日报》“中央厨房”为例

课程名称： 新闻编辑学

课程性质： □公共课　☑专业课

课程类别： □理论课　□实践课　☑理论实践一体课

课程所属学科及专业： 新闻学

授课教师： 任伯杰

授课对象： 传播学专业三年级学生

一、课程简介

本课程讲授新闻编辑工作的基本原理和方法。通过学习，同学们应明确新闻编辑工作的规律和特点；掌握新闻编辑工作的基本理论、基本知识和基本技能；运用所学知识分析和评价我国的新闻编辑工作；具有较强的动手能力，包括处理稿件的能力（稿件的取舍、把关和加工能力）、制作标题的能力；基本掌握各类新闻编排的要领，初步具备从事新闻编辑工作所应有的基本素质。

二、课程思政元素发掘

元素1：培养媒体人的职业精神和职业规范。

进入21世纪以来，新媒体技术迅猛发展，新闻媒介作为传播思想的主流阵地，不仅是传播的工具，更是引导百姓的思想“宣传员”，承担宣传党的思想舆论指导的重要职责。从某种程度上而言，媒体新闻人的综合素养直接决定着新闻的质量，关乎新闻政治思想的觉悟和高度。新闻传播技术水平提高，既为新闻传播行业提供了机遇，也带来了巨大的挑战。眼下，应提升加强新闻工作者的政治

思想高度，提高他们的综合能力，建立一支高水平的新闻队伍，通过完善的制度体系推动新闻工作与传播的顺利开展。

元素 2：引导未来媒体人树立社会主义核心价值观。

思想政治把关是新闻媒体人最重要的职责之一，但是由于传统思维的束缚，我国很多媒体都忽视了政治思想教育的重要性，没有树立新闻人的健全思想，教育工作的开展也不够规范。我国媒体政治思想教育工作在内容上还不够全面，有关新闻法规、思想政治教学的细则不规范，严重影响了新闻人政治思想觉悟的提高。作为需要长期投入的政治思想教育教学，必须从新闻工作者的素质和创造力提升方面出发，不断完善教学。在新闻编辑学课程教学中，引导未来的媒体人树立社会主义核心价值观是教学工作的重要内容之一。因此，在教学过程中，结合授课内容、新闻报道案例，对学生进行社会主义核心价值观教育是非常重要的。

三、教案设计

（一）教学目标

本节课程通过对《人民日报》融媒体编辑系统——“中央厨房”的设立背景、设立过程、包含内容、重要功能进行介绍，让学生了解融媒体背景下主流媒体的舆论引导新发展。

（二）教学内容

（1）《人民日报》成立和发展（重点）。

（2）《人民日报》融媒体编辑系统形成发展过程（重点）。

（3）《人民日报》“中央厨房”主要特色（重点）。

（4）《人民日报》“中央厨房”在舆论引导过程中的重要作用（难点）。

（5）《人民日报》“中央厨房”在两会报道期间的报道特色（难点）。

（三）教学手段与方法

1. 典型案例教学法

结合近年新闻报道案例，让学生了解到新媒体背景下主流媒体的最新报道方式，引导学生对经典新闻案例进行综合分析。教学中以 2016—2023 年《人民日报》“中央厨房”融媒体编辑系统关于两会的报道作为教学案例，让学生从经典报道案例中了解新闻编辑的变化。

2. 学生研讨互动教学法

让学生参与案例研讨过程，充分体现教学的互动性。在授课之前，让学生以编辑小组的形式，针对当年《人民日报》“中央厨房”编辑系统对于两会的报道进行分析，在课堂进行研讨，授课老师针对研讨内容进行总结。该教学方法培养了学生分析问题、解决问题的能力，提升了学生学习的自觉能动性。

（四）教学过程

在关于《人民日报》“中央厨房”融媒体编辑系统学习过程中，加入《人民日报》形成、发展历史等背景知识，让学生充分了解在艰苦岁月中《人民日报》如何发挥党和人民的喉舌作用，尤其在解放区，让人民群众更多了解党的方针和政策，在特殊时期起到了特殊的宣传和引导作用。此外，在融媒体环境下，《人民日报》在党的引领下，与新媒体技术广泛结合，从“相加”走向“相融”，充分发挥融媒体时代背景下党报的新型编辑系统的舆论引导作用。此课程充分考虑到历史与现实的结合、新闻史与现实案例的结合，让学生对课程内容和《人民日报》的发展有全面的了解。

1. 介绍《人民日报》发展历史及媒介定位

（1）《人民日报》发展历史：

①1946 年，中共晋冀鲁豫中央局机关报《人民日报》在河北创刊。

②1949 年，人民日报社从河北迁入北平，当年 8 月 1 日，《人民日报》升格为中共中央机关报，开始了由区域性党报向党中央领导的全国性报纸的转变。

（2）《人民日报》媒介定位：

①从晋冀鲁豫《人民日报》到《人民日报》北平版到《人民日报》，从区域性党报到全国性党报，《人民日报》是党的喉舌，是对外交流的重要窗口。

②受众定位。

③内容定位：《人民日报》报头、报纸栏目设立的多次演变，展示了党报的发展过程。

2. 分析《人民日报》新媒体发展道路及特点

（1）2000 年，人民网上线。

（2）2012 年，《人民日报》官方微博上线。

（3）2013 年，人民日报微信公众平台上线。

（4）2014 年，人民日报客户端正式上线。这是人民日报社适应媒体变革形势、加快推进传统媒体与新兴媒体融合发展迈出的重要一步。

（5）2018 年，人民视频上线，是人民网推出的直播短视频交互式客户端。人民网将携手腾讯公司、歌华有线（含其关联基金）成立视频合资公司，共同发力直播和短视频领域，探索主流媒体与商业公司合作新模式。

3. 讲授《人民日报》“中央厨房”融媒体编辑系统

（1）《人民日报》“中央厨房”融媒体编辑系统推出背景。

（2）《人民日报》“中央厨房”融媒体编辑系统运行模式。

（3）《人民日报》“中央厨房”融媒体编辑系统特点分析。

4.《人民日报》“中央厨房”两会报道案例分析——《人民日报》两会报道中的融媒体突破

（1）微信类社交媒体的传播应用。

（2）充分利用网络优势，打造最全面的两会新闻资讯（人民网）。

（3）直播——真实反映会场情况。

（4）短视频——创新新闻类互动视频，增强用户参与感。

（5）音频——老瓶装新酒，探索广播音频新媒体发展。

（6）智媒体的探索性介入——疫情防控期间的云会客厅。

5.“中央厨房”特点总结

（1）新模式：多种媒介形式多元协同、共同引导。

（2）新体验：新技术引发受众感受新体验。

（3）新形态：融媒体重铸传播媒介新形态。

四、教学效果分析

（1）充分发挥主流媒体的正向舆论引导作用。本节课程的主题是“融媒体环境下主流媒体”，针对这个主题，授课教师选取了《人民日报》“中央厨房”融媒体编辑系统作为授课主体，带领学生回顾了《人民日报》所走过的历程，以及在特殊时期发挥的重要舆论引导作用。在新媒体技术发展背景之下，《人民日报》积极响应党和国家号召，投入新媒体的建设、发展之中，并取得了良好的舆论引导作用。

（2）充分利用两会报道作为教学案例，让学生在学习中了解最新国家发展情况、两会议题等。在教学中，两会报道既是新闻编辑学课程的学习内容，也是了解国家新政策、新发展的一个渠道。通过此次学习，达到了让学生了解党和国家政策，树立正确价值观、马克思主义新闻观的目的，取得了良好的学习效果。

新闻职业道德领域的角色冲突问题

课程名称：新闻学概论

课程性质：□公共课 ☑专业课

课程类别：☑理论课 □实践课 □理论实践一体课

课程所属学科及专业：新闻传播学

授课教师：王冲

授课对象：传播学专业一、二年级本科生

一、课程简介

新闻学概论（又称“新闻学原理”“新闻理论”等）是新闻传播类专业的学科基础课。本课程通过聚焦新闻事业的基本现象，讲授新闻传播的基本规律，引导学生用理论来阐释、解决现实问题，培养学生在新闻传播领域的专业意识和职业敏感，帮助学生获得基本的媒介素养和信息素养，为其接下来学习传播理论、新闻史、新闻采写、媒介经营管理、传播法等课程奠定学科基础。

课程由三个部分组成：一是新闻学的基本理论，包括新闻、新闻真实、新闻价值、新闻客观性等概念和理论；二是大众传播媒介和新闻的关系，即对大众传播媒介职能、新闻工作的操作理念和新闻工作者地位的认识；三是新闻媒介的社会系统关系，即新闻媒介的社会支持因素，包括法规与道德。

学生在学完本课程后，能够初步掌握马克思主义新闻观，把握新闻传播活动的本质和规律，具备一定的政治素质和理论基础，适应日益复杂的媒介环境和不断变动的媒介格局，成为“讲好中国故事”的传媒后备人才。

二、课程思政元素发掘

（一）夯实马克思主义新闻观

以马克思主义新闻观为准绳，介绍马克思、恩格斯、列宁等人有关新闻学基

本原理的论述，兼顾毛泽东、邓小平、江泽民、胡锦涛等历任党和国家领导人对马克思主义新闻观的继承与发展，结合新时期习近平对加强和改进新闻舆论工作所提出的一系列新观点、新论断、新要求。例如，在讲解“新闻真实”这一章时，介绍各种虚假新闻的代表性案例之后，引入习近平同志在1989年所作的《把握好新闻工作的基点》的讲话要点，让学生意识到新闻、宣传也需要尊重客观规律。

课程中还会引介中国共产党历史上有关新闻定义的重要文献，如中国共产主义运动的先驱李大钊对于新闻的定义，延安《解放日报》总编辑陆定一提出的新闻定义，以及提出该定义的文献《我们对于新闻学的基本观点》。

（二）继承优秀新闻工作者的优良作风传统

以新华社、中央电视台、经济日报、中国青年报等媒体的新闻实践为案例，以范长江、邵飘萍、萧乾、陈杰等著名新闻工作者为标杆，引导学生了解、继承优秀新闻工作者的优良作风传统。例如，在讲授“新闻真实”这一章时，通过介绍新华社记者汤计对“呼格案”锲而不舍的持续关注，对照“呼格案”的原始报道，让学生意识到恪守新闻真实的重要性。

（三）紧跟时事热点，捕捉社会动态

课程注重理论联系实际，不回避网络热点，在引介案例的时候，针对青年学生容易产生的思维误区、人生困扰进行分析、引导，帮助学生建立积极向上的人生观、择业观、求学观。

2020年授课期间，恰逢网络有关于“上海名媛”的热点话题，针对青年的消费观、教育观容易出现偏差的现状，结合燕京大学毕业生郭婉莹、萧乾等人的人生经历，告诉学生受教育的目的应该是获得真理，进而获得思想上的自由，最终是为社会提供服务。

（四）提升学生的媒介素养

汲取国内外新闻传播领域的经典案例，包括成功经验、失败教训，提升学生的媒介素养，应对复杂的媒介信息环境，辨别虚假新闻、错误信息。例如，通过引入《新快报》对“女孩为清洁工撑伞”的报道，让学生意识到“善意的假新闻”也是一种假新闻。

（五）寓通识教育于专业教育之中

传播学专业学生需要具有广博的知识面，因此要在专业教育中注入通识教育。文学、历史、艺术、科技，都可以借助案例进入课堂。例如，在介绍新闻活动的由来时，借助甘肃博物馆的著名文物《彩绘驿使图》，讲授新闻活动变迁的

同时，帮助学生了解中华文化的源远流长以及古代艺术的美妙，彰显文化自信。

三、教案设计

（一）教学目标

1. 知识目标

帮助学生认识记者的职业角色与社会角色之间的冲突，引导学生掌握平衡二者之间的关系，汲取人文主义素养。

2. 能力目标

锻炼学生多角度分析问题的能力，提高思辨能力，激发批判性思考，打破二元对立的应试思维模式。

3. 价值目标

（1）树立正确的职业观、人生观、世界观。

（2）避免过度的工具理性和无节制的同情心。

（3）培养学生的社会责任感和性别意识。

（二）教学内容

重点在于让学生意识到新闻职业道德的重要性，难点在于如何引导学生树立正确的新闻职业理念和规范。

（三）教学手段与方法

1. 案例式教学

新闻学概论课程有一个得天独厚的优势，即案例层出不穷，因此教师所要做的就是建立一个案例资源库，不断累积，优化组合。所选取的案例除了要有专业层面的典型性，还要兼顾课程思政的需要，能够成为学生了解社会、思考人生的窗口与抓手。

2. 对话式教学

对话式教学意味着教师和学生是课堂的双主体，学生拥有与教师平等对话的权利。教师通过案例激发学生的表达欲，在与学生对话的过程中，不断深化思考。事实上，多年的教学经验表明，学生往往能够提供一些迥异于教师的视角。因此，教师要保护学生的表达欲望，即便学生的观点失之偏颇，也不要轻易否定。

3. 课前预习与课后观摩

由于课程主要面对的是一、二年级的本科生，考虑到“00后”学生形象化思维比较突出的特点，在课前和课后，通过布置影视作品观摩作业，让学生预习、反刍课堂知识点。例如，在讲解“新闻客观性”一章时，让学生观摩中央

电视台和凤凰卫视对“钱云会之死”这一事件的报道，感悟客观性的内涵与外延，分析新闻客观性所受到的因素制约，进而激发学生的深度思考。

4. 设置常识类考题

近几年的观察发现，不少学生在经历高考之后，比较偏重书本上的知识，不关心社会的变动。一些学生认为，大学的文科课程只需要考前突击即可通过，不需要平时的积累。针对这种情况，在授课之初就要强调日常积累的重要性，明确告知学生，考题中会包含30%左右的常识题，题目来自这一学期的新闻热点，从而督促学生注重学习过程和日常积累，最终达到“风声雨声读书声，声声入耳；家事国事天下事，事事关心”的目标。

（四）教学过程

1. 教学的总体思路

（1）组合案例，导入问题。

如何激发学生的多元化思考，是本科课堂经常面临的一个问题。单一的案例往往意味着角度单一，缺乏冲突性，因此如果能够选取一组具有对照性的案例，让学生通过比较、联想等方式去思考问题，更容易激发课堂的气氛。

课程思政的体现：两个案例中，一个是记者在镜头前给采访对象擦眼泪引发争议，另一个是记者在镜头前没有给采访对象擦眼泪引发争议，两个案例时间上相差12年，折射出媒介环境变革过程中，受众对新闻职业道德的理解也在不断变化。

（2）层层推进，提出问题。

在引介案例之后，通过分析案例，提出与课程目标相关的问题。注意问题之间的逻辑关联，引导学生抽丝剥茧，层层深入。

课程思政的体现：作为社会个体，擦眼泪是一种自然情感的流露，但是在职业角色下，擦眼泪是否突破了记者与采访对象之间的界限？既要让学生保有可贵的同理心，又要让学生建立职业底线。

（3）自由讨论，不拘一格。

讨论环节可以检测出学生之前是否预习了课前布置的阅读或者观摩材料。在这个阶段，充分发挥学生的主体性，教师更多地起到穿针引线的作用，不轻易表明立场，不偏袒任何一方的观点，让学生相互碰撞思维的火花。

课程思政的体现：锻炼学生的语言表达能力。

（4）梳理观点，正反兼顾。

在这一阶段，梳理学生比较集中的观点，正反兼顾，凝聚焦点，从不同角度回应问题。适时地延伸一些话题，帮助学生深化之前的讨论。

课程思政的体现：由记者与采访对象之间的关系延伸到社会其他领域，比如：支教等公益行为，是为了谋取个体的社会资本，还是真正为对方考虑？要让学生明白，过度的工具理性对社会无益。

（5）总结提炼，深化思考。

在梳理完不同的观点之后，提炼出课程的核心内容，秉承求同存异的原则，让学生能够有进一步的思考。

课程思政的体现：让学生建立社会责任感，平衡好职业角色与社会角色的关系。

2. 教学过程的详细描述

教学过程见表 1。

表 1

教学意图	教学内容及手段	环节设计
导入	案例 1：2003 年 5 月，甘肃武威一所小学发生六年级学生连续服毒事件，名叫苗苗的小女孩自杀身亡，其余四名孩子被抢救过来。关于自杀的原因，当地说法不一，甚至传言与邪教有关。刚刚做完非典报道的央视《新闻调查》记者柴静和她的同事范铭接手了这个选题，试图寻找出小学生自杀的真相。在后来播出的这期名为《双城的创伤》的报道中，有这样一个片段：柴静为苗苗的表弟擦去眼泪。这个举动引发了业界的争议。 案例 2：2015 年，记者易立竞在她本人制作的访谈节目《易时间》中采访了歌手韩红，韩红在节目中哭泣，引发了网友对易立竞的不满，指责记者过于冷漠，没有为韩红擦眼泪。事实上，当时易立竞停下来安慰韩红，但是后期编辑时剪掉了这个片段	时间：6 分钟 观摩视频 3 分钟； 介绍背景 3 分钟
提出问题	（1）记者可以给采访对象擦眼泪吗？ 擦眼泪不仅是一个举动，更代表了记者对自己角色的认知。 （2）同情心是客观报道的死敌吗？ 客观报道是全世界通行的新闻准则，同情心是人在面对弱者或不幸的人的时候的一种本能，二者是否构成矛盾？ （3）记者和采访对象之间是什么关系？ 柴静在后来出版的书籍《看见》中披露，她安慰其中一个男孩，给对方写信“像写给十四岁的自己”。 当记者把自己的情感投射到采访对象身上的时候，是否改变了二者的关系？ （4）作为职业的记者和作为社会个体的普通人，二者之间如何协调？ 当我们认同“医生面对患者时不能仅仅陪着哭泣，而是应该解决问题”这个观点时，作为职业的记者是否应该把普通人的情感置于职业角色之上？ 事实上，在《双城的创伤》播出后，就有媒体同行批评柴静在节目中的表现是“表演性主持”。 针对这个问题，我们要思考的问题是：记者可不可以表演？如果同情是一种表演，压抑同情是不是另外一种表演？ 延伸：2018 年两会期间，全美电视台执行台长张慧君在提问时招致同行的白眼，事后社交媒体上一片嘲讽。 （5）由此引发的思考是：如果表演不是问题，什么样的表演才是有问题的？	时间：10 分钟 讲授为主 通过 PPT 演示，不断抛出问题，延伸案例，引导学生深入思考

续表

教学意图	教学内容及手段	环节设计
讨论	引导学生逐一讨论上述问题	15 分钟
梳理	（1）赞同一方的理由Ⅰ： 同情他人是一种本能。 “我第一次看到真实的伤口。我有我的反应。” ——《看见》 潜藏的危险：记者站到了哭泣的一方。 延伸：“唐慧案”的思考	3 分钟
	（2）赞同一方的理由Ⅱ： 给予采访对象适当的关怀，可以让采访对象更信任记者，从而获得更多的信息。 潜藏的危险：把采访对象视为工具。 延伸：《记者与谋杀犯》	3 分钟
	（3）反对一方的理由Ⅰ： 凭什么我要接受一个陌生人对我如此亲昵的举动？ 如果我接受了你的亲昵表达，把信任给了你，回头的遗忘是不是一种伤害？ 延伸：仅仅为了获得国外高校的录取证书，而去乡村支教或者去养老院慰问，是不是道德的？	3 分钟
	（4）反对一方的理由Ⅱ： 来自异性的身体碰触，对于未成年人来说有可能是一种困扰	3 分钟
总结答疑	（1）记者在履行职业角色的时候，应该承担五类义务： ①对自己负责，听从良心的召唤。 ②对自己服务的对象负责。 ③对自己供职的机构负责。 ④对自己的同事负责。 ⑤对社会负责	7 分钟 讲授为主 总结课堂讨论的内容
	（2）在充分衡量这五类义务之后，我们需要注意以下几点： ①记者作为一种职业，意味着区别于一般的社会人角色。 ②记者和采访对象之间应保持适当的距离。 ③真相不能湮没在涕泗横流之中。 ④不要把采访对象视为工具。 ⑤关怀采访对象的前提是真相基本清晰，且发自真心。 ⑥记者应该有起码的性别意识	

续表

教学意图	教学内容及手段	环节设计
课后阅读与观摩	（1）美国电影《三块广告牌》。 （2）珍妮特·马尔科姆：《记者与谋杀犯》，新华出版社，2014 年 11 月第 1 版	通过布置课后的阅读、观摩作业，进一步巩固课堂所学知识，深化认知

四、教学效果分析

新闻职业道德是新闻学概论课程的核心内容之一。本课程通过引入典型案例，让学生在讨论中逐步理解记者这一职业角色与个体的社会角色之间的冲突，建立起正确的职业理念，避免过度的工具理性，拥有适度的同理心以及符合规范的性别意识。

在授课过程中，教师尽量避免直接给出答案。事实证明，学生们热衷于表达自己的观点，哪怕观点失之偏颇。教师需要做的是寻找恰当的案例，保持耐心，把握住基本的价值观底线，引导学生不断思考，最终双方都会有所受益。

北京大学新闻学研究会

课程名称：中外新闻传播史（双语）
课程性质：□公共课 ☑专业课
课程类别：☑理论课 □实践课 □理论实践一体课
课程所属学科及专业：新闻与传播学，传播学专业
授课教师：贺心颖
授课对象：传播学专业二年级本科生

一、课程简介

中外新闻传播史（双语）是一门学习和研究中外新闻传播事业发展历史的课程，它是高等学校新闻与传播学各专业的学科基础课。随着我国改革开放事业的不断推进，以及新闻传播国际化进程的迅速发展，我们的新闻从业人员越来越需要加强对中外新闻事业的了解和研究，这门课程的重要性也越来越充分地显示出来。本课程旨在阐明中外新闻事业产生、发展、兴衰、演变的过程，分析和揭示其中的规律，包括新闻事业内部的及新闻事业同社会经济政治文化相互关系上的规律性的东西，从而开阔学生的视野，帮助他们掌握历史的沿革，汲取前人的智慧。

在学完本课程后，学生在思想上学会赋予新闻传播史以生命、韵味和意义。在知识方面，学生可以掌握新闻事业产生、演进的社会背景，不同国家、地区新闻事业的互动关系以及不同新闻媒体之间的互动关系。在能力方面，掌握进一步研究中外新闻传播史的一系列发展规律、演进脉络及深层动因的方法，并在今后的学习和工作中以此为镜鉴。从媒体界别来说，本课程介绍的是报纸、杂志、通讯社、广播、电视和互联网等媒介的历史。至于不同国别的新闻历史的分量，根据中外新闻史上不同国家新闻传播的实际表现而有所区别，中国、英国、美国、德国、法国和日本等国占有较大比重。

二、课程思政元素发掘

元素 1：以西方世界所谓的“文明等级论”为切入点，逐步帮助学生理解世

界历史与现实中的“文明与野蛮”之争。树立马克思主义唯物史观，破除西方中心主义和话语霸权，以史为鉴，把握当下，走向未来。

元素2：19世纪外国人在华办报的殖民文化侵略属性。经典案例为《察世俗每月统记传》与殖民主义文化侵略。

元素3：新闻记者素养。经典案例包括：民国初年著名记者黄远生和邵飘萍、美国广播记者爱德华·默罗以及美国新闻主播沃尔特·克朗凯特。

元素4：中国知识分子的救亡探索与报刊活动。主要经典案例包括：王韬与《循环日报》、康有为与《万国公报》《中外纪闻》、梁启超与上海《时务报》、严复的思想与办报活动、革命派与保皇派的论战、《苏报》与《苏报》案、于右任与“竖三民”、《新青年》与陈独秀、李大钊揭开宣传马克思主义新一页、毛泽东与《湘江评论》、周恩来与《天津学生联合会报》、1919年初新旧思潮在报刊上的激战、《新青年》的改组、《共产党》月刊的创办、中俄通讯社、北京大学新闻学研究会。

元素5：无产阶级新闻实践与新闻思想。主要经典案例包括：马克思和恩格斯的报业活动与新闻思想、《新青年》的创办与改组、我国第一批工人报刊、《新华日报》、从红色中华通讯社到新华通讯社、延安新华广播电台、《解放日报》整风、《晋绥日报》的反“客里空”运动、毛泽东的《对晋绥日报编辑人员的谈话》、刘少奇的《对华北记者团的谈话》、真理标准大讨论和改革开放的舆论准备。

三、教案设计

（一）教学目标

1. 知识目标

通过本节的学习，学生能够掌握1918年北京大学新闻学研究会创立的时代背景和发展历程，了解研究会导师邵飘萍和学员毛泽东的师生互动，理解北京大学新闻学研究会的历史意义，了解2008年北京大学新闻学研究会复会的时代背景、工作成绩及当代意义，了解和学习方汉奇、卓南生的新闻史论研究方法论。

2. 能力目标

初步掌握新闻史论研究方法论，理解“论从史出，史论结合”，培养问题意识，树立正确的历史观，并会做简单的个案研究。

3. 价值目标

（1）传承百年薪火，赓续红色血脉。

（2）培养学生具备新闻记者的基本素质、社会责任感和历史使命感，学以

致用，与时俱进。

（3）通过中国新闻史论的研究，挖掘中国文化主体性，确立新闻学学科的主体性。

（二）教学内容

教学重点：1918 年北京大学新闻学研究会创立的时代背景、发展历程以及历史意义；2008 年北京大学新闻学研究会复会的时代背景、工作成绩以及当代意义。

教学难点：新闻史论研究方法论。

（三）教学手段与方法

在教学中，加大思政育人的比重，综合运用线下和线上相结合的授课形式，充分利用翻转课堂，培养学生主动探究式学习能力。在绪论的第五、六节对课程的思政育人进行了整体规划，明确了新闻传播史研究的路径，概述了新闻传播的历史、现状与未来。在 16 周的线下教学中，课堂讲授 42 学时，其余 6 学时用来组织学生完成 4 轮小范围课堂展示。课堂演讲和师生点评部分受到学生欢迎。

在教学中，思政育人典型教学案例包括："19 世纪外国人在华办报的殖民文化侵略属性" 案例 1 个、新闻记者素养案例 4 个、"中国知识分子的救亡探索与报刊活动" 案例 16 个、"无产阶级新闻实践与新闻思想" 案例 11 个。

线上课程建设方面，教师完成 22 章的教学内容搭建，发布任务点供学生预习和复习，线上发布并批改章节测试，精选并线上发布教学相关视频，发布并批阅线上大作业，组织线上讨论，发布拓展阅读文章。无论是课程视频还是拓展阅读材料，都与教学内容紧密结合，教师进行突出重点、难点。通过线上讨论，教师进行答疑释惑，使课程思政内化于心。

此外，线上教学资料还引入优质内容资源，作为中外新闻传播史（双语）课程思政的有机组成部分，例如 2020 年 7 月 23 日中国人民大学新闻学院主办"中国共产党百年新闻事业寻根之旅"活动视频。全国 9 家新闻传播院校，结合当地红色文化资源，按照中国共产党百年新闻事业发展历程，分别在上海、瑞金、遵义、延安、武汉、重庆、西安、西柏坡、北京等地举办"重返历史现场"活动，以多种形式回眸中国共产党新闻事业百年发展的壮阔进程。

教学最大的创新之处在于平时作业和考试形式。

首先，两次大作业注重问题意识的养成和探究式学习能力的培养。第一次大作业是撰写读书笔记，要求学生结合课堂讲授，阅读《基督教在马六甲的传播和〈察世俗每月统记传〉的诞生》和《〈东西洋考每月统记传〉地理栏目中文化侵略的内容与手段》两篇文献，撰写读书笔记，思考并回答以下问题：①英国传教士为何在东南亚出版中文报刊？②《察世俗每月统记传》和《东西洋考每月统记传》两份报刊的办报宗旨有何异同？③从主观意图、客观效果两个角度辩证分析 19 世纪传教士创办的中文报刊的历史作用与影响。第二次大作业是进行报纸比较研究。请学生在报刊数据库里查找自己生日当天的《人民日报》以及一百年前的《申报》，对比两报的形式与内容，可以谈报纸反映出的国家、社会变迁，也可就报业本身变化（如版面特征、报道题材、文风等）谈一谈。从两次作业中选出 18 份优秀学生作业，在课堂上进行了集中展示。

其次，期末考试注重学生的国际视野以及将历史与现状相结合的能力，主要涉及教学中的重点问题，如外国人所办近代中文报刊在殖民文化侵略中的作用、世界信息新秩序建立中的现实困境与出路、新闻媒体个案分析、新闻传播从业者的基本素质以及发展中国家应该如何应对西方媒体的污名化。

此外，为了激发学生自主学习的热情，还请同学担任小老师，录制讲课小视频。例如，在讲授民国初年的新闻事业时，选取黄远生、邵飘萍、张季鸾、北京大学新闻学研究会 4 个案例，请同学们自愿录制 5 分钟讲课视频，不仅在微信群中分享，而且由教师选取优秀视频在课上进行点评。

（四）教学过程

1. 教学的总体思路

（1）以 2021 年热播剧《觉醒年代》第 19 集中关于北京大学新闻学研究会的片段引出本节课程的主题，并请同学们思考剧中角色当时的身份。

以热播剧作为切入点，引起学生的兴趣和思考，调动课堂气氛。同时，通过大家讨论，留下悬疑，为后面的教学内容做铺垫。

课程思政的体现：在案例中涉及我国新闻学研究和新闻学教育的开端，增加同学们对我国新闻学学科的了解和信心，树立民族自豪感。

（2）通过历史回溯与展望未来完成整节课内容的讲解分析，使学生把握课程的总体框架，全面了解该节课与本章五四时期的新闻传播事业和后面章节中国共产党成立及报刊体系的构建等内容之间的关系。

课程思政的体现：北京大学新闻学研究会是中国将新闻学作为一门学科进行研究的开端，也是中国新闻教育事业起步的标志。在总体框架上引导学生关注其发展历程及主要成绩，尤其强调新闻学理论研究与实践相结合，反映了学以致用的精神。尽管研究会仅存在了两年多，却为中国共产党培养了优秀新闻人才。会员中的毛泽东、高君宇、谭平山、罗章龙等，后来都曾担任中共早期报刊的记者和编辑。除了培养优秀新闻人才，新闻学研究会还积累了一批学术成果，如：北京大学新闻学研究会创办我国第一个新闻学研究刊物《新闻周刊》；徐宝璜的《新闻学》一书出版，这是国人自撰的第一本新闻学理论专著。邵飘萍的《实际应用新闻学》，也是之后中国新闻业务和新闻教学的重要参考资料。一个学科要

发展，必须形成自己的特色，确立学科主体性。中国新闻学在这方面一直在努力。我们既要发扬中国精神，也要借鉴国外新闻学教育和研究的发展经验，不断学习，充实自己，立足中国，放眼世界，让中国的新闻学走出国门。

（3）对于关键概念进行解释和分析，使学生掌握新闻史论研究的方法论。同时，通过实例分析，使学生进一步掌握相关理论和概念，并加强其进行个案研究的能力。

课程思政的体现：不忘中国新闻学教育和新闻学研究的初心使命，传承百年薪火，赓续红色血脉。通过下发阅读材料和课堂提问，帮助学生梳理北京大学新闻学研究会复会后的研究特色，培养问题意识，增强提出问题、分析问题和解决问题的主动性。

（4）课堂习题和思考题训练。为了巩固学生课上所学知识，进行相关的练习和案例的解读。

课程思政的体现：立足中国，放眼世界。立足当下，学以致用。我们应该具有为中国新闻事业发展和中国新闻史论研究添砖加瓦的大情怀。

2. 教学过程安排

教学过程安排见表 1。

表 1

北京大学新闻学研究会（50 分钟）		
教学意图	**教学内容及手段**	**环节设计**
导言	利用板书展示新文化运动的两大口号“民主”与“科学”。蔡元培以“思想自由，兼容并包”精神领导北京大学改革，北京大学是新文化运动的中心和策源地	时间：2 分钟 使学生头脑中有清晰的时空概念，起到提供历史语境的作用
知识引入 问题提出	利用 2021 年热播剧《觉醒年代》的第 19 集（前 20 秒），以提问的方式看学生是否了解北京大学新闻学研究会，是否能够准确地说出此时邵飘萍和毛泽东的身份 	时间：2 分钟 通过案例的引入，激发兴趣，引发思考。【播放视频】《觉醒年代》第 19 集 00：00—00：20

续表

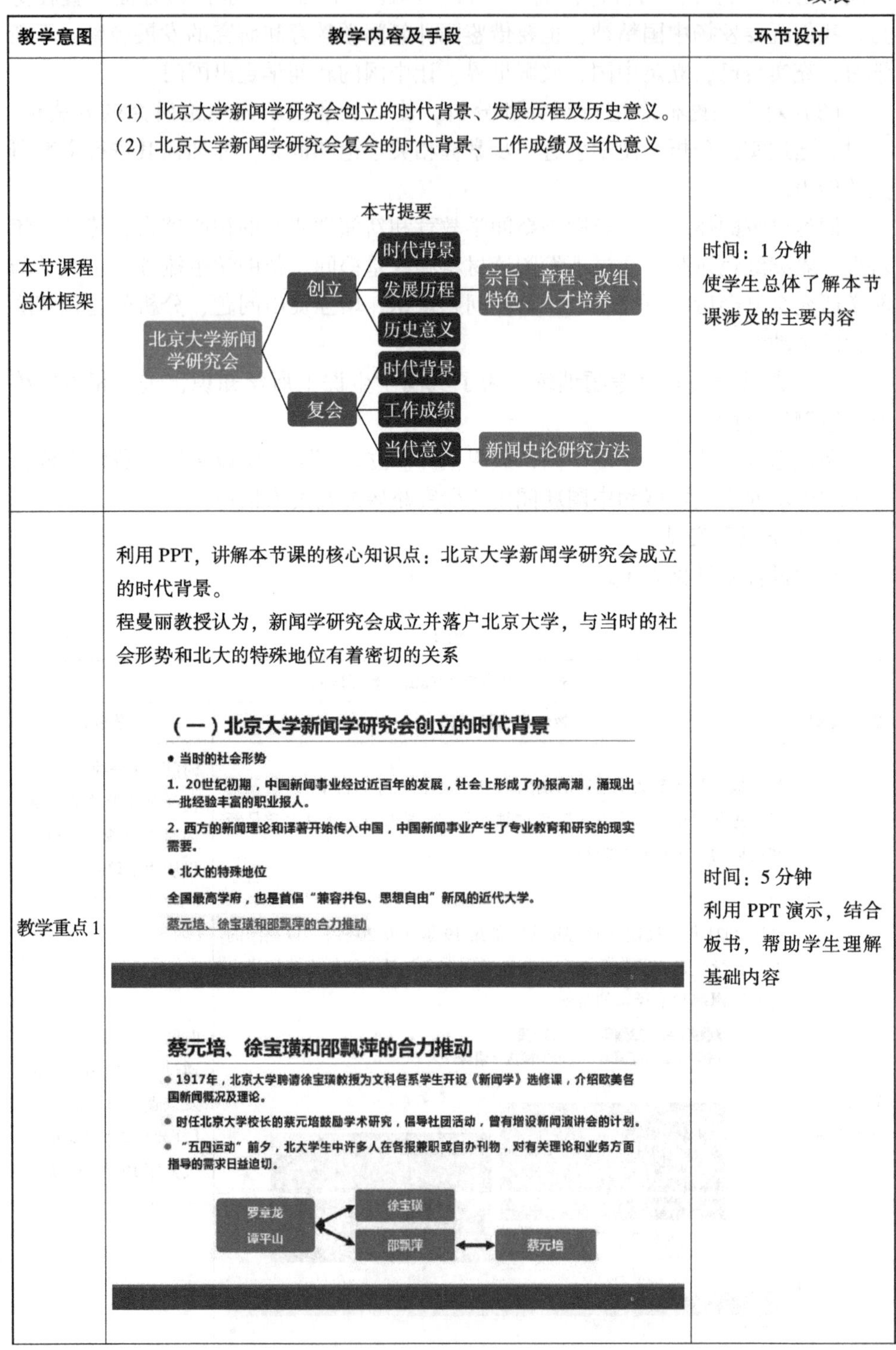

教学意图	教学内容及手段	环节设计
本节课程总体框架	(1) 北京大学新闻学研究会创立的时代背景、发展历程及历史意义。 (2) 北京大学新闻学研究会复会的时代背景、工作成绩及当代意义 	时间：1 分钟 使学生总体了解本节课涉及的主要内容
教学重点1	利用 PPT，讲解本节课的核心知识点：北京大学新闻学研究会成立的时代背景。 程曼丽教授认为，新闻学研究会成立并落户北京大学，与当时的社会形势和北大的特殊地位有着密切的关系 	时间：5 分钟 利用 PPT 演示，结合板书，帮助学生理解基础内容

续表

<table>
<tr><th>教学意图</th><th>教学内容及手段</th><th>环节设计</th></tr>
<tr><td>教学重点1</td><td>徐宝璜与邵飘萍
徐宝璜
（1894—1930）
邵飘萍
1886—1926
<table><tr><th></th><th>留学经历</th><th>从业经历</th></tr><tr><td>徐宝璜</td><td>留学美国密歇根大学学习经济学、新闻学</td><td>北京《晨报》主笔</td></tr><tr><td>邵飘萍</td><td>留学日本东京法政大学，学习法律</td><td>《汉民日报》主编、《时事新报》《申报》《时报》主笔、创办“北京新闻编译社”、《京报》社长</td></tr></table></td><td>时间：5 分钟
利用 PPT 演示，结合板书，帮助学生理解基础内容</td></tr>
<tr><td>教学重点2</td><td>利用 PPT，讲解本节课的核心知识点：北京大学新闻学研究会的发展历程——筹备成立及宗旨
（二）北京大学新闻学研究会的发展历程（1918年10月至1920年底）
1. 筹备成立及宗旨的提出
• 筹备成立
1918年7月4日，《北京大学日刊》预告新闻研究会的成立。7月6日，刊出《新闻研究会之简章》，将研究会定名为“北京大学新闻研究会”。
• 宗旨
“灌输新闻知识，培养新闻人才”</td><td>时间：2 分钟
利用 PPT 演示，结合板书，帮助学生理解基础内容</td></tr>
<tr><td>教学重点3</td><td>利用 PPT，讲解本节课的核心知识点：北京大学新闻学研究会的发展历程——创立、目的及章程
2. 北京大学新闻研究会的创立、目的及章程
创立
1918年10月14日，北京大学新闻研究会正式成立，蔡元培校长亲临会场，并发表演讲。
蔡元培
（1868-1940）
目的
“欧美各国，科学发达，新闻界之经验又丰富，故新闻学早已成立。而我国则尚为斯学萌芽之期，不能不仿《申报》之例，先介绍欧美新闻学。是为吾人第一目的。我国社会，与外国社会，有特别不同之点。吾人本特别之经验，而归纳之以印证学理，或可使新闻学有特别之发展，是为吾人第二目的。”
——蔡元培校长于新闻研究会成立大会
1918年10月14日</td><td>时间：2 分钟
利用 PPT 演示，结合板书，帮助学生分析和理解教学重点。
通过分析蔡元培演讲，帮助学生理解中国文化以及中国新闻学的主体性问题。
通过对研究会创立的目的和章程的介绍，为后面讲解导师邵飘萍对学员毛泽东的影响做好铺垫</td></tr>
</table>

续表

<table>
<tr><th>教学意图</th><th>教学内容及手段</th><th>环节设计</th></tr>
<tr><td>教学重点4</td><td>利用PPT，讲解本节课的核心知识点：北京大学新闻学研究会的发展历程——改组

3. 北京大学新闻研究会改组
● 1919年2月19日，宣布改名为“北京大学新闻学研究会”
● 简章规定“本会以研究新闻学理，增长新闻经验，以谋新闻事业之发展为宗旨。”——新闻学理论研究与实践相结合
● 选举蔡元培先生为会长，徐宝璜任副会长，徐、邵任导师
● 导师讲授+联席（师生讨论），“请进来，走出去”的策略
● 标志着从立志于输送新闻人才，培养实用技能，变为关注学科的构建与发展，推动新闻事业的进步。</td><td>时间：3分钟
利用PPT演示，结合板书，帮助学生分析和理解教学重点。
帮助学生理解北京大学新闻学研究会改组在新闻教育和新闻学科建构方面的意义</td></tr>
<tr><td>教学重点5</td><td>利用PPT，讲解本节课的核心知识点：北京大学新闻学研究会的发展历程——特色（重视理论与实践的结合）

4. 特色——重视理论与实践的结合
<table>
<tr><th></th><th>主讲课程</th><th>著作</th><th>组织学生实践</th></tr>
<tr><td>徐宝璜</td><td>新闻学概论</td><td>《新闻学》（1919）</td><td>担任《新闻周刊》编辑主任，为学生提供一个新闻实践的平台。
《新闻周刊》为北大新闻学研究会于1919年4月20日创办，是中国第一份传播新闻学知识的业务刊物。</td></tr>
<tr><td>邵飘萍</td><td>1. 新闻学基础知识
2. 新闻采集方法
3. 记者的修养</td><td>《实际应用新闻学》（1923）</td><td>1. 邀请李大钊、高一涵等知名人士到会做演讲
2. 鼓励学生贴近社会、了解民情，并组织学生外出参观，介绍学生到京报馆实习</td></tr>
</table></td><td>时间：3分钟
利用PPT演示，结合板书，帮助学生分析和理解教学重点。
帮助学生理解研究会导师徐宝璜和邵飘萍在新闻人才培养中注重理论与实践相结合</td></tr>
<tr><td>教学重点6</td><td>利用PPT，讲解本节课的核心知识点：北京大学新闻学研究会的发展历程——人才培养

5. 人才培养
國立北京大學新聞學研究會第一屆攝影
1919年10月26日，北京大学新闻学研究会第一届期满会员留影。前排左起：4徐宝璜、5蔡元培。
新聞學研究會發給證書紀事
北京大学新闻学研究会第一届期满会员名单（1919年10月16日）
（甲）得听讲一年之书
谭鸣谦（谭平山）
（乙）得听讲半年证书
毛泽东
罗璈阶（罗章龙）
高尚德（高君宇）
1936年，毛泽东接受美国记者埃德加·斯诺采访时说：“在新闻学会里……，特别是邵飘萍，对我帮助很大。他是新闻学会的讲师，是一个自由主义者，一个具有热烈的理想和优良品质的人。”</td><td>时间：2分钟
利用PPT演示，结合板书，帮助学生分析和理解教学重点。
帮助学生把握北京大学新闻学研究会在新闻人才培养方面的成绩。为后续引出导师邵飘萍与学员毛泽东的师生互动做好铺垫</td></tr>
</table>

续表

教学意图	教学内容及手段	环节设计
课堂讨论 知识应用	请学生结合《觉醒年代》第 19 集中的这段视频，分别归纳出导师邵飘萍与学员毛泽东的新闻观 导师邵飘萍与学员毛泽东的新闻观 毛泽东的新闻观 ● 新闻记者的立场、操守品行 邵飘萍的新闻观 ● “铁肩辣手” 【视频】《觉醒年代》第19集 https://tv.cctv.com/2021/06/10/VIDEAisv6PK58WY55NIIKuZL210610.shtml?spm=C55853485115.PbvFBuU7DWZ5.0.0	时间：14.5 分钟（视频 8.5 分钟+讨论 6 分钟） 通过播放视频，结合 PPT，帮助学生理解邵飘萍和毛泽东的新闻观。 【播放视频】《觉醒年代》第 19 集 00：21—5：21 和 6：00—9：35
知识拓展	通过前面讲述过的案例以及相关史学研究成果，分析邵飘萍对青年毛泽东新闻观形成的影响 邵飘萍对青年毛泽东新闻观的形成产生了哪些影响？ 林齐模（北京大学校史馆研究室副研究员）：“青年毛泽东新闻观的形成与邵飘萍联系密切。” ● 1919年2月19日，毛泽东参加北京大学新闻学研究会改组大会，听邵飘萍讲授《新闻工作的理论与实践》。 ● 毛泽东曾多次拜访邵飘萍，还得到邵经济上的接济。 ● 在北大，他听了好几个月邵飘萍的课，被邵飘萍“记者要主持公道，不怕牺牲”“侠义、勇敢、诚实、勤勉”的观点打动和影响。 ● 回到长沙后，他创办了《湘江评论》等报刊，声名鹊起。	时间：1.5 分钟 通过设问的方式激发学生思考，加深印象。以前面所讲述的案例作为分析对象，能够激发学生兴趣，更能引发学生思考
阶段小结 知识总结	利用 PPT 展示，结合《北大新闻学研究会：扛起历史留下的这面大旗——程曼丽教授谈北大新闻学研究会》，对北京大学新闻学研究会的历史意义进行简要概括与总结，起到知识强化的效果，为下一小节的内容做铺垫 （三）北京大学新闻学研究会的历史意义 ● 是中国新闻教育和新闻学研究的开端，也是我国新闻事业职业化的开端。 ● 积累了一批重要学术成果 ● 为当时和后世留下了宝贵的精神财富。坚守新闻职业化的理想，紧跟时代潮流，始终为国家自强和民族解放而努力奋进和探索。 ● 为中国新闻事业培养了一批优秀的新闻人才。 ——程曼丽：《北大新闻学研究会：扛起历史留下的这面大旗》（2008）	时间：1 分钟 内容过渡，承上启下，提高注意力

续表

教学意图	教学内容及手段	环节设计
教学重点 7	结合自身学习和研究经历，讲述北京大学新闻学研究会复会的背景、复会后的工作成绩及当代意义 **（一）北京大学新闻学研究会复会的时代背景** **2008年正值北京大学110周年校庆，同时北京大学新闻学研究会也成立90周年。** **在这具有重要意义的一年，新闻学研究会恢复成立，立志于成为全国性的学术研究平台，吸纳全国新闻学研究者的参与，推动新闻事业的发展。**  第一排（左起）为卓南生、吴廷俊、方汉奇、许智宏、范敬宜、邵华泽、赵玉明，第二排（左起）为孙华、徐泓、尹韵公、童兵、刘建明、陈刚、赵为民、程曼丽 **（二）北京大学新闻学研究会复会后的工作成绩** ● **2008年4月15日，北京大学新闻学研究会正式恢复成立。** ◦ 聘任首批10位海内外知名学者担任研究会导师 ◦ 举办“全国新闻史论师资特训班” ◦ 举办“新闻史论青年论坛” ◦ 举办“北大新闻学茶座” ◦ 举办“华文传媒读书会” ◦ 出版《北大新闻学研究会学术文库》 **（三）北京大学新闻学研究会复会的当代意义** ● 在秉承历史传统，**开展新闻史论研究**的同时，努力**关照社会现实，以学术研究服务于新闻人才的培养。** ● **增加了新闻史研究的内容和比重**；对**新闻业务的研究**更加注重**学理**层面，逐渐形成**新闻史论研究的特色。**    阳美燕：《日本在华首家政论报纸<汉报>（1896-1900）研究》（2015） 李杰琼：《半殖民主义语境中的“断裂”报格——北方小型报先驱<实报>与报人管翼贤》（2015） 贺心颖：《报人曹聚仁的报刊活动与思想研究》（2021）	时间：2 分钟 利用 PPT 演示，结合个人口述复会后导师卓南生教授对自己的指导，帮助学生把握复会的工作成绩，深刻理解复会的当代意义

续表

教学意图	教学内容及手段	环节设计
知识拓展 课堂讨论 知识应用	新闻史论研究方法论——什么是“论从史出，史论结合”？什么是问题意识？如何培养问题意识？什么是正确的历史观——唯物史观？如何做个案研究？ 明确的“问题意识” 正确的历史观 “论从史出，史论结合” 多做个案研究 新闻史论研究方法论 卓南生：问题意识 ● 什么是问题意识？如何培养问题意识？ ➢ 一般意义上的问题意识，从何而来？（怎样寻找研究题目） 1. “大翻书，乱翻书” 2. “为何研究”、“为谁研究”——牵涉到价值观和人生观 ➢ 深层的问题意识 1. 多元化的提倡是否没有边界和底线？ 2. 对于东西洋“学术舶来品”是否应该照单全收？ ——卓南生：《研究方法论之探讨（一）——问题的提出与思索》（2018） 方汉奇：新闻史观 ● 新闻史是历史的科学。（物质—意识） 1. 研究对象是客观存在的。 2. 研究目的是还原历史事实的本来面目。 3. 研究者要树立起“事实第一性”的观念，在占有丰富的一手资料的基础上，以历史唯物主义和辩证唯物主义为指导，对材料进行实事求是的分析。 ● 新闻史属于文化史的范畴，是文化史的组成部分。（经济基础—上层建筑） 新闻史是探究新闻事业与社会（政治、经济发展）的互动关系。 ——吴廷俊：《唯物史观的学理坚守：我对方汉奇教授新闻史观的理解》（2016） 知识链接：唯物史观 关于人类社会发展一般规律的学说，是辩证唯物主义在社会历史领域中的运用，是马克思的两大发现之一。 ● 社会存在第一性，社会意识第二性，社会存在决定社会意识，社会意识是对社会存在的反映，并反作用于社会存在。 ● 社会历史有其自身发展的客观规律，物质资料的生产方式是社会发展的决定力量。生产力和生产关系的矛盾、经济基础和上层建筑的矛盾是一切社会的基本矛盾。在阶级社会里，它表现为阶级矛盾和阶级斗争。国家是阶级统治的工具，是阶级矛盾不可调和的产物。 ● 社会发展的历史首先是生产发展的历史，生产力的发展是社会历史发展的根本原因，从事物质生产的人民群众是历史的创造者。先进的阶级只有通过社会革命建立自己的国家政权，才能推动社会发展。无产阶级专政是一种新型的国家政权，不仅要消灭一切剥削阶级，而且要大力发展社会生产力，是人类从阶级社会到无阶级社会的过渡。 张平江主编. 党性修养简明大辞典[M]. 呼和浩特：内蒙古人民出版社, 2018：64. 个案研究 “打深井”（方汉奇语） 典范之作 ● 方汉奇著. 方汉奇文集（增订版）. 北京：清华大学出版社, 2018. ●【新加坡】卓南生著. 中国近代报业发展史 1815-1874（增订新版）. 北京：中国社会科学出版社, 2015. ●【新加坡】卓南生著. 东亚新闻事业论. 北京：中国社会科学出版社, 2020.	时间：4 分钟 结合课前下发的阅读材料、板书和 PPT，帮助学生初步掌握新闻史论研究方法论，培养问题意识，学会收集和整理史料的方法，并会做简单的个案研究

续表

教学意图	教学内容及手段	环节设计
课程总结 内容回顾	对本次课程的主要内容，尤其是教学的重点和要点进行概要式的总结和回顾 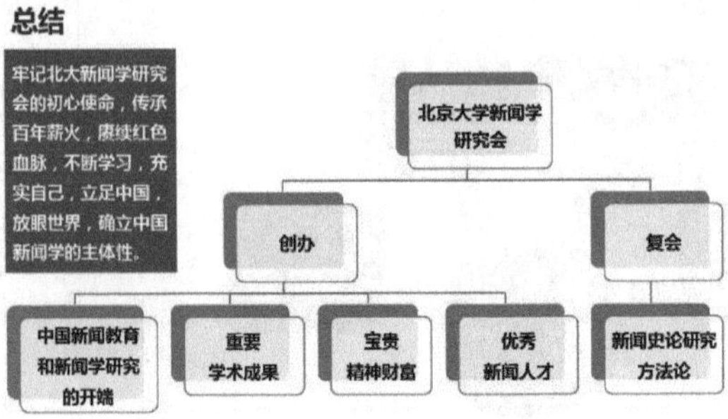 总结 牢记北大新闻学研究会的初心使命，传承百年薪火，赓续红色血脉，不断学习，充实自己，立足中国，放眼世界，确立中国新闻学的主体性。 北京大学新闻学研究会 创办 复会 中国新闻教育和新闻学研究的开端 重要学术成果 宝贵精神财富 优秀新闻人才 新闻史论研究方法论	时间：1 分钟 结合 PPT，对课程重点进行总结，加深学生的印象
课后作业 知识巩固	（1）简要述评我国新闻学研究和教育的开端。 （2）从《觉醒年代》中邵飘萍与毛泽东的对话可见新闻传播从业人员应该具备哪些基本素质？ （3）在新闻传播领域，你对哪些研究选题感兴趣？准备如何展开研究？	时间：1 分钟 通过课后练习题目及思考题的布置，帮助学生对课堂的知识进行温习和强化

四、教学效果分析

本课程的教学内容和课程设计符合传播学专业本科二年级学生的知识水平和认知规律，以马克思主义新闻观为指导，在传授知识的同时，帮助学生树立唯物主义历史观，增强对民族国家的认同，自觉与历史虚无主义进行斗争；帮助学生理解和掌握马克思主义新闻观，并以此指导新闻传播实践。

课程有意识地将思政育人融入典型案例的分析之中，如新闻记者素养、中国知识分子的救亡探索与报刊活动以及无产阶级新闻实践与新闻思想。通过组织讨论、演讲和作业，让学生初步掌握新闻史论研究方法论，形成问题意识，学会收集和整理史料的方法，并会做简单的个案研究；在主动探索中掌握历史规律，自觉运用马克思主义的唯物史观分析和解决问题。

通过相关的价值观环节的融入，本课程能够使学生更好地了解中国新闻学教育和新闻学研究的初心使命，传承百年薪火，赓续红色血脉，为未来有志于从事新闻传播工作、新闻学研究的学生提供启示和借鉴。

二、广告学专业课程思政案例

用创意讲好中国故事

课程名称： 创意思维训练

课程性质： □公共课　☑专业课

课程类别： □理论课　□实践课　☑理论实践一体课

课程所属学科及专业： 广告学

授课教师： 李佳蔚

授课对象： 广告学本科二年级学生

一、课程简介

（一）课程简介

本课程为广告学专业的必修课程，修读对象为本科大二学生。

本门课程旨在使学生了解想象力与创造力的生发规律，掌握一定的创意视角和思维路径，熟悉创意思维的表达方式，帮助学生重构固有的知识体系，将创意的要素有机地融入广告学的知识体系当中，激发创意潜能。

（二）课程目标

本课程使学生学会观察外部世界，积累创意资料，挖掘创意线索。鼓励学生发现并关注生活中存在的潜在需求或问题，进行深入思考，提升学生的分析、思辨能力；引导学生努力实践、创造性地解决所发现的问题，使创新思考、创造性解决问题成为习惯；培养学生积极的创意态度，用创造性思维做好中国创意、讲好中国故事；使学生成为具有家国情怀、国际视野和创新精神的时代新人。

（三）思政理念

在教学实践中，注重将课程思政建设意识贯穿于课程目标设计、教学内容、教学方法之中，紧紧围绕立德树人根本任务、广告学科核心素养和学生专业发展阶段特点制订教学方案，将思政元素充分融入教与学的过程，通过实践不断调整完善提升课程思政能力的路径。在课程目标设计上，在“育才”的同时更强调

"育人"，在传递知识的同时更要启智润心。在教学内容上，鼓励学生关注并尝试创意性地解决生活中的问题，增强学生的社会责任感。通过对创意的黏性的内容的讲解，鼓励学生用创意做有黏性的文化输出，做好中国创意，讲好最走心的中国故事。在教学方法上，使用案例教学法融入含有思政元素的优秀典型案例分析，使用任务驱动法设置与思政主题相关的创意训练，加深学生对相关问题的思考和探究。

二、课程思政元素发掘

本课程注重实现知识教育与价值教育的内在契合，在教学中注重方向引领和价值引导，注意体现马克思主义的基本立场、观点和方法，努力提炼课程中蕴含的文化基因和价值范式，把社会主义核心价值观的根本要求、实现民族复兴的责任担当等融入课程教学，重点在以下四个方面开展了课程思政元素发掘。

元素 1：通过案例教学丰富思政教育资源，提升思政元素与学生的"触点"和"燃点"，将思想政治教育融入课程教学各章节、各环节，着力让每一堂课都能上出思政味道。引导学生在学习优秀案例作品中逐步形成正确的价值取向和积极向上的创作态度，推动爱国主义教育和社会主义核心价值观教育落细落小，实现"立德树人"如春风化雨，润物无声。

元素 2：通过分组学习模式增强协作精神，培养学生的团队意识和集体荣誉感。在教学设计中紧扣课程目标，模拟真实情境，选择合宜的议题，帮助学生在参与活动的过程中深入思考、建构观念、牢固信念。在议题设置过程中着力找到广告学专业与思政元素的结合点，在提升学生专业素养的同时，引导学生自觉传承、积极弘扬中华优秀传统文化，讲好中国故事。

元素 3：通过教师学理分析引导认知升级，指引学生对主流价值由感性认识上升到理性认知和思想认同，增强学生的文化自信。聚焦课堂育人主渠道，关注学科、课程、教学、教材的整体育人功能的发挥。在教学中注重将专业知识和思政元素相互融合，为爱国主义找到理论基础和文化基因，为专业知识找到民族精神的"根"和"魂"，在教学中实现知识与价值教育的同频共振，引导学生树立正确的政治方向和价值取向。

元素 4：通过作业练习和专业竞赛等实践环节弘扬劳动精神，引导学生立足时代、扎根人民，洞察生活、深入生活，树立正确的劳动观和价值观。习近平总书记指出，要在学生中弘扬劳动精神，教育引导学生崇尚劳动、尊重劳动，懂得劳动最光荣、劳动最崇高、劳动最伟大、劳动最美丽的道理，长大后能够辛勤劳动、诚实劳动、创造性劳动。本课积极践行党的教育方针，注重引导学生通过作业、竞赛等多种实践途径开展劳动教育，帮助学生在劳动中获得价值感、幸福感、归属感，为其成长为光荣的劳动者、社会主义的建设者打下坚实的基础。

三、教案设计

（一）教学目标

1. 知识目标

通过本节课的学习，学生将了解“黏性六原则”中“具体”原则的作用，掌握具体原则的使用方法。

2. 能力目标

通过知识的学习，学生能够在创作实践中熟练、灵活地运用“具体”原则进行有效的创意诉求。

3. 价值目标

通过公益广告案例的赏析，在传授知识的同时，培养学生的社会责任感。

通过任务方案小组讨论，培养学生的协作意识，提高学生的创意表达能力。

通过对“中国进入新时代”国家形象广告片的具体原则运用的分析，使学生思考并理解“中国梦”，树立正确的历史观、国家观、民族观和文化观；使学生学会如何更好地诉求较宏大的主题，学习用黏性创意的具体原则做更有效的文化输出，讲最走心的中国故事。

（二）教学内容

（1）“具体”在创意表达中的作用。

（2）“具体”原则在创意中的使用技巧：

①举例子。

②群体个性化。

③抽象概念可视化。

（3）案例中“具体”原则使用技巧分析。

（4）主题创作与应用实践。

教学重点、难点：如何在创意活动中运用具体原则。

（三）教学手段与方法

1. 以课程思政为统领，优化课程内容

坚持以落实立德树人根本任务作为课程内容选择的关键标准，为学生精选、呈现广告学理论研究前沿及典型广告案例，着重引导学生通过赏析优秀广告案例，开展比较学习、延伸学习、自主学习，在学习中深刻认识中华优秀传统文化和社会主义核心价值观的历史意义与时代价值，形成正确的历史观、国家观、民族观和文化观。

2. 以促进专业成长为目标，细化授课路径

将富有正能量的创造力作为广告学专业学生的核心素养，在教学实践中，教师通过言传身教引领学生探究体验、初步掌握“具体”在创意表达中的路径及使用技巧。在建构学生创造性思维的过程中，着力提升问题解决能力和自我发展能力，实现价值塑造、知识传授和能力培养在学科教学中融为一体。

3. 以学生学习特点为视角，完善教学形式

充分尊重学生在这一阶段的学习特点，通过引导式学习、启发式学习、体验式学习、模拟创意实战等方式激发学生的创意热情，培养积极的创意习惯，以问题与目标为导向，结合教学重难点，灵活运用新媒体教学软件的优势，驱动学生主动探究，提升学习实效。通过设计系列作业、分组完成创意实战等环节，创设运用学科视角和方法解决创意问题的情境。教学评一体，引导学生通过自评、小组互评、作业交流展示与讲评等方式，构建多主体、多层次、多元化的评价体系，指导学生在分享交流中集思广益、融会贯通，深刻认识中华优秀传统文化和社会主义核心价值观的强大生命力，以及对创意实践的现实意义。在教学过程中，既关注学生在课堂上的专业能力表现，也通过作业、竞赛、综合实践活动等任务完成情况关注其课后的专业能力变化，并及时调整教学内容、进度及方式，提高课程实施的针对性和实效性。

（四）教学过程

教学过程见表1。

表1

教学环节	教学内容	教学方法	教学手段	学生活动	时间分配
导入	请说出世界上绿色的东西有什么？ 请说出蔬菜中绿色的东西有什么？	互动	教师提问 课件演示	集体回答	2分钟
导入	对比“画蛇添足”和同样意思的忠告的传播效果	互动	教师提问 课件演示	集体回答	1分钟
分析讲解	具体有助于大脑的快速动员与思考，它可以使受众在接收信息的过程中保持专注，并最大程度地接收更完整确切的信息	讲述	课件演示		3分钟

续表

教学环节	教学内容	教学方法	教学手段	学生活动	时间分配
引导思考 分析讲解	为什么成语故事、谚语寓言更容易口口相传、流传至今？ 成语故事如何运用具体原则阐释道理？ 推导出具体原则使用的第一种方法——举例子	互动 讲述	课件演示	讨论	2 分钟
案例分析	展示海洋珍稀动物保护主题系列广告，分析创意中使用“具体”创意表达技巧，并唤起学生的社会责任意识，告诉学生我们可以用有效的创意表达去为社会的公益问题提供支持和帮助	分析 讨论	课件演示	赏析 讨论	5 分钟
引导思考 分析讲解	对比亚洲第一大食堂和学生三食堂，博学楼和 5 号楼，体会前者使用具体原则的效果。 推导出具体原则使用的第二种方法——群体个性化	互动 讲述	课件演示	讨论	3 分钟
案例分析	展示“希望工程”的经典广告。体会并讨论广告中“把群体个性化”的创意表达技巧及作用	分析 讨论	课件演示	赏析 讨论	5 分钟
引导思考 分析讲解	将抽象名词和可视化名词两两一组，请同学们展开对比联想。体验后讨论抽象名词与可视化名词的区别。 推导出具体原则使用的第三种方法——抽象概念可视化	互动 讨论 讲述	课件演示	讨论	2 分钟
案例分析	展示“大众”品牌公益广告。体会并讨论广告中把抽象概念具体化的创意表达技巧及作用	分析 讨论	课件演示	讨论	5 分钟
梳理总结	引导学生梳理、总结上述学习的三种“具体”原则在创意中的使用技巧	提问	课件展示	集体回答	1 分钟

续表

教学环节	教学内容	教学方法	教学手段	学生活动	时间分配
引导思考 方案讨论 案例分析	分析如何将宏大的诉求点具体化。以“中国梦”为主题，引导学生思考，如何用我们学习的三种技巧将这一主题做具体化的创意表达。分组讨论并请学生分享各组创意方案。展示“中国梦”宣传片案例，与现有的方案做对比、讨论，并鼓励各组同学就各自的方案做进一步改进 赏析“中国进入新时代”国家形象广告片，体会广告片中将中国梦具体化的创意技巧	实践 讨论 赏析	课件演示	实践 讨论 赏析	20 分钟
布置训练作业	用“以青春之我，赴百年之约”的主题，为五四青年节创作一则宣传短视频		课件演示		1 分钟

四、教学效果分析

本课程的教学内容和课程设计符合广告学专业本科二年级学生的知识水平和认知规律。本课程运用多种教学手段，特别是使用案例教学法融入含有思政元素的优秀典型案例分析，使用任务驱动法设置与思政主题相关的创意训练，加深学生对相关问题的思考和探究。同时引导学生努力实践、创造性地解决所发现的问题，使创新思考、创造性解决问题成为习惯。在这一过程中，帮助学生培养积极的创意态度，掌握一定的创意方法，善于用创造性思维做好中国创意、讲好中国故事。

本课程紧紧围绕立德树人根本任务、广告学科核心素养和学生专业发展阶段特点进行设计与实施，注重实现知识教育与价值教育的内在契合。通过案例教学丰富思政教育资源，将思想政治教育融入课程教学各章节各环节；通过分组学习模式增强协作精神，培养学生的团队意识和集体荣誉感；通过教师学理分析引导认知升级，指引学生对主流价值由感性认识上升到理性认知和思想认同；通过作业练习和专业竞赛等实践环节弘扬劳动精神，引导学生树立正确的劳动观和价值观。着力将学科逻辑与生活逻辑相统一、显性教育和隐性教育相统一，使学生在获得知识的同时更进一步增强政治认同、文化认同、家国情怀，帮助学生从历史与现实、理论与实践等维度深刻理解社会主义核心价值观，自觉弘扬中华优秀传统文化和社会主义先进文化。

中国文化元素的应用与视觉设计

——电脑图文设计

课程名称：电脑图文设计

课程性质：□公共课 ☑专业课

课程类别：□理论课 □实践课 ☑理论实践一体课

课程所属学科及专业：传播学科广告专业

授课教师：母晓文

授课对象：广告专业二年级本科生

一、课程简介

电脑图文设计课是为广告专业而开设的课程。通过本门课程的教学，学生充分了解并学会运用中国文化元素进行设计，从而树立中国文化自信，建立良好的思政观，并能够在社会实践中运用，为中国设计增添中国特色；掌握软件的应用和图文设计技巧与理念；了解广告专业应用设计技巧与广告环节的关系；探索电脑图与文在广告设计中的应用。教学过程中，电脑图文软件与应用的学习，为学生进一步学习广告设计、企业形象设计等相关专业课程提供了保障。

本课程是一门由设计软件（Photoshop、Illustrator、Indesign）应用、图文设计技巧与理念相结合的课程，它阐述了 Photoshop、Illustrator、Indesign 设计软件的应用、现代电脑图与文的设计应用技巧与理念，以及与广告设计等相关专业课程的关系。

课程根据电脑图文设计的流程分三个部分：第一部分是认识电脑图文设计课程与 Photoshop 软件的图文应用；第二部分是 Illustrator 软件的学习与应用，结合设计，在电脑平台上，运用电脑技术，完成矢量图案的设计与应用，制作不同形式的图表以及企业形象所必需的矢量设计，学习专业的排版设计与应用等相关实践技巧；第三部分是 Indesign 软件的学习与应用，在电脑平台上，运用电脑技术，学习专业的排版技术，运用实践案例，如台历设计、请柬设计、册页设计等，与相关设计课程进行结合，从技术层面提高学生的动手能力。并为广告设计等实践课程提供实践的平台。

课程以软件的应用与实践案例为主，有30个左右的教学案例，依托实际案例，使学生能很快掌握电脑图文设计的软件应用与实践设计技巧与理念。

二、课程思政元素发掘

元素1：引导学生树立新时代的中国精神与伟大理想。

习近平总书记指出："必须坚持马克思主义，牢固树立共产主义远大理想和中国特色社会主义共同理想，培育和践行社会主义核心价值观，不断增强意识形态领域主导权和话语权，推动中华优秀传统文化创造性转化，创新性发展，继承革命文化，发展社会主义先进文化，不忘本来、吸收外来、面向未来，更好构筑中国精神、中国价值、中国力量，为人民提供精神指引。"我们只有构建新时代的中国精神，才能更好地为中国社会服务。

"人民有信仰，国家有力量，民族有希望。"中国正处在建设中国特色社会主义现代化强国进程中，因此需要具有新时代的政治思想意识，统一思想才能实现中华民族伟大复兴。

党的十九大报告提出了拓展对外贸易，培育贸易新业态、新模式，推进贸易强国建设。站在新的历史起点上，要牢固树立五大发展理念，不断提升开放发展的层次和水平，加快推进我国从贸易大国向贸易强国转变。

社会主义环境下的设计，其理念是为社会主义社会服务，为社会主义的经济发展添砖加瓦，使人民走向共同富裕，从而达到服务于人民、服务于社会、服务于国家的实际意义。

元素2：课程中中国文化的设计元素。

各国间的设计存在文化上的差异，我们应当取长补短，学会在借鉴的基础上，发挥我们本民族的文化优势，从而形成有中国特色的设计意识与形态。随着国家的日益强大，中国文化的强大生命力得以延伸，在融合不同文化设计的同时，自身也逐渐形成一种新的设计文化形态。这种设计文化形态，是基于我们中国深厚的文化底蕴和包容的文化内涵，从而形成的独特的设计意识形态，与各种文化间的设计产生交流，并越来越受到关注与尊重，为社会主义经济发展提供了动力，提升了我们国家的国际印象。

中国文化与中国元素是中国发展的重要因子，在课程中融入中国文化元素，可以使课程更具有中国特色，同时也为学生树立中国文化自信。

三、教案设计

（一）教学目标

1. 知识目标

本课程的设置体现了广告专业理论和实践的综合研究。课程结合 Illustrator 软件的学习和中国文化元素的运用，使学生通过对平面设计软件实践与理念的学习，充分掌握图文设计的应用方法，为广告专业人才的培养夯下坚实的实践基础，为广告设计、企业形象设计和广告策划等专业课程提供前期实践平台。

本课程综合运用 Photoshop、Illustrator、Indesign 软件，进行个性化的广告图文设计，提升学生对设计的理解与应用能力，并为广告设计等以后的实践课程提供专业支持。

2. 能力目标

课程以软件的应用与实践案例为主，结合中国文化元素，引入教学案例，使学生快速掌握电脑图文设计的软件应用与实践设计技巧。学生学习设计并运用实践提升自身的专业水平，能够做出专业的设计作品。

目标 1：中国文化元素在课程中的具体运用。

目标 2：电脑图与文的设计技巧与理念的结合应用，运用中国文化元素。

目标 3：图文设计在广告中的实际应用，运用中国文化设计元素。

目标 4：图文设计的理念认知，中国文化的认同。

（二）教学内容

本课程主要采用课堂讲授与电脑上机相结合的实践教学方式，运用中国文化元素，采用正确的思政观，结合实践设计案例，带领学生进行实践设计技巧及理念的学习；引入相关设计案例，在课堂中进行实践设计与操作及相关理论研究，并对软件进行上机实践练习。本课程结合精细讲解和实践，穿插电脑图与文的设计技巧与理念的结合应用，对图文设计在广告中的实际应用等进行专业引导。虽然对软件设计的学习占据课程比重较大，但是设计理念与广告的结合是核心，也是课程中需要让学生认识的重点，避免学生将这门课程简单理解为纯粹的设计技能课。

1. 教学重点

课程将课堂讲授设计理念与上机实践相结合，运用中国文化元素，引入思政意识，以实际设计案例为引导，使学生设计技巧掌握的同时，提升学生对中国文化的认同与设计理念的认识，再通过一定的设计作业提高学生的理论与实践学习效果。

课程实践教学环节作为重要环节，通过上机操作、设计案例的讲授与操作、相关设计作业的设置，以及相关实践设计和广告比赛的引入，引导学生提升实践设计能力。课后作业是检验学生学习及实践能力的一种手段，学生应通过课堂学习认识到自身专业的问题与不足，课下自主做相应的练习，主讲教师提供一定的专业书籍和专业途径，让学生尽快进入专业学习状态。

2. 教学难点

课程之初学生会对课程有认识上的误区，教师应引导学生对课程有客观、综合的认识；中国文化自信建立在具体的文化基础上，本课程结合思政内容，运用中国文化元素，让学生树立正确的思政观和文化自信；课程软件的学习与图文设计学习，引导学生对于在中国环境下对设计理念进行认识与学习，提升文化自豪感。

学生能够通过本课程形成正确的价值观，有较强的实践动手能力，具备一定的设计理念认识。

（三）教学手段与方法

本课程的教学内容组织以理论和实践教学相结合为主，发挥学生的主体作用，理论与实践相结合的教学包括：学生对中国文化元素的关注与学习，引导学生学习中国文化；对相关设计软件的学习，并自主查找相关案例资料，通过案例教学进行专业上的分析与讨论；基于软件的不断升级，动态调整授课的教学内容，让学生通过课堂教学和自主学习相结合，达到课堂教学的实际效果。

教师采用研究型教学方法并结合实践型教学方法，在课堂上基于探索研究的教学模式，强化学生的自主学习意识，培养学生独立解决问题的能力、创新性的思考、团队的协调与合作以及专业的表达与设计能力，建立学生科学的研究态度。教师以学促教，是知识建构的组织者、指导者和促进者，要在教学中不断创造有利于学生学习的环境与条件。

具体教学方法与手段如下：

1. 课堂应以学生为中心，发挥学生的主观能动性，围绕学生进行课堂教学设计

课堂教学以讲授、提问、讨论、实践上机操作、布置思考题、查找资料、通过案例设计作品等方式相结合，将知识以最佳的方式传递给学生。教师作为课堂的组织者，应合理设计教学内容，并将其有效贯穿于课堂活动中，激发学生的参与意识，提高学生学习的积极性，从而达到课程的专业效果。

2. 在教学中采用案例教学法，引导学生掌握综合分析与应用能力

在案例教学中，教师需要在课堂中引入实践案例，案例中中国文化元素的使

用是课堂教学的重点，使课堂教学与中国市场环境下的实践教学结合成为可能。案例教学摆脱了书本知识的束缚，加深了学生对于专业的理解，整合了专业流程，从而使学生在学习过程中更具有主动性，更有参与意识，对中国文化元素有更深入的了解与学习。

3. 教学硬件与软件相结合，采用多种教学方式

本课程要结合电脑和相关设计软件的学习与使用，结合多媒体，以投屏的方式进行教学。学生听讲的同时，可以看到教师的实践操作，同时学生配备相关电脑和软件，同步进行操作，学习理念的同时也进行了实践操作。由于是手脑并用，课程的实践性质与强度对学生来说既是挑战又是一个学习思考的过程，这种教学方式可以让学生更快地理解专业设计与学习，提高专业能力，并能够逐渐适应专业的强度，对专业有更好的理解。

（四）教学过程

1. 教学设计思路

通过案例教学进行课堂设计，把知识点与教学重点以案例的方式融入课堂，运用电脑设计软件引导学生在教与学中平衡授课方式、软件学习、电脑操作以及相关专业知识与技能的掌握，从而带动学生的专业学习兴趣，引发学生的专业思考。

课程思政的体现：案例设计涉及中国元素及案例设计，使学生在学习设计的同时，了解设计与中国经济及相关产业的关系以及与中国特色社会主义市场经济所产生的关联，从而让学生在学习的同时设计出更加符合中国国情的作品。

2. 教学过程安排

根据教学要求和教学进度，对教学计划进行系统设计。先提出相关问题，引导学生思考；在此基础上，再进行案例分析，引导学生在案例中发现自身的不足，通过实际的操作与学习，从而达到课程的教学效果；最后留下一定的问题，让学生在课堂下自主学习，从而培养解决问题的能力。教学过程安排如表 1 所示。

表 1

认识 Illustrator 的设计与实践（45 分钟）		
教学意图	**教学内容及手段**	**环节设计**
引言	中国文化元素与视觉设计中的作用；Illustrator 软件与专业的关系	3 分钟，使学生了解本课程的学习目的及与专业的关系
认识软件	对 Illustrator 软件的认识，对像素与矢量设计的理解	5 分钟，先提出问题，然后以案例方式使学生了解像素与矢量设计的区别

续表

教学意图	教学内容及手段	环节设计
本节课程 总体框架结构	本课程需要了解的专业知识与联系；Illustrator矢量软件设计与中国文化元素案例的应用与实践	7分钟，提出问题，案例讲解； 电脑设计软件的应用
教学重点	Illustrator的中国文化元素图案设计与构成设计	15分钟，引入案例
知识应用	矢量设计以及学会在软件中进行相应的中国文化元素图案设计	5分钟，案例分析
阶段小结 知识总结	了解课程专业的学习目的，产生中国文化自信	2分钟，图文设计与文化自信
内容分析 知识拓展	Illustrator软件的学习与应用；中国文化元素的认知与运用	2分钟，设计与文化元素的认知
课堂总结	理论联系实践，让学生建立中国文化价值观	3分钟，专业与中国文化元素的认知
课后作业 知识巩固	传统图案的设计	3分钟，作业巩固课堂知识

四、教学效果分析

本课程的教学内容和课程设计符合广告设计专业本科学生的知识水平与认知规律，从理论分析到软件的实际操作学习，使理论与实践在课程中展现得淋漓尽致。课程中引入一些实际设计案例，活跃了课堂学习气氛，以循序渐进的方式，逐步让学生进入广告设计的认知领域，提高了学生分析问题、解决问题的能力，并掌握了实践技巧与方法。

本课程贯穿爱国主义情怀，把中国特色社会主义市场经济原理与视觉设计相结合，课程中融入中国设计元素，让学生在设计过程中慢慢对中国文化有更深入的认识，并逐步让学生通过设计了解中国、热爱中国，进而在设计中建立正确的文化价值观。

广告市场环境分析

课程名称： 广告策划

课程性质： □公共课　☑专业课

课程类别： □理论课　□实践课　☑理论实践一体课

课程所属学科及专业： 新闻传播学广告专业

授课教师： 谭宇菲

授课对象： 广告专业大二学生

一、课程简介

广告策划是广告学科体系中最为核心的课程，是广告专业的学生必须掌握的专业理论与专业技能课程。

所谓广告策划，就是对广告的整体战略和策略的运筹规划，具体是指对提出广告决策、广告计划以及实施广告决策、检验广告决策的全过程作预先的考虑与设想。

本课程涉及大量广告学知识以及与广告学交叉的其他学科知识，学生要善于将前面所学专业知识运用到本课程的学习中，互为所用，互相促进。与此同时，根据课程讲授的内容进行广告策划的实践演练，以达到本课程的教学目的。

本课程的授课对象为广告专业二年级学生。

广告策划的育人目标主要体现在两个方面：一是加强对广告青年学生“广告也要讲导向”的思想认知，向学生传递广告作为社会经济、服务业和文化创意产业的重要作用，以及广告对社会文化和社会生活产生的重要影响，强化青年学生认知和参与非商业性公益广告的意识，促使学生在广告专业学习和广告实践中传播正能量、弘扬社会正气、倡导正确价值观，强化青年学生合规合法的广告思政教育，引导健康消费观；二是深入学习传播学、社会学、心理学等相关理论，根据课程讲授内容进行广告策划的实践演练等，提升专业素养。

二、课程思政元素发掘

课程思政贯穿广告策划课程讲授和实践的始终。

课程伊始，对广告的定义强调了非商业广告与商业广告的并行，着重强调非商业性公益广告在广告产业及社会中的地位及作用，强调广告导向意识，培养学生积极参与公益广告活动的意识。

在课程讲授和专业实践过程中，始终将社会主义核心价值观、中国文化、《中华人民共和国广告法》（2018 年修正）、《中华人民共和国反不正当竞争法》、《中华人民共和国消费者权益保护法》等价值观念、文化与法律法规的讲解融入课程内容中。

各章节内容安排如下：

第一章　广告策划概述（理解）

第一节　广告策划的概念及学科渊源（以辩证思维理性认知无处不在的广告，树立广告为公、广告也要讲导向的科学认知）

第二节　市场环境分析（辩证思维理解认知广告在国家经济社会文化发展中的作用及相关影响因素）

第三节　广告策划的基本原则

第四节　广告策划的基本思维方法

第二章　广告市场调查（掌握+运用）（建立广告市场调查来源于实践，要以合理合法的途径获取市场信息，要以科学严谨的态度分析使用数据）

第一节　广告市场调查的内容

第二节　广告市场调查的方法

第三节　广告市场调查报告书的撰写

第三章　广告市场细分（掌握+运用）（掌握科学理性的分类方法，摒弃不合理的分类标准）

第一节　市场的概念

第二节　市场细分

第三节　目标市场的选择

第四章　广告战略策划（掌握+运用）（学会以全局观、整体观看待问题）

第一节　广告战略策划的内容和方法

第二节　案例讲述

第五章　广告策划与品牌传播（掌握+运用）（建立品牌与社会文化建构的科学认知，以好的品牌树立好的文化）

第一节　品牌概述
第二节　品牌定位
第三节　品牌形象塑造
第六章　广告媒体策划（掌握+运用）（建立媒介使用合规合法的意识，使广告发布符合社会发展的需求，促进社会经济文化的发展）
第一节　广告媒体的概念
第二节　广告媒体的分析方法与评估指标
第三节　广告媒体策略
第四节　广告媒体执行

三、教案设计

（一）课程教学内容

广告市场环境分析一课主要讲述广告业生存、发展的基础和条件，分析影响和制约广告活动策略、计划的各种力量和条件因素的总和。

（二）教学目标

学生理解和掌握影响广告策划的宏观因素和微观因素，学会利用市场分析工具对市场环境进行剖析，为广告策划方案提供依据、奠定基础。

教学的重点和难点在于从实践操作的角度和批判学派的学理角度完成对广告和环境互动的批判并建构认知和理解。

（三）教学手段与方法

（1）教师讲授。
（2）案例分析。
（3）课堂讨论。
（4）反思总结。

（四）教学过程

本课程引导学生用辩证思维理解中心事物和环境的关系，分析各环境因素与广告活动的相互关系，学会客观真实地获取市场环境数据，并用于广告策划的后续实践。

本节课为广告策划课程第一章的“广告与环境互动关系”。在课堂上，引导学生用唯物辩证的观念客观看待环境因素，认知理解事物之间的互动关系；分别从经济环境、文化环境、政治法律环境、技术环境等角度深入分析互动关系的产生及其影响；引导学生从批判和建构的角度思考如何促进广告和环境良性发展，塑造更和谐有序的产业秩序。

授课方法和教学手段：理论讲述，案例分析，课堂讨论。

教学过程：将授课的内容按逻辑层次，有序设计编排，包括复习、引入新课、组织教学、启发思维等。

讨论：课堂讨论。

此外，提供相关参考资料。

四、教学效果分析

通过课程中思政教育和专业教育的融合互动，学生对广告的认知更加客观深入，积极参与公益广告活动，深刻认识到广告在弘扬社会主义核心价值观、中国文化等方面的影响。学生对广告的合规合法的认知更加深刻，能将合规合法的规范运用到课程学习和专业实践中，广告策划课程较好地完成了育人目标的贯彻实施。

广告美术课程教学融入思政元素探析

课程名称： 广告美术

课程性质： □公共课 ☑专业课

课程类别： □理论课 □实践课 ☑理论实践一体课

课程所属学科及专业： 广告学

授课教师： 张蕾

授课对象： 文传学院广告系广告学专业本科生

一、课程简介

广告美术课程是广告学专业学生必修的基础课程。

本课程使学生们系统地掌握素描和色彩的基础知识、基本理论，在实践中提高学生的造型能力和主观表达能力，并培养学生形成一定的创造性思维和设计意识的能力；引导学生通过艺术形象和色彩体现自己的审美感受和审美理想，并通过自己的作品感染人和影响人对现实世界的认识与审美能力；初步感受作品的思想内涵，了解作品的艺术功能；使学生懂得艺术作品具有弘扬真善美、揭露和鞭挞假恶丑等方面的作用。

（一）课程的沿革和授课对象

广告美术是一门具有人文性质的课程，是广告学专业进行美育的主要途径，始终注重美育、技能训练与社会实践之间的紧密联系。艺术风格的质朴、审美特征的独特、文化内涵的丰富都应符合时代的审美要求。课程教学中对文化理念、价值观、人文精神等隐性思政内容进行渗透和探索，将广告学专业教学中的德育和美育相结合，实现高等教育中价值引领与知识传授并行。授课对象为文传学院广告学专业学生。

（二）与课程内容有关的育人目标

文传学院广告学专业广告美术课程的主要教学目标之一就是提高学生的审美

素养，丰富学生的精神世界，净化学生的美好心灵。这是一种情感教育，是作用于人的情感和心灵的教育。

在我们的课程中，学生通过视觉的方式来表达他们的所思所想。图形、色彩和文字是基本视觉要素，在表现中都应被赋予人的情感，绝不是单纯的技能和知识。教育家蔡元培先生曾经说过："美育者，应用美学之理论于教育，以陶养感情为目的者也。"我们在教学中应渗透精神正直、信念端正，使学生从被世俗和功利影响中释放出自己的天性，获得精神上的真正自由。

（三）课程思政点在本课程中的具体分布情况

视觉美的教学原则中美育与德育是不可分的。为了实现审美教育的目的，我们在教学中应该把审美教育作为核心，通过德育渗透，最终使美育和德育功能都得到充分发挥。中外美学和艺术理论都认为艺术教育是促进学生审美发展最理想的方式。为了能促进学生全面的发展，培养出一代代高素质的人才，在传授专业知识和引导社会实践时，都要有意识地营造美的氛围。视觉艺术在高校美育中通过感性的实训方式，使学生在身心自由快乐的状态下接受视觉训练，强化视觉感受能力和领悟力。教师鼓励学生在艺术形式、内容和手法上灵活多变，艺术作品应反映出学生健康的、积极的世界观、人生观、价值观以及审美情趣。

（四）学生在思想、知识和能力方面应达到的标准

思政元素融入艺术课程教学中，能够促使广告美术课程教学更具有思想深度。本课程的教学形式和教学内容丰富多样，不仅可以使学生在学习美术基础知识与技能的同时不断完善健康的人格，培养良好的审美情感、职业归属感、社会责任感和文化认同感，而且能树立正确的价值观，最终使学生得到全面发展。

（五）学生学习本课程的重要性与必要性

思政元素是本课程教学追求与实现的目标之一。从某种角度来说，融入思政元素可以帮助美术课程深化教学改革，它是有效提升学生创造力的途径之一。首先，本课程使学生能实现自身审美和道德的统一，使思政元素通过艺术中的各种艺术形象来传递正确的价值观，从而提高学生的学习兴趣与热情。其次，学习本课程对学生道德素质的提升也有很大帮助，使我们的学生成为有理想、有能力、有责任担当的社会主义建设者和接班人。所以，在讲授知识和训练技能的同时，还要把培养学生的道德素养作为主要任务，从而为国家培养出符合国家和时代要求的人。最后，为了顺应国家提出的教育需要转向内涵式发展的要求，我们要提升教学质量，我们所培养出的人才应满足经济、社会以及文化等方面的发展需求，使学生真正得到全面发展。

二、课程思政元素发掘

本课程在授课时分为两个部分：第一部分是素描，主要帮助学生提高造型能力与创造能力；第二部分是色彩，主要帮助学生加强对色彩的认识、感受、理解与表达的综合能力。

在教学中根据教学内容会涉及以下几个思政元素：

元素 1：在案例教学中突出中国精神等思政元素。

在素描基础知识的讲授中，通过对国内外优秀艺术作品的案例分析挖掘作品中所蕴含的思政元素。从对艺术家与绘画作品选择的角度来看，要突出博大精深的优秀传统文化，因为我国有很多艺术家历经了时代的洗礼和考验，很多作品是长期沉淀下来的具有高贵精神品质与追求的经典作品。对这些案例作品的分析一直是本课程教学的主要内容。

比如，中国当代最具影响力的艺术家作品有助于学生深刻地理解中国精神，树立正确的人生观。画家罗中立的代表作品《父亲》创作于 1980 年，作品曾获中国青年美展一等奖。作品饱含着画家的真情实感，用伟人像的巨幅尺寸及超写实主义手法，表现出一个勤劳、朴实、善良、贫穷的老农形象。作品非常震撼，曾轰动一时。老人古铜色的脸上一条条沧桑的皱纹铭刻着一代劳动人民艰辛的岁月。背景中那一片金色的丰收景象多么来之不易。事实上，这位老农的形象早已远远超出了生活原型，他所代表的是中华民族千千万万的农民。正是他们的辛勤劳动，才养育出世世代代的中华儿女，他是我们精神上的父亲！像《父亲》这样充满中国精神的作品还有很多，借助它们可以引导学生了解美术创作如何创造形象并表现形象。与此同时，学习作品背后的文化和历史，更能进一步唤起学生的情感共鸣。艺术是视觉的，它对客观事物的表述能超越文字语言的局限，能表达人们无法用文字表达的精神世界里的思考，使学生懂得造型语言所承载与传递的情感，精神与力量更能深入人心。因此，教师在课堂上可以选择与时代精神相符、反映社会主流价值取向的作品作为案例来开展教学，提炼作品的思政元素，借助案例赏析视觉美感与精神内容的和谐统一，陶冶学生的心灵，从而增强学生的民族认同感。

元素 2：在实训环节中将思想品德与审美教育巧妙融合。

在素描的实训环节中，使学生创作的作品能更好地体现其德育审美价值。广告美术的造型训练对形象和主题没有太多限制，在课堂上提供基本素材供学生选择，学生也可以参照中外经典美术作品，特别是具有中国特色的作品。学生的创作不仅要符合视觉美的审美法则，而且要体现作品背后的文化与思想内涵。其作品既要具有自己独特风格与艺术特色，体现审美价值，也能融合本民族精神、不同流派的文化精髓。深刻体会作品的家国情怀以及作品的真情实感，从而使学生具备高尚的道德品质、崇高的理想、良好的行为和优秀的人格魅力。

比如，对于学生来说，画什么？如何选题材？怎样表达？作品既要体现视觉美感，又要有新意，展现美的事物，这些问题对学生来说始终都是一种挑战。教师会在画室中放置一些符合视觉审美和满足精神要求的物品，新旧物品混杂在一起，都能当成素材来进行创作。为的是让学生理解如何运用素材来表达情感的创作手法，从中找到灵感，并细细体味物品所蕴含的内在价值，捕捉一种意境美，发掘艺术性或故事性等。

元素 3：在色彩教学环节中践行社会主义核心价值观。

色彩教学的目标之一就是让学生运用色彩来表现中国传统文化，弘扬中国精神，传递真情实感。在教学过程中，教师要不断地激发学生对色彩知识的学习热情，不仅要掌握色彩原理和表现方法，而且要了解中国文化、中国艺术的发展历史，从而激励学生的爱国热情与社会责任感，践行社会主义核心价值观，深刻体会思政元素的内在价值与意义。学生在课堂上掌握色彩基础理论，能将所学到的色彩对比与调和的方法结合不同的主题进行搭配，积累色彩应用能力。

比如，我国有着几千年灿烂的文明。在课堂上，教师为学生播放纪录片《最美中国色》的片段，让学生从色彩这个日常生活里不可或缺的元素中感受独特的中国韵味。在中国历史发展中，不同的色彩有着不同的寓意，它不仅能反映出鲜明的时代特色，也能不断改变着人的生活方式与生存状态。讲授过程中还可以结合作品进行分析，增强学生对中国文化中色彩美的认识，从而提高他们的审美感知能力。还可以将色彩知识、色彩感受与实训相结合，不断提升他们的色彩运用能力及对传统文化的审美品位。教师根据教学内容需要，对红山文化、马家窑文化、大汶口文化出土的作品进行讲授，对敦煌艺术的色彩进行分析，不仅有助于学生建立保护民族文化的意识，为以后的创作奠定色彩表现的基础，还可以通过分析色彩关系与色彩对比，总结各种不同颜色所对应的价值观，结合自己的理解与认知进行艺术的表达。

三、教案设计

（一）教学目标

1. 知识目标

通过本课程的学习，学生能够掌握素描的基本概念、基础理论和基本技能，掌握造型要素间的关系、物体与空间的关系，以及学习表现构图、物体的轮廓、

结构、空间、体积、明暗、调子、质感、动感等方法。

2. 能力目标

通过知识的讲授和训练，引导学生把逻辑思考和技能训练相结合，培养学生的造型能力，对客观对象进行分析与理解的能力。

3. 价值目标

（1）将思政元素融入专业教育。

（2）培养具备健全的人格，良好的审美情感、职业归属感、社会责任感和文化认同感的合格接班人。

（3）树立爱国主义价值观。

（4）践行社会主义核心价值观。

（5）真正做到学以致用。

（二）教学内容

1. 教学重点

素描的基本理论、素描的学习意义。分析艺术作品，初步感受作品的思想内涵，了解作品的艺术功能；知道美术作品具有弘扬真善美、揭露和鞭挞假恶丑等方面的作用。

2. 教学难点

素描的区分，提高学生对美术作品的理解能力、分析能力与鉴赏能力。

（三）教学手段与方法

本课程以研究与实践相结合的方式组织教学内容。在研究中，尽量发挥学生的主观能动性，关注时代最前沿的专业理论，引导学生主动去探索新的知识。强化基础知识的学习，将思考、创造与表达作为目标；强化师生互动，因为教师是教学的组织者、指导者和促进者，所以在互动中教师要保护学生的创造力，学生应在教师的指导下不断地解决创作中遇到的问题。在实践中，调动学生的积极性，培养学生的学习热情，从查阅资料、静物选择、作品分析以及实践应用等方面发展学生的形象思维能力，增强学生的创造力。

在目前的教学环境中，教师仍然利用传统多媒体教学方式，讲授内容融入思政元素，并增加新的符合思政教育要求的教学方式和手段。具体教学方法和手段如下：

（1）在传统多媒体教学方式中，可以把思政元素融入案例教学、作品分析等教学课件、视频和图片中，增加具有中国传统文化精髓的艺术作品，强化学生的社会责任感、爱国意识以及创新意识。

（2）面对成长于互联网时代的学生，为了加深他们对所学知识的理解，教师应积极利用互联网教学资源，通过网络教学平台将含有思政元素的资料展示给学生，也可以让学生根据教学要求查找资料并在课堂上进行分享。这不仅促进学生在学习艺术知识的过程中学到更多的思政知识，也使他们在参与互动中学会了思考，提高了表达能力。

（3）将思政元素融入课堂讲授中，凸显艺术作品的思想教育属性，使学生在艺术创作过程中能积极主动地与教师交流所思所想，从而真正通过艺术形象实现教化育人的效果。将思政元素融入课堂实践中，帮助学生将课堂所学知识更好地转化为实践成果。将思政元素融入课外实践中，因为社会实践教学是艺术课程教学的重要环节，将思政元素融入其中，尝试结合社会实践场所来进行思政教育，比如传统文化景点等，更能深化学生的价值观，促进学生健康成长。

（4）教师一对一辅导与学生实操相结合，达到知行合一。

（5）教师以学生课前搜集素材、自学，课上参与互动式教学，学生课后思考的形式进行教学。这样的形式可以使教学过程中课程所涉及的思想内涵与精神文化等思政元素能更有效地被学生感悟，让学生在思考中获得审美启迪。

（6）教师对表现优异的学生适当地给予鼓励或奖励，树立学生学好这门课的决心和信心。

（四）教学过程

1. 教学总体思路

本课程先讲授基础理论，再进行实践应用。

（1）为了让学生树立社会主义核心价值观，启发学生的思维，提出几个概念让学生思考，同时提供多幅经典艺术作品进行分析，引出本章节的主要内容、核心概念、中西方艺术理念的形成与差异等。

课程思政的体现：在对作品的分析中融入思政元素，使作品的审美价值与核心价值观相一致，作品体现中国文化精髓，精选不同时期的经典范本，挖掘作品背后的文化内涵与艺术思想。

（2）讲授素描的学习方法、素描的技法以及素描主要解决哪些问题，使学生对课程的总体框架和学习目的有一个基本的认识，使学生全面了解本章节的重点和难点，以及与下一个章节所学内容的关系。

课程思政的体现：掌握绘画技术手段固然重要，但凡是可以感动人的艺术作品都具有精神的力量。从艺术作品的角度来看，首先它是视觉的，应给人视觉上的审美享受；其次它必须是真实的，是人真情实感的流露，这是绘画最重要的品格，是创作者生活经历、艺术素养、所处时代以及自我意识的综合体现。对学生来说，如何找到艺术创作的思想切入点是一个挑战。

（3）为巩固所学知识，布置课堂习作和对几个问题的思考。

课程思政的体现：将理论知识和技能训练与价值观相结合，形成课程思政与美术教育的统一。

2. 教学过程

根据教学要求和教学计划，本着提出问题、分析问题和解决问题的总体思路，教学过程的具体安排如表 1 所示。

表 1

3 课时 第一章　素描的概述　第二章　素描的学习方法　第三章　素描的技法		
教学意图	**教学内容及手段**	**环节设计**
	第一章　素描的概述（1.6 课时）	时间：71 分钟
导言	利用课件和板书讲明本章节的学习目的与意义	时间：5 分钟 使学生对本章节的教学内容与知识体系有一个全面的了解
概念引入 提出问题	通过经典作品分析作品的艺术价值与思想内涵	时间：10 分钟 通过分析艺术作品，激发学生的学习热情，提出问题，引起学生的思考
本节课 总体框架	第一章　素描的概述 第一节　素描的基本概念 第二节　素描的区分 第三节　素描的演变与发展 第四节　素描的学习目的与意义	时间：1 分钟 使学生了解本节课所学主要内容
核心概念 教学重点 1	利用教学课件学习素描的基本概念	时间：5 分钟 通过举例并结合板书与实物图片帮助学生理解什么是素描

续表

教学意图	教学内容及手段	环节设计
核心概念 教学重点 2 教学难点	素描的区分	时间：12 分钟 学生能从视觉表现形式上区分素描。素描的区分是本章节教学难点，对作品的分析可以提高学生对美术作品的分析与鉴赏能力
概念拓展 课堂分析 课堂讨论	素描的演变与发展 对比中西方素描艺术的发展与差异，分析各自艺术风格的形成原因	时间：30 分钟 引导学生思考中西方艺术的差别，将思政元素融入作品中进行对比分析
教学重点 3	素描的学习目的与意义	时间：5 分钟 初步感受作品的思想内涵，了解作品的艺术功能；融入思政元素，了解美术作品具有弘扬真善美、揭露和鞭挞假恶丑等方面的作用
课堂小结	对本章节内容做概括性的总结，并进一步梳理讨论与分析的结果	时间：2 分钟
课后作业	布置课后作业：速写 10 张（每张 16 开） 结构素描临摹 1 张（8 开）	时间：1 分钟 为巩固所学知识，布置作业，加强对课上讨论问题的思考

续表

教学意图	教学内容及手段	环节设计
	第二章　素描的学习方法（0.2课时）	时间：13分钟
导言	素描学习方法的重要性	时间：3分钟 对学生来说，如何找到艺术创作的思想切入点是一个挑战
介绍方法	概括地介绍素描学习的方法	时间：2分钟
本节课 总体框架	第二章　素描的学习方法 多看、多想、多问、多练、多记、多实践	时间：1分钟 使学生了解本节课所学主要内容
教学重点	结合实训，重点分析素描的学习方法	时间：5分钟 融合思政元素，学习素描应持之以恒
教学难点		真正理解绘画学习的过程就是实践的过程
课堂小结	对本章节内容做概括性的总结，并进一步梳理讨论与分析的结果	时间：2分钟
	第三章　素描的技法（1.2课时）	时间：66分钟
导言	素描技法是学习的重点，掌握素描的技法为素描进一步学习和创作作品做准备	时间：5分钟
本节课 总体框架	第三章　素描的技法 素描的工具和材料 素描的基本技法	时间：1分钟 使学生了解本节课所学主要内容
教学重点1	详细介绍素描的工具和材料、分类、基本使用方法，并进行效果分析	时间：18分钟 熟悉不同的工具材料及效果分析是非常重要的一个环节
教学重点2	素描的基本技法 素描执笔法、线条组织方法，多种手法的结合	时间：15分钟 教师演示环节，便于学生更直观地了解执笔方法与线条的组织方法

续表

教学意图	教学内容及手段	环节设计
教学难点	熟练掌握素描的基本技法	时间：10 分钟 学生实训环节，用多种方法尝试如何使用工具材料
课堂小结	对本章节内容做概括性的总结，并进一步梳理讨论与分析的结果	时间：2 分钟
课后作业	素描技法练习	时间：15 分钟 为巩固所学知识，课上实践本节内容。教师指导学生完成训练，也便于了解学生的基础

四、教学效果分析

本课程教学内容和教学设计符合广告学专业本科二年级学生的认知水平和认知规律。本课程综合多种教学手段，作品赏析与实践应用为这门课程增添了趣味性，营造了轻松愉快的教学环境与氛围。尤其是在使用课程思政案例后达到了很好的教学效果。

（1）教学效果主要体现在对学生的考核方式上。本课程为考查课，事实上考查课更加注重学生学习的全过程，是对学生综合表现的评价。因此，考核方式采取表现性评价，以考促教，以教促学，学生的思想表现、知识学习、理论研究、师生互动与实践应用都将成为最终成绩评定的依据。

（2）教学方法和手段的多元化大大提升了思政教学效果。课程的每个教学环节都对学生进行实训和考核，使学生专业学习、道德水平与思想品德共同进步的目标能得到实现。最为重要的是，在对学生的指导中，教师不仅看重学生专业技术能力，也加强学生的思想道德素养的培养，兼顾课程思政对于学生思想政治素养的随时考查，实现育人效果。

（3）学生作品作为教学成果可以在校内进行展示与推广，进而弘扬主旋律，传播正能量。通过课程思政与作品主题的和谐统一，实现学有所用，这也是为落实立德树人根本任务而进行的有积极意义的探索。

广告设计与中国文化元素

课程名称：广告设计
课程性质：□公共课 ☑专业课
课程类别：□理论课 □实践课 ☑理论实践一体课
课程所属学科及专业：传播学科广告专业
授课教师：母晓文
授课对象：广告专业三年级本科生

一、课程简介

“广告设计”课程是针对经济院校中的广告专业设置的一门非常有特色的专业实践与理论相结合的设计课程。课程从设计理念到设计实践都进行了完善的整合，本课程中大量采用中国文化元素内容，可以培养学生对中国文化的研究热情，树立正确的思政观。

课程根据广告设计的流程分三大部分：第一部分是设计语言部分，有四个实践环节，主要是分解设计元素、运用设计元素表达视觉语言、运用视觉元素传达设计理念、运用这些表达手段驾驭设计语言元素；第二部分是从一个宏观的理论角度认识设计的商业规律，引用一些实际设计案例，导出广告设计的商业流程，可以帮助学习广告设计的人尽快掌握广告设计规则；第三部分，针对一些广告设计中的实践案例进行分析研究，在这个环节中，更强调学生的自主设计能力，提供广告设计的平台，参与广告设计比赛或相关商业设计活动。

课程以案例教学为主，引导学生更快融入广告专业，降低学生进入广告行业的难度。

二、课程思政元素发掘

元素1：树立中国文化自信，设计为社会主义经济发展树立新形象。

党的十九大报告提出了拓展对外贸易，培育贸易新业态新模式，推进贸易强国建设。站在新的历史起点上，要牢固树立新发展理念，不断提升开放发展的层次和水平，加快推进我国从贸易大国向贸易强国的转变。

社会主义环境下的设计，其理念是为社会主义社会服务，为社会主义的经济发展添砖加瓦，使人民走向共同富裕，从而达到服务于人民、服务于社会、服务于国家的实际意义。中国文化元素是课程不可或缺的内容，融入中国文化元素，可以使课程更符合中国教育特色，同时也使学生树立中国文化自信。

元素 2：中国文化元素的设计与应用。

各国间的设计存在文化上的差异，我们应当取长补短，学会在借鉴的基础上，发挥我们本民族的文化优势，从而形成有中国特色的设计意识与形态。随着国家的日益强大，中国文化的强大生命力得以延伸，在融合不同文化设计的同时，自身也逐渐形成一种新的设计文化形态。这种设计文化形态，是基于我们中国深厚的文化底蕴和包容的文化内涵，从而形成的独特的设计意识形态，为社会主义经济发展树立新形象。

本课程以理念学习为中心，以实践为环节，把中国文化元素在广告设计中的应用结合到课程中，让学生充分了解中国文化元素和广告设计的关系，产生文化共鸣，并在学习专业的同时形成正确的思政观。

三、教案设计

（一）教学目标

1. 知识目标

广告设计的商业属性特征明显，兼具艺术语言的传达特性。视觉传达是广告设计最有效的一种艺术表达方式。本课程通过对广告设计视觉传达的实践与应用，把广告设计的商业特性与艺术特性进行结合，形成统一的广告设计理念，并从分析并解构广告设计的基本元素到广告设计与媒体的实际应用，以及广告设计在商业设计中的广泛使用等进行了实践性的探索，从而使学生对广告设计有一个全面而客观的学习与认知。

通过广告设计课程的学习，学生可以找到设计规律，能更好地驾驭设计表达语言，能清晰地了解广告设计的各个环节是如何形成的，并最终能完成整个的广告设计环节，从而构建一个完整的设计体系。

中国文化元素的运用是本课程的一个学习重点，使学生增强文化自信，树立正确思政观。

2. 能力目标

广告设计是一门广告专业的核心实践课程，主要结合广告专业其他课程的相关知识，通过设计理论与实践相结合，培养学生的广告设计能力、对中国文化的运用能力和文化自信，树立正确思政观。完善广告专业的设计环节，为广告专业的学习奠定良好的实践方法。课程的设置体现了广告专业的实践特点，通过广告设计能力培养，让学生综合运用所学广告知识与技巧，提高广告设计能力；同时作为广告专业中的实践环节，与其他专业课程形成系统的广告专业学习体系，为学生进入广告行业提供必要的专业实践手段；中国文化元素的学习，可以深化学生对中国文化的认知。

目标1：中国文化元素在广告设计中的运用。

目标2：培养学生广告专业设计与实践能力。

目标3：通过课程提高学生认知审美能力，使学生从中国文化熏陶中树立正确的社会价值观。

（二）教学内容

教学内容主要包括设计与广告设计的认知，并分析两者关系，同时拓宽与深化对相关概念的学习，再通过相关案例，传达设计中文化的重要性。从中国的设计案例中传达中国文化元素使用对设计的影响，结合现在的科技环境，传达中国文化精神，使学生能够对中国文化产生自信。

广告设计元素与理念的学习是解构广告作品，从广告作品自身寻找广告设计的规律，深化广告设计中对每个设计元素与理念的认知，融入中国文化元素，树立正确的思政观。广告设计离不开媒介的结合，因此在课程中，随着学生对广告设计的理解，加入媒介的融合，使广告设计更具有实践意义与实践性。案例中大量运用中国文化元素，使教学更符合中国国情，能对理论与实践进行完美的分析与结合。课堂在理论分析的基础上，大量引入实践案例，带动学生的课堂参与热情，使课堂教学相长，把课堂教学与实践进行完美的结合。随着课程设置由浅入深、循序渐进，学生逐渐了解广告设计课程完整的课程设计理念，并从中获得专业的升华。

1. 教学重点

广告设计课程以实践设计为目的，运用中国文化元素，引入思政意识，其设计理念的学习更多要为实践服务。在整个授课环节中，会加入实践环节，通过广告比赛和应用设计促进课程实践环节与社会实践的结合，实践设计中需要熟练使用掌握 Photoshop、Illustrator、Indesign 等设计软件。

课程引导学生对相关专业理论进行学习，并通过案例教学，与学生产生教学互动，从而使学生对广告行业有更清晰的认知。课程从设计与广告设计的理念入手，并大量引入实践案例，逐渐渗入中国文化元素的学习，拓宽专业学习边界，甚至进行跨界的思维扩展，使学生不局限于本专业学习，能认识自身不足，形成自主的学习习惯，并进行解决问题能力的训练，建立正确的专业认知。

2. 教学难点

本课程的教学难点为：如何引导学生对于广告设计的理解与学习；课程需要根据时代发展不断地调整内容，以适应时代设计的需要，这也是教学中需要注意的关键环节；中国文化自信是建立在具体的文化基础上的，课程结合思政，运用中国文化元素，让学生树立正确的思政观和文化自信；如何提高学生的课堂兴趣，引导学生在课下实践学习，也是教学过程中需要关注的问题。

（三）教学手段与方法

本课程的教学内容以实践教学为主，发挥学生的主体作用，实践性教学包括学生对相关设计软件的学习，自主查找相关案例资料，通过案例教学进行专业上的分析与讨论。基于软件的不断升级，教师动态调整授课的教学内容，通过课堂教学和自主学习相结合，达到课堂教学的实际效果。

在教学中，教师采用研究型教学和实践型教学相结合的教学方法，以对专业的不断探究为基础，强化学生的自主学习意识、独立解决问题的能力、创新性的思考、团队的协调与合作、专业的表达与设计能力，建立学生科学的研究态度。教师以学促教，是知识建构的组织者、指导者和促进者。学生作为课堂学习的主体，是知识的接受者、探求者与未来的传承者。教师要在教学中不断创造有利于学生学习的环境与条件。具体教学方法与手段如下：

1. 课堂应以学生为中心，发挥学生的主体能动性，围绕学生进行课堂教学设计

课堂教学以讲授、提问、讨论、实践上机操作、布置思考题、查找资料、案例设计作品等方式相结合，将知识以最佳的方式传递给学生。教师作为课堂的组织者，应合理设计教学内容，并将其有效贯穿于课堂活动中，激发学生的参与意识，提高学生学习的积极性，从而达到课程的专业效果。

2. 在教学中采用案例教学法，引导学生掌握综合分析与应用能力

在案例教学中，教师需要在课堂中引入实践案例，使课堂教学与实践教学的结合成为可能。同时，案例教学摆脱了书本知识的束缚，加深了学生对于专业的理解，整合了专业流程，从而使学生在学习过程中更具有主动性，更有参与意识。

3. 教学硬件与软件相结合，采用多种教学方式

本课程要结合电脑和相关设计软件的学习与使用，结合多媒体，以投屏的方式进行教学。学生听讲的同时，可以看到教师的实践操作并同步进行操作。这种教学方式可以让学生更快地理解专业设计，提高专业能力，并能够逐渐适应专业

的强度，对专业有更好的理解。

（四）教学过程

1. 教学设计思路

通过案例教学进行课堂设计，把知识点与教学重点以案例的方式融入课堂，运用电脑设计软件引导学生在教与学中进行软件学习、电脑操作以及相关专业知识与技能的掌握，从而带动学生的专业学习兴趣，引发学生的专业思考。

课程思政的体现：案例设计涉及中国元素及案例设计，使学生在学习设计的同时，了解设计与中国经济及相关产业的关系以及与中国特色社会主义市场经济所产生的关联，从而让学生在学习广告设计的同时，做出更加符合中国国情的设计作品。并树立正确的思政观。

2. 教学过程安排

根据教学要求和教学进度，对教学计划进行系统设计。先提出相关问题，引导学生思考；在此基础上，进行案例分析，引导学生在案例中发现自身的不足，通过实际的操作与学习，从而达到课程的教学效果；最后留下一定的问题，让学生在课堂下自主学习，从而培养解决问题的能力。教学过程安排如表 1 所示。

表 1

设计与广告设计（45 分钟）		
教学意图	**教学内容及手段**	**环节设计**
引言	设计与广告设计	15 分钟，使学生了解本课程的学习目的及其与专业的关系
认识设计	1. 设计语言三要素——形式、色彩、概念 2. 中国文化元素与文化自信	10 分钟，先提出问题，然后以案例讲解方式，使学生了解设计语言三要素
广告设计	1. 广告设计概念上的认知； 2. 电子设计	15 分钟，案例讲解
复习思考 课后作业	选看中国文化方面音视频，写阅后感	5 分钟，案例分析

四、教学效果分析

本课程的教学内容和课程设计符合广告设计专业本科三年级学生的知识水平与认知规律，从理论分析到软件的实际操作学习，把理论与实践在课程中进行系统的展现。课程中引入一些实际设计案例，活跃了课堂学习气氛，以循序渐进的方式，逐步让学生进入广告设计的认知领域，提高了学生分析问题、解决问题的能力，并掌握了实践技巧与方法。

本课程贯穿爱国主义情怀，把中国特色社会主义市场经济与广告设计相结合，课程中融入中国文化元素，让学生在设计过程中慢慢对中国文化有更深入的认知，并逐步让学生通过设计，对中国文化在设计中的应用有深入的学习，了解中国文化元素在广告设计中的应用，树立文化自信。

了解·探究·创新：平面广告文案创意中课程思政元素融入路径

课程名称： 广告文案

课程性质： □公共课 ☑专业课

课程类别： □理论课 □实践课 ☑理论实践一体课

课程所属学科及专业： 广告

授课教师： 许敏玉

授课对象： 本科二年级学生

一、课程简介

本课程为广告专业的专业核心课程，修读对象为广告专业二年级学生，先修课程为中外广告史、广告学概论。

本课程重点讲授广告文案的创作和广告写作语言，详细讲解广告标题、广告正文、广告标语的创作，以及它们的区别、特点、类型、格式等；详细讲解广告写作的语言技巧、语言规范、语言表现和修辞运用等。重点讲授不同媒介广告文案的写作方法，如平面广告文案、电视广告文案和新媒体广告文案等，以及各种不同类型的广告文案特点、创作方法和适用对象。

通过本课的学习，学生们需要理解广告文案创作的原理和技巧，独立完成优秀广告文案创作。

二、课程思政元素发掘

理解汉语言文字的独特魅力，树立文化自信；理解汉语广告文案的独特魅力及特殊创意方法；结合中华优秀传统文化进行商业广告策划；创作用于新媒体等各类媒体传播的“正能量”广告文案；理解广告作品应该兼顾经济效益和社会价值，主动践行“广告也要讲导向”的设计理念；遵守广告行业的职业道德，理解并认可广告活动中创意人员应该具备的优秀品质。

三、教案设计

（一）教学目标

1. 思政目标

理论与理念相结合，培养学生养成“广告也要讲导向”的创作理念；树立传播正能量的社会意识和责任；养成自觉传播汉语言传统文化的行为习惯；实现学生的创作自信和文化自信。

2. 专业目标

实践与技能相结合，理解平面广告图文关系；掌握汉语言文字文化特性在各类商业平面广告、公益平面广告中的表现策略及运用方法。

（二）教学内容

本节课为广告文案课程第五章“平面广告文案”第二节“平面广告文案的创意表现”部分内容，课程中专业教育与思政教育协同推进，同向同行。课程内容分为三个板块。第一部分是“了解”，学生通过了解汉语言特点、文案写作原理，开始接触汉语言优秀传统文化，引发兴趣；第二部分是“探究”，掌握不同媒体、不同类型文案写作的方法及技巧，鼓励学生通过自己不断地运用与尝试，在创作过程中自己体会并挖掘出汉语言文化的精妙之处，进而激发热爱之情，树立文化自信；第三部分是“创新”，在理解汉语言文化的基础之上，创作优秀广告文案，同时结合当下新媒体特点，创新广告文案的设计及传播，更好地运用和传承中国文化。

（三）教学手段与方法

1. 与课程目标的融合

课程整体目标是“立德为先，强技为本”。因此，在“立德”方面，本节课程教师将介绍优秀平面广告文案的设计案例，鼓励学生自主创新，激发学生利用汉语言文字符号属性创作广告作品、传播中国故事的热情；在“强技”方面，要求学生掌握“元素重组”“意义迁移”“拆字析字”“AI 互动”等多种创意关联汉字“能指”与“所指”属性的具体方法和技巧，运用多种平面广告文案创意工具。

2. 与教学内容的融合

理论：通过讲解汉语广告文案特点“能指”和“所指”，理解中国文化的精妙与博大，进而激发学生对中国传统文化的兴趣及热爱。

实践：教师给出创作主题，学生尝试运用汉语言文字的符号属性，进行商业和公益广告文案创作。学生在实践中理解不同广告创作背景、不同广告类型中广告文案创意方法的异同，进而通过自己的尝试及运用，逐步体会并合理挖掘汉语言文字的创意元素。

3. 与教学方法的融合

案例分析法——分析内蕴优秀汉语言文化的成功商业广告作品、公益广告作品。

任务驱动法——带领学生完成广告文案作品。

4. 与考核评价的融合

完成思政主题的广告文案设计作业。

（四）教学过程

1. 教学设计思路

介绍汉语言文字中的“能指”和“所指”的含义及特点，理解这种文字特点在广告文案中的运用方法，学习利用这种方法进行平面广告文案创意设计，融汇理解优秀文化在广告作品生命力中的位置和作用，树立文化自信和创作自信。

2. 教学过程安排

教学过程安排见表1。

表1

教学过程					
教学环节	**教师活动**	**学生活动**	**设计意图**	**教学媒体**	**时间分配**
介绍案例	介绍一首“登山诗”七言绝句，该古诗的排版与常规水平排版不一样。引导学生自己观察，启发学生独立思考	跟随教师，积极观察和思考，主动发现问题	激发学生认知汉语言文字的符号属性的兴趣	幻灯片	2分钟
分析讲解	分析这首古诗和传统古诗的相同和不同，总结出“能指”的概念，即文字的外观、形象；以及“所指”的概念，即被表达的意义本身	认真思考和总结，熟悉概念内容	通过案例让学生认知汉字“符号”属性	幻灯片	3分钟
学生回答					
分析讲解	说明汉语言文字和英文在“符号”属性方面的差别，理解汉字是象形文字，“音、形、义”往往可以精妙地结合在一起，这是汉字与生俱来的优势，更是宝藏	了解中英文“符号”属性差异化原因	逐渐进入本课的重点内容	幻灯片、板书	3分钟

续表

教学环节	教师活动	学生活动	设计意图	教学媒体	时间分配
学生回答	询问学生汉字“能指”和“所指”的含义	跟随教师，互动回答	巩固核心知识点，让学生课堂掌握	幻灯片、板书	2分钟
演示讲解	以“上网需谨慎”广告为例，介绍“元素替代”怎样创意表现汉字“能指”属性	认真分析、学习	进入重点、难点内容	幻灯片	4分钟
演示讲解	借助“某微整形机构”广告案例，演示广告思维方法，讲解“拆字”“析字”怎样创意表现汉字“能指”属性	通过对比，熟练掌握	进入重点、难点内容	幻灯片	2分钟
演示讲解	通过介绍可口可乐“在乎体”广告案例，介绍汉字“书写特性”，讲解这一特点如何运用到“能指”和“所指”的关联创意，激发学生用好中国汉字、讲好中国故事的使命感	引起反思	培养学生传播中国文化的责任感	幻灯片	4分钟
学生互动					

四、教学效果分析

（一）学生反馈

这种引领和探究式的教学方法强调了学生学习的主动性，激发了学生的学习热情。优秀案例的介绍和讲解给学生们较大的启发和思考，也激发了其创作热情。

（二）教学反思

在课程思政建设过程中，对于教育者而言，教育者对“课程思政”的自觉与自发认同是课程思政落实的重要环节之一，“热爱”是教育者自己最好的“老师”。对于受教育者而言，实践教学课程应该鼓励和引领学生通过自己的实践尝试和不断探索，“自我”发现并认可课程中的课程思政元素，并在这种发现中切身感受到它们对于自身专业能力提升的有益帮助。

广告效果课程中的思政元素融入

课程名称： 广告效果研究

课程性质： □公共课 ☑专业课

课程类别： □理论课 □实践课 ☑理论实践一体课

课程所属学科及专业： 广告学

授课教师： 刘念

授课对象： 文化与传播学院广告系三年级本科生

一、课程简介

广告效果研究是广告学专业的一门专业核心课。效果评估是广告实践活动中的重要组成部分，科学的评估方法不仅可以准确测评广告活动的实施效果，还能为广告创意制作和策划发展提供有效的依据。通过这门课程的学习，学生可以系统掌握广告效果的形成过程、影响广告效果的因素、广告效果评估的原理、广告效果评估的方法和手段等。在讲授过程中，重点讲解评估广告效果的各种具体方法的运用，以及如何根据广告媒介特征和具体的研究目的选择合适的测评方法，获得科学的效果测评结果。

二、课程思政元素发掘

元素 1：强化社会主义核心价值观在商业传播中的重要地位。

广告传播作为一种以说服为目的的传播活动，其本身带有一定的经济利益诉求，但若一味沿用西方国家以经济效益为核心的评价逻辑来衡量其传播效果，显然违背了社会主义传播的基本准则。因此，本课程应强调我国的广告传播是在中国特色的社会主义背景下的商业传播，应建立符合中国特色社会主义国情的效果评价机制，重视社会主义核心价值观在商业传播中的重要地位，从广告传播的心理效果、社会效果、销售效果等方面全方位、多层次地建立广告效果的价值认定体系。

元素 2：引导学生建立广告行业规范认知。

随着各大互联网头部企业在广告领域内大展拳脚，数字广告、智能广告等新广告形式的出现也为广告产业的发展带来了一些新的问题，如：以哗众取宠的内容吸引眼球、片面追求高流量、内容贩卖焦虑、单纯追求销售转化而忽视品牌形象、盲目追逐经济效益和忽略社会责任等。作为年轻的广告专业学习者或未来广告行业的从业人员，大学生在当今的技术和市场环境中很容易卷入对新技术、新指标的迷恋，而缺乏理性、客观的批判性思考，从而助长了流量至上等不良现象的产生。因此，本课程应在讲授广告效果评估原理与方法的同时，引导学生端正广告行业规范认知，正确认识广告行业的发展现状和规律，助力国家广告行业规范化升级与发展。

元素 3：培养学生实事求是的科学态度和坚守诚信的行业理念。

长期以来，广告主、媒体与广告公司等市场主体以收视率、点击量、转化率等指标来衡量广告效果，但也随之产生了数据造假等负面问题，严重损害了广告行业的健康发展。本课程在讲授过程中，注重培养学生诚实守信、实事求是的科学态度，培养学生严谨认真的工作作风，坚守行业诚信的从业理念，帮助建立健康、有序的广告行业发展环境，促进社会主义市场经济的繁荣发展。

三、教案设计

（一）教学目标

知识目标：系统掌握广告心理效果评估的基本概念、广告心理效果的测评内容以及效果评估的一般方法和具体手段。

能力目标：能够根据具体的广告作品设计广告效果测评报告书的结构和内容，同时运用相关方法进行具体数据的测定与分析；能够在具体的创意和设计过程中以广告效果发生的原理、影响广告效果的因素等为科学依据，提高广告创意和制作的水平和效果。

价值目标：培养实事求是、坚守行业诚信的正确理念；强化社会主义核心价值观在商业传播中的重要地位；培养学生的科学实践精神，锻炼学生的综合分析能力；引导学生学以致用、不断创新。

（二）教学内容

围绕“坚守行业诚信，维护公共价值”的课程思政目标，本课程在讲授过程中，重点探讨社会主义商业传播在效果评估方面的价值构成，讲解评估广告效

果的各种具体方法的运用过程和注意问题；以及如何根据广告媒介特征和具体的研究目的选择合适的测评方法，获得科学的测评结果。同时，广告效果研究往往是和广告调查、各种广告数据统计和分析相关的，因此在教学过程中要注意对学生进行广告调查方法、数据分析技术等具体技能方面的培养。具体来看，本课程主要从心理效果层面讲授广告心理效果的测评内容和常用方法，引导学生使用恰当的方式对广告传播的心理效果进行客观、科学的测量。

教学重点：广告心理效果评估的基本概念、内容、流程与方法。

教学难点：运用所学的数据分析手段，从认知、情感（态度）、行为等层面实际测评广告的传播效果。

（三）教学手段与方法

1. 以学生为中心，让学生积极参与课堂

课堂教学过程中，一切教学活动以学生为中心。因此，在课堂讲授内容安排、教学环节设计等多个方面都应以学生的需求为重点。在教学内容安排方面，要使教学内容与学生现有的专业知识水平相符合。同时，要考虑学生未来的升学和就业中的能力需求，将理论知识和实施方法准确、高效地传递给学生。在教学环节设计方面，要设计多种途径引导学生参与课堂，通过小组讨论、翻转课堂、情境模拟等形式，组织学生积极参与课堂活动，培养学生积极思考的学习习惯和批判性思维。

2. 注重研究实践，培养综合分析能力

广告学作为一种实践性较强的专业，在专业课程的讲授过程中，也应时刻注重教学实践环节。广告效果评估这门课程在课堂教学中，将理论知识与实践操作相结合，通过具体的实践案例，引导学生使用所学的测评方法，评估广告作品心理效果、社会效果等。在实际操作中，根据学生在实际研究中所遇到的问题，有针对性地提供指导，使学生在实践操作中发现问题、解决问题，培养学生的综合分析能力和实际应用能力。

3. 综合运用多种教学方式，注重调节课堂氛围

在课堂教学过程中，将理论讲解与案例分析相结合、方法论讲解与数据分析操作实践相结合、教师讲授与学生讨论相结合、文献阅读与实证调研相结合，综合运用多种教学方式和教学手段，营造严肃认真、生动活泼的课堂氛围，充分调动学生的主动性，引导学生更多地参与课堂。

（四）教学过程

1. 教学设计思路

首先，以广告效果的实际案例为切入点引出本课程的主题，请同学们观看案

例后体会并思考其在心理层面所产生的效果，并由此引出课程的核心问题——如何测量广告所产生的心理效果。

其次，对广告心理效果的测评指标和方法进行讲解和分析，使学生们掌握测量广告心理效果的具体方法，提高学生的综合分析能力和实际操作能力。具体来看，主要讲授四种广告心理效果的测评方法：回忆测评、量表测量、自由反应法、追踪研究。在讲授方法的过程中，融入实际操作，使学生能够亲眼看到、亲身体会具体方法的实施过程和预期成果。

最后，通过课堂练习和课后作业的训练，让学生使用所学的评估方法，实际分析现实广告案例的心理效果，将理论应用于实践。在课后作业的训练中，及时对学生作业中存在的问题给出反馈，从中发现教学环节中的薄弱点，并有针对性地给予重点指导，强化学生的数据分析能力和综合应对能力。

2. 教学过程安排

教学过程安排如表 1 所示。

表 1

教学环节	讲授内容	讲授时长
引言	回顾上一节课所讲的基本内容，回顾广告效果的心理层面、社会层面和销售层面，强调社会主义核心价值观在整体广告效果评估中的重要地位，说明本节课在整体课程架构中所处的位置及意义	2 分钟
问题导入	向学生展示 2~3 个广告案例，以提问的方式引导学生体会和思考其在心理层面产生的传播效果。 案例 1：淄博市“传承红色基因　重温红色记忆”庆祝中国共产党成立 100 周年公益广告作品征集评选系列活动获奖作品 课程思政切入点：培养学生的爱党爱国情怀 案例 2：纪念香港回归 20 周年 CCTV 公益广告《心手相连》 课程思政切入点：加强国家认同和民族自豪感 案例 3：“传统文化”主题公益广告《致敬新时代非遗传承人》 课程思政切入点：引导学生重视中国传统文化，培养文化自信	4 分钟
本节课程总体框架	1. 广告心理效果的含义 2. 广告心理效果的测评内容 3. 广告心理效果的测评方法 4. 案例分析与讨论 5. 课后习题	1 分钟
基本概念	利用 PPT 展示引导学生理解广告心理效果的含义：广告心理效果是指广告呈现后对接收者产生的各种心理效应，包括对受众在知觉、记忆、理解、情绪、情感和行为欲求等诸多方面的影响	2 分钟

续表

教学环节	讲授内容	讲授时长
测评内容	讲授广告心理效果的测评内容，具体包括认知、情感（态度）、行为。 ➢ 认知过程——认知是个体反应的思维维度，是人脑对客观事物的属性及其规律的反映，具体表现为感觉、知觉、注意、记忆、想象和思维等多种心理现象。对认知过程进行测量最常用的指标是回忆和识别，包括广告再认率、广告回想率和广告回想内容。 ➢ 情感（态度）——情感过程是指人在认识客观事物时所持的情绪和情感体验。在实际操作中，一般通过让消费者对包含特定情感的陈述句表示同意或不同意来测量其对产品的情感成分。 ➢ 行为意向——行为意向过程指消费者自觉确立行为的动机与目的，努力克服困难以实现目标的心理过程。行为意向的测量一般通过直接询问消费者购买产品的情况或购买可能性来进行；对行为意向过程进行测量最常用的指标是品牌选择和购买强度	5 分钟
方法介绍 1	回忆测评 回忆测评（memory test）测量的是人们是否注意到广告并且是否对广告有记忆。 回忆测评可采用再确认法和回想法。 再确认法只需要确认以前是否看过一个广告。主要包含三个指标：注目率、阅读率、精读率。 回想法则需要在没有任何线索提示的情况下对广告进行回忆。在被试看完广告一段时间后，要求他们从记忆中回想出所看过的广告内容。不提示任何线索使其回想者，称为纯粹回想法；提供记忆线索者，称为辅助回想法	6 分钟
方法介绍 2	量表测量 量表是一种测量工具，它是以数字（或其他符号）代表客体的某一特征，从而对所考察客体的不同特征以多个数字来表示的过程。态度量表建立在用来测量态度结构的各种操作性定义的基础上。 语义差异量表的使用程序。 李克特量表的编制步骤和使用方法	6 分钟
方法介绍 3	自由反应法 自由反应法是通过自有反应方式了解消费者态度中认知成分的一种方法，一般可以采取面谈、投射技术等方式进行。 面谈的形式可以是问答式，也可以是谈论式。 投射技术源于临床心理学，目的是探究隐藏在表面反应下的真实心理，以获知真实的情感、意图和动机	6 分钟

续表

教学环节	讲授内容	讲授时长
方法介绍 4	追踪研究 可以通过定期测评来追踪广告活动的效果。追踪研究已经被用来测评广告在知名度、回想率、对广告和品牌的兴趣及态度以及购买意向等方面的作用。用到的具体资料搜集方式可以是问卷调查等	6 分钟
案例讨论	案例：电影前贴片广告记忆效果研究 ➢ 研究设计：研究的主要内容是其电影放映前播放的产品（服务）广告的记忆效果及影响广告记忆的因素。研究把品牌或产品的回忆情况作为衡量广告记忆效果的主要指标，而代言人、产品介绍、广告语则是本调研衡量广告记忆效果的辅助指标。就影响广告记忆的因素而言，本研究将重点放在广告时长、广告顺序、受众态度这三个因素对广告记忆效果的影响上。 ➢ 数据分析：记忆效果、广告态度、记忆效果的影响因素。 ➢ 策略建议：影院依据电影前贴片广告条数及顺序定价；广告主重视电影前贴片广告的制作及顺序选择；重视电影前贴片广告的展露过程。 ➢ 附调查问卷的回顾：纯粹回想—辅助回想—播放顺序回忆—广告态度。 课程思政切入点：培养学生实事求是、科学严谨的职业态度	6 分钟
课后习题	请同学们选择一则感兴趣的广告作品，运用所学的测评方法，分析该则广告作品在心理层面的传播效果	1 分钟

四、教学效果分析

本课程的教学内容和课程设计符合广告学专业本科三年级学生的知识水平和能力需求，综合运用多种教学手段，注重课堂讲解与实践操作相结合，有助于激发学生的实践热情，提高学生的实际操作水平和综合分析能力，达到学以致用的学习目的，提高学生发现问题、分析问题、解决问题的能力。

本课程围绕“坚守行业诚信，维护公共价值”的课程思政目标，树立实事求是、严谨认真的科学态度，引导学生采用科学的测评手段和数据分析方法对广告心理层面的传播效果进行客观的评估和测量。在如今大数据和互联网时代，智能广告的发展如火如荼，但其中鱼龙混杂，出现了许多问题，如片面追求流量、数据造假等。在这一形势下，广告学的专业教育更要强调社会主义核心价值观在商业传播中的重要地位，强调广告传播的公共价值与社会服务功能。同时，引导学生正确认识行业现状及存在的问题，坚守行业诚信，为广告行业长期健康发展

贡献自己的力量。

本课程通过案例讲解、理论介绍、方法演示、实操练习等多个环节的综合融入，能够使学生较为全面地了解和掌握广告心理效果的测评方法和基本流程，在实践过程中发现问题、分析问题、解决问题，有针对性地给予指导，帮助学生采用科学的方法客观分析广告的心理层面效果，帮助学生树立实事求是、诚实守信、科学严谨的职业态度。同时，强调广告效果评估的多层次体系，弘扬社会主义核心价值观，从社会主义精神文明、企业社会责任等多个层面评估广告的传播效果，注重培养学生的科学精神和文化自信，培养真正能够为国家所用的广告行业的未来人才，为构建健康有序、和谐发展的广告传播环境而共同努力。

广告是文化使者

课程名称：广告学概论

课程性质：□公共课 ☑专业课

课程类别：□理论课 □实践课 ☑理论实践一体课

课程所属学科及专业：广告学

授课教师：杨同庆

授课对象：广告学一年级

一、课程简介

广告学概论是首都经济贸易大学广告专业的主干课程之一，也是面向全校各经济类专业所开设的一门选修课，是为培养和强化经济类高等院校学生广告基础理论和广告营销传播技能而设置的专业基础课程。本课程以马克思主义传播观为统领，培养学生树立社会责任感和社会主义核心价值观，树立正确的广告导向；强化经济类高等院系学生广告基本知识和应用能力，通过掌握广告运作的基本理论和规律，创作正面、积极、健康的广告作品，适应我国经济建设和广告事业发展的需要。

本课程设置的目的是：使学生比较全面和系统地掌握广告学科的基本理论和基本技能，理解广告是文化使者，牢记“广告宣传也要讲导向”，具有数字营销理念和广告传播理念，了解广告市场与广告产业的发展，洞察生活者需求，掌握数字媒体环境下广告营销策划、品牌策划等整合营销传播流程，能够运用现代传播技术从事广告营销传播活动。

二、课程思政元素发掘

注重培育学生的独立思考能力、创新创业创造精神、文化素质、人文与科学精神、协作精神、沟通和交流的能力，引导学生学会做人、学会做事，主动践行

“广告宣传也要讲导向”，深刻领会“广告是文化使者”的内涵，掌握公益广告创意思维，创新运用中国元素，讲好中国品牌故事。

三、教学设计

（一）教学目标

目标1：全面、系统地掌握广告学基本理论和基本技能，深刻理解数字传播视域下广告的嬗变、广告作用、广告活动。

目标2：具有现代广告调研、创意设计等专业素养，具备创新思维与能力。

目标3：能够运用现代传播技术从事公益广告创作活动。

（二）教学方法和手段

运用理论与实践教学相结合的方法，采用多媒体等教学手段，坚持案例教学、实战教学，组织学生参加大广赛、学院奖等，提升学生对广告专业和广告活动的理解。

（三）教学内容

第六章：广告策略。

本章教学重点和难点：重点是理解广告策略观的演进与理论要点；难点要切实掌握整合性传播策略，运用诉求策略，传播策略分析、创作公益广告。

本章教学内容与设计：

互动交流、案例分析、公益广告创作、小组演讲、多媒体展示。

广告是一种高度开放的大众传播行为和社会活动，是维持与促进现代社会生存与发展的信息传播手段，它通过改变或强化人们的观念和行为，来达到其特定的传播效果。因此，广告学概论课程思政建设，必须以唯物辩证法和唯物史观为基石，以马克思主义政治经济学基本理论为指导，以习近平新时代中国特色社会主义思想为根本依据，从中国经济发展的实际出发，将广告学专业知识和技能的传授与思想道德教育紧密结合，将思想价值引领贯穿于课程教学全过程，达到培养具有人文素质、强烈的社会责任感和职业道德，具有创新能力、实践能力的人才的目标。

本章课程建设主要体现在三个方面：

第一，政治性。

广告市场的形成和发展与时代背景中所产生的技术、媒介、文化等多因素交织在一起。在课程讲授过程中，通过介绍一些具有政治含义的广告，使学生理解广告不仅是市场经营者的经济行为，也是政府社会治理的重要手段。

例如，新中国成立后国民经济恢复时期的广告主要配合党的中心工作开展宣传。广告形式以广播、海报、招贴画、标语居多，深入人心，号召人们相信党，起到了稳定人心、恢复经济生产的作用，坚定了人民群众跟党走的决心，使国家经济快速发展起来。可以看到，这些广告有着鲜明的历史特征，反映出我党各个历史时期的工作任务和工作重点，说明广告与政府管理社会职能具有紧密关系。

2020 年是完成脱贫攻坚战役的最后一年，也是新冠疫情突发的一年，我们可以在电视、广播、网络等媒体上看到多种广告形式。这些广告突显了党的正确领导和社会主义制度的优越性，起到了鼓舞人心、增强民族凝聚力的作用，也体现了人民百折不挠、共克时艰的时代精神。

第二，文化性。

当今社会，广告与文化的融合已经形成了一种冲击力，影响着我们的消费观。广告与文化的融合更形成了一种时尚观和一种生活文化。广告与社会文化之间是一种相互促进、相互影响的互动关系——广告作为社会文化的载体，推动着社会文化的发展，对社会文化各个方面产生了巨大的影响；社会文化也为广告提供了创意的源泉，提出了不同的要求。广告对当今和谐社会建设的影响也越来越大，优秀的广告作品对人们的生活有正面积极的引导作用；反之，垃圾广告则会带来负面的影响。所以，对广告的认识不能停留在它仅仅是单一的经济行为上，而要更多地看到广告与现实社会的关系，在多元的社会、文化等关系中反思广告传播的性质和功能，从而在话语传播中掌握广告的意义。

在教学中，要结合近年来市场上出现的广告作品进行讨论，除了作品本身的广告目标的设立、广告创意策划的过程外，更重要的是引导学生从文化、历史、传统道德等多方面剖析作品本身所包含的文化要素，理解为什么有些作品看似创意显著、表现手法新奇，却与中国传统文化相悖、与中国人的思想意识脱节，难以取得人们的认同，更破坏了品牌形象和市场的经济效益；同时，我们也要反观，在国际市场上，中国品牌如何通过广告传播中国的文化道德观，如何表现中国的民族精神。我国是产品出口大国，我们不仅要卖商品，也要成为文化输出大国。广告是一种大众化的传播方式，能够搭载许多文化信息，让人们通过广告了解中国、了解中国文化。

第三，法治与道德并行。

广告在现代社会经济发展中发挥着重要的推动作用，也是企业对自身产品和服务进行宣传的重要渠道。广告作为一种经济活动，必须遵循相应的法律法规及道德规范，这既是对广告活动的约束，也是对广告活动行为合法的保护。广告监督管理是广告市场稳定发展的基本保障，也要辅以道德规范；加强思想政治教育

是提升民众道德和素质的有效办法，也能够从源头上减少广告违法行为。

党的十八大提出“全面推进依法治国”，并确立了“科学立法，严格执法，公正司法，全民守法”的新16字方针，表明我国社会主义法治建设进入新的阶段，然而广告市场的监管形势仍旧严峻。

随着传播方式的改变，广告市场出现了许多新的广告形式及违法行为，给广告监督管理带来了新的挑战。如网络广告中的网红微博广告，它是指网红个人利用自身的影响力和关注度在微博中发布的广告。网红3.0时代下的网红微博广告呈现出高精准度、互动性、隐匿性等特殊传播特征，这些传播特征虽然给企业营销带来利益，但在广告可见性、营造良好道德风尚、广告代言人等方面已触及我国相关广告法规的合法性边界。同时，网络上的虚假广告数量明显增加，已经成为广告违法行为最多的现象。利用虚假广告来获得非法利益的行为，不仅破坏了社会经济秩序，而且损害了消费者合法权益，增加了信息甄别、处理等方面的成本，对有效保护消费者权益和社会整体利益都极端不利。

植入式广告作为当前社会最受欢迎的广告形式，已经逐渐成为文化传媒行业一个新的经济增长点。我国植入式广告起步晚，但是发展非常迅速，因此我国几乎没有关于规制植入式广告的法律规范，现行广告法并没有明确规范植入式广告的法律条文，而且广告监管部门对植入式广告的监管经验不足，形成了广告经营者、广告发布者、广告市场管理者都无法可依的状态，这与我们当前强调依法管理的要求极为不符。另外，不正当竞争行为、网络语言的规范使用问题等都是当前在网络广告管理中较为突出又难以解决的问题。因此，在坚持广告法的基本原则的基础上，进行适当的法律规制，将其纳入法律调整范围，尽快完善规范我国广告监督管理的相关法律制度至关重要，从而推动广告行业的健康发展。

在教学过程中，要引导学生多观察、多思考广告市场发展过程中的问题，用所学到的理论知识对实际问题进行分析。每一名在校学生都不仅要学习知识、技能，还要锻炼和培养发现问题、分析问题的能力。

学习的过程也是对学生进行法制教育的过程，遵纪守法的意识是一项基本素质，为今后参加工作、步入社会做好准备。在强调以德治国、依法治国的今天，要坚持社会主义立场、观点、方法，为建设经济强国而努力。

（四）教学过程

第一节　广告策略概述

一、简述广告策略的含义与特征

二、描述广告策略的目标

三、重点解读广告策略观的演进，采用案例分析的方法，引导学生深刻理解

20 世纪西方广告传播理论的要点

四、通过案例分析使学生掌握广告传播理论方法，并运用于实践

五、分析广告策略的基本框架：STP

第二节　定位策略

重点解读定位理论演进（见表 1）

表 1

理论	USP 理论	品牌形象论	广告定位理论	系统形象定位理论	价值定位理论
产生时间	20 世纪 50 年代	20 世纪 60 年代	20 世纪 70—80 年代	20 世纪 90 年代	21 世纪初
时代背景	产品主导	产品形象主导	定位主导	竞争主导	价值主导
核心观点	强调产品特征及其利益	塑造产品形象长远投资	创造心理第一位置	塑造系统化的企业形象，而不仅仅是产品形象	从消费者的心理需求出发，而不是从竞争者的视角出发
方法依据	实证	精神心理满足	品类的独特性	企业形象的独特性	消费者洞察
沟通基点	产品属性	形象识别系统	消费者需要	形象识别系统	消费者的价值需求
典型案例	乐百氏纯净水：27 层净化	戴比尔斯珠宝：钻石恒久远，一颗永流传	好空调，格力造	海王集团：健康成就未来	苹果手机

第三节　诉求策略

第四节　传播策略

（1）公益广告案例分析：要求学生提前预习课程内容，找寻广告案例分析。自行分小组，通过课前查询相关资料，结合分析与思考，在课堂上以 PPT 演讲的形式进行小组展示汇报，教师对其陈述内容进行点评。

（2）公益广告创作，结合大广赛、学院奖公益广告传播主题，运用相关诉求策略和传播策略，创作公益广告脚本，分小组展示汇报：

- 感性诉求公益广告　　　　＊组负责
- 理性诉求公益广告　　　　＊组负责
- 整合性传播公益广告　　　＊组负责

- 从渠道的角度传播创作公益广告　　＊组负责
- 从传播方式的角度创作公益广告　　＊组负责
- 从刚性与柔性传播的角度创作公益广告　　＊组负责
- 公益传播案例　　＊组负责

（3）小结：通过案例分析、公益广告创作，学生了解了公益广告的内涵与外延、公益广告的社会文化作用、公益广告的创意主题、公益广告诉求方式的选择、公益广告传播路径，并学会运用理论与广告创意设计实践结合。

本章学习标准：①全面了解广告策略理论与传播技能；②准确运用广告诉求策略相关理论，分析公益广告；③实训技能，创作公益广告，为广告策划与实践训练奠定基础。

四、教学效果分析

本课程通过教学及公益广告案例的分析和创作，引导学生树立社会主义核心价值观，使学生既学习到专业的知识，又树立为国家服务、为人民服务的理想；培养学生形成复合型知识结构，提升创新能力、实践能力，特别是从事广告创意策划、广告实施执行等能力。总之，讲授的过程就是教书育人的过程，教师要有这样的责任感和担当，才能坚持正确的政治方向，真正落实立德树人的根本任务。

“借势营销 直击热点”中的思政基因

课程名称：移动营销设计
课程性质：□公共课 ☑专业课
课程类别：□理论课 □实践课 ☑理论实践一体课
课程所属学科及专业：广告学
授课教师：王端
授课对象：广告学专业三年级本科生

一、课程简介

移动营销设计课程是广告学专业的专业提升课程。

通过本门课程的学习，学生将了解 H5 产品的创意思路、技术形式、营销方式及设计理论等内容；探索营销新路径，构建营销新思维，掌握前沿的 H5 产品营销方式和技术。教学过程中，通过大量 H5 产品案例对知识理论、技术方法等内容进行讲解。通过理论知识的学习、线上课程自学 H5 产品制作技术、案例实践和命题实战等环节，培养学生的专业能力。

本课程是一门实践性、应用性极强的课程，它阐述了 H5 移动营销的基本内容以及 H5 产品的文案设计、版式设计、动效设计、音效设计等设计理论，使学生能够对产品、活动和服务进行推广，塑造企业品牌形象。

二、课程思政元素发掘

本课程的思政设计注重思想和价值的引领，包含以下思政元素：

元素 1：品牌形象塑造。使学生认识到塑造企业品牌形象的 H5 作品要弘扬核心价值观，传递社会正能量。

元素 2：理论学习阶段。引领同学们了解社会需求、贴近大众生活；聚焦热点、传递正能量；传播知识、答疑解惑；打造品牌、树立形象；追本溯源，传承文化。

元素 3：案例导入。将具有思政元素的案例融入知识学习中，分析立意、挖掘内涵，引导学生树立正确的世界观、人生观和价值观，培养学生的社会责任意识和爱国情怀，懂得敬畏自然、敬畏法则、敬畏生命等公益内涵，实现价值的引领作用。涉及的案例可概括为以下 4 类：

（1）政治政策类：如国庆节、建党纪念日、抗美援朝纪念日、两会等。

（2）节日类：春节、母亲节、端午节、劳动节、中秋节等。

（3）社会文明类：保护生态环境、节约用水、节能减排、保护动物、敬老爱幼。

（4）社会焦点类：如食品安全、希望工程、疫情、传统文化、社会发展等。

元素 4：策划创意实践。本课程是实践性和应用性极强的课程，创作一个 H5 作品要通过选题讨论、策划创意、脚本设计、编辑制作等多个环节。在实践中引导学生在作品中传播正能量，培养勤奋意识、创新精神、主动学习与思考、独立解决问题的能力。

（1）选题讨论：积极向上、传播价值。

（2）策划创意：形式新颖、现实可行。

（3）脚本设计：把握节奏、情感渗透。

（4）编辑制作：体现审美、精益求精。

三、教案设计

（一）教学目标

1. 知识目标

通过本节课的学习，学生将了解什么是热点，并学会通过借热点的方式创作 H5 作品。

2. 能力目标

能够判断什么样的内容能引起用户的注意力和共鸣，激发用户的转发行为，培养学生结合热点创作爆款 H5 作品的能力。

3. 价值目标

把握 H5 产品的传播价值；培养学生复习、思考、总结的学习习惯，懂得温故而知新的道理；引导学生学党史，关心国家大事，了解世界格局、国际环境和我国的政治、经济、文化发展面貌，培养学生的世界全局观，关注时事热点，激发爱国情怀和社会责任感，传递社会正能量的意识；引导学生关注中华优秀传统文化，形成将传统文化与现代生活相结合的创新意识；加强学生社会服务意识，培养公益思维；增强学生拼搏、竞争、团队精神，树立国家荣誉感和民族自豪感以及保护动物、保护环境、保护自然资源的意识。

（二）教学内容

本节课精选 6 个 H5 优秀案例，从选题、创意、视觉元素、技术表现形式、交互等方面对案例进行分析，并且挖掘出案例中涉及的思政元素，引领学生的思考，使学生掌握借热点的选题方法。

重点讲解纪念抗美援朝 70 周年 H5 作品《与英雄一起守卫上甘岭》，建党 100 周年 H5 作品《2021，送你一张船票》，以及节日类 H5 作品《世界读书日的秘密》和《世界地球日》。

教学难点是学生自主选择成就爆款选题的热点。

（三）教学手段与方法

（1）教学手段：多媒体、新媒体。

（2）教学方法：讲授法、案例教学法、讨论法。

（四）教学过程

本部分首先介绍一个大学生创新大赛的优秀 H5 案例，激发学生的学习兴趣，并回顾上一节课学过的内容，包括什么是 H5、H5 有哪些营销优势、有什么作用。新课内容是借热点的选题方法引导学生关注时事热点，了解国内外发生的新闻事件，了解世界格局和国际环境，培养学生的大局观和责任意识。通过讲授、师生互动、学生讨论等教学方法，具体分析 6 个优秀案例，分别从选题、创意、视觉元素、技术表现形式、交互等方面进行探讨。授课内容结束后，请同学们课堂讨论今年有哪些热点事件或话题能够成为爆款选题，并分析原因。最后对课程内容进行总结和回顾。教学过程如表 1 所示。

表 1

教学意图	教学内容	环节设计及思政元素
课程内容回顾，引导学生回忆 H5 的基本内容，对 H5 的理解加以巩固	（1）欣赏获艾菲奖金奖，腾讯和故宫联合推出的大学生创新大赛 NEXT IDEA 宣传 H5 广告作品。请同学们回忆 H5 是什么，它的技术和营销优势是什么，有什么作用。 	激趣导入。 课堂互动。 通过欣赏优秀案例，激发学生的学习兴趣和学习热情，引发思考

续表

教学意图	教学内容	环节设计及思政元素
课程内容回顾，引导学生回忆H5的基本内容，对H5的理解加以巩固	（2）学生发言后的知识点总结： ①H5是什么？ H5是由HTML5简化而来的词汇，它的全称是Hyper Text Markup Language 5，指第5代"超文本标记语言"。目前，几乎所有网站都是基于HTML开发的，它以网页的形式呈现在受众面前。 本课程研究的H5特指运行在移动端上的基于HTML5技术的动态交互页面，集文字、图片、视频、音频、图表、动效等媒体表现方式于一体，一般由微信这个移动平台进入大众视野的数字产品。简单地说，本课程研究的H5是基于HTML5技术开发的交互式数字产品。 ②H5产品的营销优势？ 随着移动互联网技术的发展、智能手机的普及以及社交网络的成型，H5产品成了微信中体验最好的营销推广模式之一。一方面，H5产品具有兼容性、成本低、易传播以及精准性、互动性、娱乐性、可监测、一键下单等优势；另一方面，表现形式多样化，它可以融入各种媒体表现方式，实现翻页、答题、抽奖、语音来电、一镜到底、长页面、360全景、画中画等体验形式。 ③H5产品的作用？ H5数字产品可以帮助企业更好地吸粉引流，推广各种品牌活动、产品和服务，增加线上线下的销量，树立企业良好形象，使企业品牌更具价值和影响力	思政元素： 关注中国优秀传统文化，培养传承文化、将中华传统文化与现代生活相结合的创新意识。 培养学生复习、思考、总结的学习习惯，懂得温故而知新的道理
导言	描述选题的重要意义。说明本节课将结合优秀H5案例，学习借势营销，直击热点这一选题的方法	使学生了解本节课的学习内容和方法，起到提纲挈领的作用
概念引入 提出问题 教学重点1	请学生举例说明什么是热点。学生发言后，教师进行总结。 热点就是在一定时期内，引发大量关注和讨论的热门事件、新闻或节点。如中国共产党建党100周年、纪念抗美援朝战争70周年、垃圾分类、民法典以及各种节日等	课堂互动，引发学生思考。思考对于热点的理解。 思政元素： 引导学生学习党史、关心国家大事、聚焦时事热点、具有社会责任感、保护环境、遵纪守法、懂得感恩

续表

教学意图	教学内容	环节设计及思政元素
概念引入 提出问题 教学重点 1	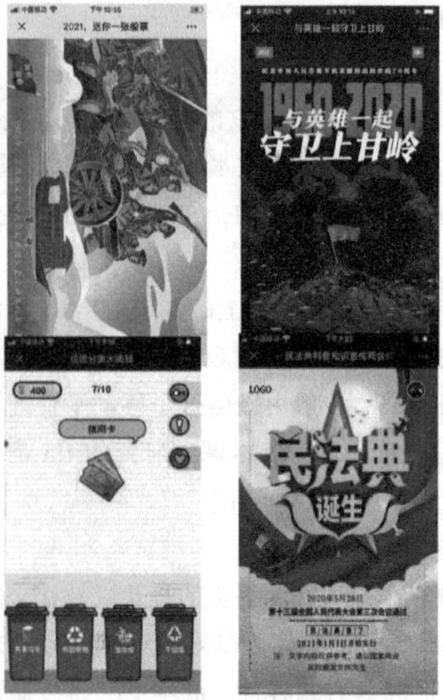	
总结借热点这一选题的方法 教学重点 2	H5 选题可以结合节日、新闻或围绕大家关注的热点话题借势出招，让 H5 短时间内火爆起来，吸引用户的关注，激发用户的分享热情。 通过 6 个案例，分析借热点 H5 作品的创意设计思路	使学生理解借热点的选题方法，了解后面课程的内容安排
学习借热点 H5 作品的创意设计思路	案例一：《与英雄一起守卫上甘岭》 请学生微信扫码欣赏此 H5 作品，体验 H5 产品效果，思考运用了什么技术表现形式，用所学过的知识点进行分析，分享感受。  	课堂互动，分别对各个案例进行分析。 从选题、创意、视觉元素、技术表现形式、交互等方面进行分析，并挖掘案例中涉及的思政元素，引领学生思考。 案例一的思政元素： 抗美援朝精神 爱国思想 维护世界和平的理念 维护正义理念 民族使命感 社会责任感

续表

教学意图	教学内容	环节设计及思政元素
学习借热点H5作品的创意设计思路	分析：此案例是由中国军网和腾讯新闻联合出品的H5作品。其选题是纪念抗美援朝70周年，以插画、长页面、动画、互动、链接等形式，回顾了抗美援朝战争的历史，重点刻画了在上甘岭战役中志愿军英雄在枪林弹雨中浴血奋战的过程。用户通过上划手机屏幕、提交请战书、向英雄致敬、追忆先烈足迹等方式进行互动，点击"追忆先烈足迹"后可以链接到腾讯平台抗美援朝大型电视纪录片《为了和平》。此H5作品弘扬了抗美援朝精神，对《为了和平》纪录影片进行了推广，实现了吸粉引流，树立了企业良好的形象。 分享此案例后结合H5内容和国际形势，请学生思考近期有什么热点事件或话题，引出新疆长绒棉事件。请同学们谈感想，引发学生的爱国热情和社会责任感。 案例二：《2021，送你一张船票》 此H5是由新华社推出的建党100周年H5作品。以建党100周年为主题，通过插画、横向长页面、动效、答题等形式，选用对中国发展建设具有非凡意义的历史场景，令用户穿越了中国共产党的百年历史。使用户了解党的历史征程，国家的发展变化，坚定信念，珍惜美好的生活，激发用户为国家的美好明天而努力奋斗。  案例三：网易——《世界杯光阴的故事》 此H5作品在俄罗斯世界杯开幕前推出，采用插画风格，利用长页面技术形式，回顾历届值得记住的世界杯故事，展现曾经的记忆，从而进行品牌营销和宣传。 	案例二的思政元素： 反侵略、反压迫精神 爱国思想 民族使命感 社会责任感 案例三的思政元素： 拼搏精神 竞争精神 团队精神 国家荣誉感 民族自豪感

续表

教学意图	教学内容	环节设计及思政元素
学习借热点 H5 作品的创意设计思路	案例四：《爱的形状》 此 H5 是网易新闻在情人节期间推出的 H5 作品。主要运用象征的手法，将图形拟人化，以交互、动效、长图的形式，黑白灰红的色彩空间，以沉浸式的互动体验，展现出一个正方形为追寻自己的“爱情”而不断改变自己形状的曲折追爱旅程。此作品向用户明示了到底什么是真正的爱情，具有极强的共鸣性。  案例五：《世界读书日的秘密》 此案例是咪咕阅读在 2019 年 4 月为即将到来的世界阅读日推出的 H5 作品《世界读书日的秘密》。 此 H5 运用诙谐幽默的风格，以中外文学伟人的肖像画为视觉元素，向用户解读了“4・23”世界读书日的由来。最后一个页面宣传了一个以“好书一起读，书出我爱心”的公益活动。读者在“4・23”世界读书日在咪咕阅读所阅读的每一分每一秒，都将汇聚为山区儿童的教育力量，助力教育扶贫事业。此 H5 作品制作精良，助力公益事业，树立了企业良好的品牌形象。  	案例四的思政元素： 正确的爱情观 懂得自我欣赏 案例五的思政元素： 多读书，读好书 公益心

续表

教学意图	教学内容	环节设计及思政元素
学习借热点 H5 作品的创意设计思路	案例六：《世界地球日》 此案例是在 4 月 22 日世界地球日推出的 H5 作品，采用动画短片及互动的形式展开。短片通过前半部分呈现的动物的美好生活与后半部分动物的危险处境，包括砍伐森林、非法偷猎、生态链破坏、全球变暖、过度捕捞等问题进行对比，呼吁人们爱护动物、保护环境	案例六的思政元素： 保护动物 保护环境 保护自然资源
课堂讨论知识应用	以“今年有哪些热点事件或话题能够成为爆款选题，并分析原因”为主题，开展课堂主题讨论	检验学生对本课程内容的理解效果
课程总结内容回顾	对本节课“借势营销、直击热点”的选题方法进行总结，简要结合重点案例总结优秀 H5 作品的表现形式等方面的内容	加深印象
课后作业 知识巩固、思考、研究与应用	(1) 欣赏 5 个热点型 H5 作品，并对其主题、创意、技术表现形式、交互、文案、动效、声效等方面的内容进行分析。 (2) 结合一个热点进行 H5 作品的创意选题，构思 H5 作品的内容、技术表现形式等内容以及预期实现的效果	技能强化 思政元素： 勤奋意识 主动学习与思考 独立解决问题的能力

四、教学效果分析

本课程的教学内容和课程设计符合广告学本科三年级学生的认知能力和专业能力水平。如果用一句话来概括这门课，那就是学习 H5 数字产品的创意、设计和制作方法，聚焦政治、经济、文化发展建设，传播社会主义核心价值观。

这门课的设计思路围绕六维目标来进行建构，突出情感和价值的引领作用，多以 H5 营销案例和在实践环节中对学生的学习精神、职业精神和专业素质的培养作为课程思政元素贯穿教学始终，实现立德树人的根本宗旨。本课程通过专业知识的讲授，使学生掌握了 H5 移动营销的创意思路、技术形式、营销方式以及设计理论等内容；构建营销新思维，探索营销新路径，使学生掌握了前沿的 H5 营销方式和技术，能够对产品、活动和服务进行推广，塑造企业良好的品牌形象；课程内容设置中，将专业理论与专业技术相结合，将专业能力与社会需求相结合，连接人文历史、经济活动和生活空间，体现人、社会、自然的和谐共生；情感方面，培养了学生的专业热情、社会责任意识和爱国情怀，使学生在作品中能够传播正能量，懂得敬畏自然、敬畏法则、敬畏生命等公益内涵；价值方面，培养学生专业素质，并在实践中增强了学生的勤奋意识，培养了主动学习与思考、独立解决问题的能力，引导学生树立正确的世界观、人生观和价值观，培养符合新时代要求的应用型人才。

本课程的教学方法主要包括讲授法、讨论法、案例教学法、自主学习法、演示法和任务驱动法。通过知识传授、引导启发、知识巩固、思维构建、优秀案例分析、线上自学、课后作业、H5 案例实操演练、竞赛参与等方式，实现了立德树人与专业能力培养的目标。开课以来，学生围绕广告大赛命题、时事热点等方面创作了一批优秀的 H5 作品，并在广告大赛中取得了国家级、北京市级的优异成绩。这些作品中不乏表现食品安全、传统文化、励志人生、爱与珍惜、人文关怀、健康与责任等主题，是课程思政和专业学习效果的体现。

本课程将思政元素融入课程教学体系中，提高了教师的思想政治觉悟，树立了文化自信；在教学过程中，将社会主义核心价值观的要求、做人做事的道理、实现民族复兴的理想和责任潜移默化地传播给学生，是教师立德树人、育人育才，培养社会主义建设者和接班人的责任和使命。

思政语境下的艺术理论与现实观照

课程名称： 艺术概论

课程性质： ☑公共课　□专业课

课程类别： ☑理论课　□实践课　□理论实践一体课

课程所属学科及专业： 新闻传播学科　广告学专业

授课教师： 毛琦

授课对象： 文化与传播学院一年级本科生

一、课程简介

艺术概论是为广告系一年级本科生开设的一门系统讲述艺术理论概念的基础课程。作为高等院校素质教育的重点课程之一，它阐述了艺术与现实的关系、艺术与其他相关学科之间的关系。

本门课程通过教学，将使新入学的学生对艺术概念的认知从感性体悟上升到理性观照；了解艺术的本质与特征、艺术的起源、艺术的功能与艺术教育、艺术的种类、艺术创作、艺术作品及艺术鉴赏等问题；探索对艺术作品的理解，正确分析当今各类文化艺术现象，达到理论学习与实践相互促进的效果，为学生进一步学习后续课程奠定艺术认知基础。

二、课程思政元素发掘

（一）抓住艺术内涵与本质，明确各种艺术都是现实社会和文化传统的反映

在“艺术的种类和特征”章节中，对各种艺术样式的艺术特征和传播特性进行分析时，结合具体作品阐明了艺术家在进行文学或影视创作时和社会现实的紧密联系与深度思考。艺术作品来源于现实、真切反映了现实，其审美特征是一种建立在对现实问题深入剖析基础上的对社会的展现。

不同的社会环境和历史条件形成了不同的文化与艺术创作风格。我们要立足

于民族的、传统的基点，用开放的眼光去进行中西文化艺术的比较，充分挖掘课程思政元素和切入点，增强文化自信，在对比中做到“以文化人”“以文培元”“以文铸魂”。我们还要整合校内外美育资源，介绍经典作品案例，深度挖掘中华五千年优秀传统文化，继承红色文化，弘扬社会主义先进文化，让学生真正体会到优秀艺术作品尤其是中国传统文化艺术的内在魅力。

（二）充分认识到艺术作为意识形态传播工具在价值观教育方面的重要功能

在“艺术的基本功能”章节中，对艺术的审美认知功能、审美教育功能和审美娱乐功能部分进行介绍时，重点分析艺术的审美教育功能是通过潜移默化的方式完成的，体现出文化艺术产品强大的意识形态传播工具作用。约瑟夫·奈所指的“软实力”，是当前国际文化领域竞争的热点和焦点。

这种艺术的审美教育功能包括以下几个方面：

首先，它是一种“美的教育”。要开拓艺术教育与思政教育的教育融合探索之路，就要对学生进行审美素养的引导和培养。艺术作品集中体现了人类对真、善、美的追求，真是美的基础，善是美的灵魂，而美则是真与善最终呈现的面貌。例如，从中国传统文化特点出发，介绍中国山水画、文人画所达到的“气韵生动”境界，引出中国文人以物喻人，借所画之物的高洁、脱俗、傲寒，来衬托出与众不同的精神品格。中国古代建筑如故宫的均衡对称常常给人一种严肃庄重的感觉，体现出古代皇家文化的威严、大气；而西方中世纪的哥特式建筑，则反映了中世纪基督教统治的复杂社会生活及宗教对个体思想的控制。学生通过对东西方建筑的差异与构造特点的分析，在传播艺术之美的同时体会内在的精神内容。

其次，它是一种“情感教育”。强调情感教育的重要意义，是艺术教育与思政教育融合探索的基本风格。艺术教育不是僵化地摆事实、讲道理，而是通过富于深情、让人触动心弦的线条、色彩、旋律、文字和影像，在潜移默化中让知识融入心底。“以情感人”，是艺术教育与其他教育之间最鲜明的区别，它往往比传统思想政治教育更加直接、感性，能尽快让学生零距离顿悟人生的道理。

最后，它是一种“道德教育”。艺术教育对于立德树人具有独特而重要的作用。我国古代思想家荀子曾提到，音乐的作用独特，“其入人也深，其化人也速”。这种潜在的影响力同样适用于所有艺术样式，艺术作品的传播具有深远的移风易俗与教化作用。艺术教育是落实立德树人根本任务的重要途径，其终极目的是追求真、善、美；而德育正是思政教育的主要功能和基本目的，终极目标是提升学生的世界观、人生观、价值观。将欣赏美、懂得美与有道德、三观正高度

统一，是艺术教育与思政教育融合探索的指导思想。艺术对于青少年人格的产生、形成和发展发挥着举足轻重的作用。在新时代讲好中国故事，通过课程思政增强当代大学生的文化自信，是我国艺术教育应当追求的更高目标与境界。例如，通过课堂教学评点分析《觉醒年代》《山海情》等优秀剧作，在引导学生了解这些作品类型特征、叙事策略、艺术意蕴及审美价值的同时，使学生对人物形象塑造、故事情节演绎、思想内涵传达形成更深入的理解，真切感受到特定年代那些为国家、为民族奉献热情甚至生命的英雄人物是如何拼搏奋斗的，深刻体会“不忘初心、牢记使命”的革命精神，并有能力分辨当今一些艺术作品与道德文明不匹配等社会现象，树立正确的价值观，弘扬社会正能量，坚定文化自信与民族自信。

（三）从艺术接受和鉴赏角度，培养欣赏者的主观能动性和独立思考力

在“艺术家与艺术作品”章节中，对不同艺术家的创作风格进行介绍时，举出典型案例分析艺术家的作品质量和他本身人格特征之间的关系。探讨了艺术创作中不一定“文如其人”，需要将两者一分为二来看待，才能客观公正地评价艺术家和艺术作品的美学地位与艺术成就。在“艺术批评和艺术鉴赏”章节中，重点强调艺术批评和鉴赏必须结合特定的客观实际，要以辩证唯物主义的观点和立场进行艺术评论，并在此基础上掌握艺术批评的正确态度和方法，树立正确的艺术批评价值观和是非观。

三、教案设计

（一）教学目标

艺术概论课程是以艺术理论教育为核心，兼容跨学科的艺术、中文、新闻、传播等专业所建构的“大文科传播教育”系统中的一门基础课程，是人文社科基础理论教学必不可少的一门课程。

本课程的教学目标是通过深入浅出地阐释艺术的基本概念和发展特点，使学生对艺术活动的性质、特性进行初步的了解，培养学生运用所学的基本理论去观察、认识、把握艺术；通过对大量古今中外经典案例如绘画、雕塑、书法、摄影、建筑、园林、音乐、舞蹈、戏剧、戏曲、电影、电视、广告等具体作品的分析，使学生在加深对艺术作品理解度的同时，学会撰写文艺评论，努力培养学生的艺术修养、审美与鉴赏能力，在提高学生今后策划、设计与制作艺术作品的水平的同时，完成作为相关科系通识课程的重要使命，激发学生的个性和创意思维，有效提升学生的人文素养和文化修养。

（二）教学内容

第一章　艺术总论（绪论）

第一节　艺术概论的学科属性与学科任务

第二节　学习目的与研究方法

教学重点和难点：什么是艺术概论，艺术概论的目的和内容是什么；对艺术概论的基本框架进行梳理。

课程的考核要求：深入浅出地解释第一章的基本概念，并在讲解中激发学生的学习兴趣。尽量以形象的方式（图表等）来辅助教学，帮助学生理解概念以及它们之间的关系，进而在头脑中建立起艺术理论的基本框架。

复习思考题：

1. 艺术概论课程的教学内容是什么？

2. 艺术的价值和意义是什么？

第二章　艺术的基本概念和艺术的起源学说

第一节　什么是艺术

第二节　艺术的起源

第三节　希尔恩的综合研究方法

教学重点和难点：本章的重点是对艺术基本概念的理解，艺术与哲学、宗教、道德、科学之间的关系，以及五种艺术起源的基本学说介绍；难点是艺术在人类文化中的地位与作用分析。

课程的考核要求：明确艺术的基本内涵，了解艺术的多种起源学说和观点。

复习思考题：

1. 如何看待关于艺术起源的各种学说？

2. 艺术科学与社会科学、自然科学的关系和区别是什么？

第三章　艺术的分类与特征

第一节　艺术的分类

第二节　艺术的特征（形象性、主体性、审美性）

教学重点和难点：艺术的样式和分类，以及艺术的基本特征。

课程的考核要求：理解艺术作品按照不同的标准可以划分为多种类型，而所有艺术作品都具有形象性、主体性和审美性特征，是主客观的高度统一。

复习思考题：

1. 艺术有哪些分类标准？

2. 如何理解艺术作品形象性、主体性和审美性特点？

第四章　艺术的功能

第一节　艺术的审美认知功能

第二节　艺术的审美教育功能

第三节　艺术的审美娱乐功能

教学重点和难点：重点内容是艺术的三种基本功能，难点是如何理解艺术功能的具体实现。

课程的考核要求：理解艺术作品是一个完整的有机体，但在研究分析时又可以把它分为三个层次。通过对中外优秀艺术作品的赏析来了解艺术功能的三个层次。

复习思考题：

1. 为什么说艺术的认知、教育和娱乐功能都是审美性的？

2. 艺术是如何实现自身多种功能的？

第五章　艺术的类型与风格

第一节　美术的主要种类和审美特征（绘画、书法、雕塑、建筑）

第二节　舞蹈的主要种类和审美特征

第三节　音乐的主要种类和审美特征

第四节　戏剧和戏曲的主要种类和审美特征

第五节　电影和电视的主要种类和审美特征

第六节　文学艺术的主要种类和审美特征（诗歌、散文、小说）

教学重点和难点：重点是理解艺术作品的类型，难点是掌握各种艺术创作样式的方式与表现风格。

课程的考核要求：理解艺术作品的类型，初步了解各种艺术门类的基本特征，能从专业角度去分析各种艺术样式的创作风格，培养一定的艺术鉴赏力。

复习思考题：

1. 戏剧与影视剧的表达手法有什么样的差异？

2. 文学艺术的表述方式有什么独特之处？

第六章　艺术作品、艺术创作与艺术家

第一节　艺术作品与艺术风格

第二节　艺术创作

第三节　艺术家

教学重点和难点：艺术家与社会生活的关系，艺术作品的层次，对典型和意境的准确把握，艺术创作过程的三个阶段，艺术风格与艺术流派。

课程的考核要求：了解艺术创作的主体是艺术家，而艺术家具有许多自己的特点，艺术家与生活有着十分密切的关系。掌握艺术创作的过程，了解艺术创作的几个阶段。

复习思考题：

1. 艺术作品的风格与艺术家之间的关系是怎样的？

2. 如何理解艺术创作的三个阶段？

第七章　艺术接受

第一节　艺术鉴赏

第二节　艺术批评

教学重点和难点：重点是理解艺术接受的重要意义；难点是掌握培养与提高艺术鉴赏力的五个要点，了解艺术批评的作用和特征。

课程的考核要求：理解艺术鉴赏的重要意义，掌握艺术鉴赏过程的三个阶段。了解艺术批评的作用，理解艺术批评的特征和主要形态，掌握撰写艺术批评文章的基本方法。

复习思考题：

1. 艺术鉴赏过程包括哪三个阶段？

2. 艺术批评的社会学意义体现在哪里？

（三）教学手段与方法

本课程的教学内容主要是艺术概论原理讲授、艺术样式具体案例介绍和学生对艺术作品的分析与解读，整个过程充分发挥学生的主动性。给学生安排的教学任务是：在课下阅读和查找资料，选择艺术样本进行分析、研究，并在课堂上对自己所选的经典案例进行总结。通过这种手段引导学生发掘自己感兴趣的艺术内容，激发他们学习知识、分析问题的热情和动力，提升他们的思维组织能力和语言表达能力。

在教学中力求将理论阐述与实践分析相结合，以探究有深度的问题为基础，培养学生在思考过程中将艺术与社会、政治、经济、文化等问题相结合，用文化战略的眼光从国家发展的全局视野想问题、究原因、探新知，提升学生思索问题的深度和广度，从而逐渐形成正确的、坚定的文化观与价值观。

（四）教学过程

对学生在教学环节的要求：课堂中心从以教师单维度宣讲为中心转向以学生和教师共同讲评积极互动为中心，在发挥学生主体性作用的同时，坚持教师对整个教学过程的把控力和引导作用。要求学生能在课堂进行一段完成度较高的艺术作品分析与鉴赏，体现出一定的理性思考能力、理论研究能力和现场表达能力。

对课后作业以及学生自学的要求：要求学生按时按质完成课后作业；学生在学习这门课程时应有美学、文学等方面的知识储备；学生务必在上课之前认真阅读本周任课老师委托本班学委转发的相关文章和资料链接，为课堂教学做好准备。学生在完成课程作业时应能运用课堂讲授原理，结合实际情况努力去分析问题和解决问题。学生可自学介绍中外优秀艺术作品的书刊及优秀案例。

对授课教师的专业要求：在本课程的教学过程中，教师自身需要在尊重艺术发展历史基本事实进行理论阐述的同时，紧密结合当下的社会艺术和文化热点现象，提出问题、探讨问题、阐明立场，为在艺术理论教育过程中培养学生相对客观的、辩证的艺术观、价值观和是非观奠定基础。尤其在深入分析艺术概念和文化观念的同时，必须注重对学生在思想道德、政治觉悟方面的引导，让学生了解，艺术不是超越现实的存在，而是深刻反映了现实，使他们在掌握专业知识的同时，树立坚定的信念和正确的思政立场。

四、教学效果分析

本课程的教学内容和课程设计符合广告学专业本科一年级学生的认知程度和学识水平，通过案例教学等多种教学手段，有效激发学生的求知兴趣和思考能力，有助于学生较好地了解与艺术发展相关的基础理论知识，并能更加全面和客观地将所学知识应用到其他相关学科的学习当中，培养学生理论梳理、解决问题的能力。

本课程对于提升学生的艺术认知能力、艺术鉴赏能力、文化分析能力、综合表达能力均有一定的促进作用，能较好地帮助学生有深度地思考古今中外的文化艺术问题，并提高学生从国家文化发展的角度、结合时代背景考察艺术作品价值的能力，树立明确的文化理想与人文追求，培养爱国主义精神，增强自身的民族自信与文化自信。

爱国思政与影视广告创作课程

课程名称：影视广告创作

课程性质：□公共课　☑专业课

课程类别：□理论课　□实践课　☑理论实践一体课

课程所属学科及专业：广告学

授课教师：刘骏晟

授课对象：文化与传播学院广告系二年级本科生

一、课程简介

影视广告创作是广告学专业一门非常重要的专业课程。它将艺术与技术相结合，兼具了理论性和实践性。学生们日后无论继续研究还是直接工作，都需要这门课程的学习积累。学生通过学习影视广告的发展现状与制作流程，参与实践创意、文案、拍摄制作等多个环节，强化实践制作能力，同时提升创造力与想象力。

本节课主要讲授影视广告创作课程第 8 章第 2 节“新媒体影视广告特性”。

本课程板块的设计遵循了立场鲜明、方式多样、与时俱进、润物无声的原则。立场鲜明，指的就是在课程的总体调性上把握住大的原则，爱党爱国。对于一些根本问题、历史问题、党政大是大非的问题决不能混淆和含糊，正视听，树风气，立场鲜明地表达观点。方式多样，就是在课程当中灵活地加入各种形式的内容。除了我们常说的言传身教外，课程中还会穿插有关党政元素的案例介绍。例如，央视有关党的公益广告、宣传视频、国庆阅兵的直播与最新的红色题材影视作品等，这些案例和内容的穿插，让大家不再仅仅面对单一传统的灌输式思政教育，而是通过多种多样的方式去体会学习。与时俱进，指的是要了解学生的新动态和新话题，如微博的晚会、党政教育的新电影、各种爱国留学生在平台上传的短视频等，这些新鲜的元素会让同学们感到熟悉和亲切，能更好地将思政教育进行下去。润物无声，是力求让大家在不知不觉中经历思政教育的洗礼。本课程在教学过程中将思政理念贯穿于课程目标、教学内容、教学方法、考核评价各个

环节，做到价值塑造、知识传授和能力培养三者融为一体。

二、课程思政元素发掘

元素 1：引导学生树立正确的人生观价值观。

习近平指出，确立反映全国各族人民共同认同的价值观，关乎国家前途命运，关乎人民幸福安康。我们提出要倡导富强、民主、文明、和谐，倡导自由、平等、公正、法治，倡导爱国、敬业、诚信、友善，积极培育和践行社会主义核心价值观。社会主义核心价值观把涉及国家、社会、公民的价值要求融为一体，既体现了社会主义本质要求，继承了中华优秀传统文化，也吸收了世界文明有益成果，体现了时代精神。中华文明绵延数千年，有其独特的价值体系，我们提倡和弘扬社会主义核心价值观，必须从中汲取丰富营养，否则就不会有生命力和影响力。要在全社会牢固树立社会主义核心价值观，全体人民一起努力，通过持之以恒的奋斗，把我们的国家建设得更加富强、更加民主、更加文明、更加和谐、更加美丽。作为高校教师，引导当代大学生树立正确的人生追求，是使当代大学生真正树立社会主义集体主义价值观的有效途径。

元素 2：树立文化自强文化自信的意识。

《习近平新时代中国特色社会主义思想基本问题》指出，坚定文化自信不能止步于坐而论道，必须体现在文化自强的行动上。作为文明大国、发展中大国、社会主义大国、负责任大国，中国要立足自己的实际，正确看待自己的文化，正确对待别人的文化，走自己的文化发展道路，建设具有强大吸引力影响力、强大活力创造力、强大实力竞争力的文化强国。在推动文化发展的实践中，最重要的是要做到“不忘本来、吸收外来、面向未来，更好构筑中国精神、中国价值、中国力量，为人民提供精神指引”。

坚持不忘本来。任何一个国家的文化，都有其既有的传统、固有的根本。抛弃传统、丢掉根本，就等于割断了自己的精神命脉，就会丧失文化的特质，文化自强就会成为无源之水、无本之木。对于当今中国来说，源远流长的中华优秀传统文化、作为党和国家指导思想的马克思主义、党领导人民创造的革命文化和社会主义先进文化，就是中华文化安身立命之“本来”，必须始终不渝地坚持、与时俱进地弘扬，使其惠及当代、泽被后人。那些数典忘祖、蔑视传统、告别革命、躲避崇高、消解经典、搞历史虚无主义等做法，是十分有害的。当然，不忘本来决不是自我封闭、画地为牢，而是要立足新的实践、顺应时代潮流，推陈出新、守正出新，科学梳理、精心萃取、创新创造，不断发扬光大。坚持不忘本来，这是历史的结论，也是现实的必然。在新时代，我们只有不忘本来，才能在纷繁复杂的社会思想文化中辨析主流和支流、区别先进与落后、分清积极与消极，有效引领各种社会思潮、抵御腐朽文化影响，不断巩固全党全国人民团结奋斗的共同思想基础。

元素3：唤起同学们对于故乡、故土、祖国的深情厚谊。

"乡愁是什么意思呢？就是你离开了这个地方会想念这个地方。"习近平曾在不同场合多次提到"乡愁"这个话题。我们干事业不能忘本忘祖、忘记初心。我们共产党人的本，就是对马克思主义的信仰，对中国特色社会主义和共产主义的信念，对党和人民的忠诚。通过本章节案例的分析，同学们充分体会到乡土乡愁这些深植在中国人心里的共性情感，进而唤起对于故乡故土，对于党和祖国的深切情谊。

三、教案设计

（一）教学目标

1. 知识目标

通过本章节的学习，理解新媒体影视广告的特性，掌握其内在的逻辑规律。

2. 能力目标

通过知识的学习，掌握创作新媒体影视广告创意策划的方法，能够在实践中自主创作符合新媒体特性的影视广告策划、脚本。

3. 价值目标

（1）有针对性地培养学生实践知识和技能，辅以技术指导。

（2）培养学生通过网络搜集整理，学习分析影视广告，掌握最新动态的技能。

（3）培养学生的分析能力、判断能力、制作能力。

（4）鼓励学生充分进行互动。

（5）引入真实的案例以研究和讨论，指导学生参加大广赛、学院奖。

（二）教学内容

1. 教学内容

（1）新媒体下影视广告的现状。

（2）新媒体下影视广告的特性——技术互动。

（3）新媒体下影视广告的特性——情绪传播。

（4）新媒体下影视广告的特性——价值观。

2. 教学重点

如何理解新媒体下的影视广告，它与传统电视媒体环境下的影视广告有何不同，为什么会产生这种差异。

3. 教学难点

利用学会的理论，结合实践，创作出符合新媒体环境的影视广告创意、脚本。

（三）教学手段与方法

本章节教学手段并无过多创新之处，基本沿用了以往教学中常用的方法，如视频实例展示、原理分析法、提问交流法、图表数据法、总结类比法、实践练习法。为了能更好地融合课程思政，本节课重点突出了视频案例展示分析和实践练习。一方面，通过符合思政内核的视频案例选取，让学生在学习的过程中不经意地感受课程思政建设，润物无声，盐溶于水。另一方面，选择符合课程思政目标的实践作业练习，进而加强巩固深化课程思政的价值。

（四）教学过程

教学过程见表1。

表1

时间	内容	备注
2分钟	提问交流：新媒体时代，如何认识影视广告？	提问交流法，引入本章节内容
2分钟	知识点1：新媒体下的影视广告，什么是“新媒体”？什么是“影视广告”？	图表对比法
3分钟	提问交流：新媒体影视广告如何分类？	提问交流法
5分钟	观看部分案例，从TVC到短视频	案例教学
3分钟	知识点2：新媒体影视广告的分类	
2分钟	提问交流：新媒体影视广告与传统电视广告有什么区别？	提问交流法
3分钟	知识点3：新媒体影视广告特性——情绪传播	
2分钟	分享情绪传播案例：70周年国庆宣传视频 B站国乐分享	引导学生进入下一步内容，通过案例法实现课程思政目标
2分钟	情绪传播的特点总结	
3分钟	知识点4：新媒体影视广告特性——价值观	
2分钟	分享价值观传播案例影视广告《我是谁》（中国共产党建党95周年公益广告）	引导学生进入下一步内容，通过案例法实现课程思政目标

续表

时间	内容	备注
2 分钟	价值观传播特性总结	
3 分钟	知识点 5：新媒体影视广告特性——技术互动	
2 分钟	分享技术互动案例影视广告《如果国宝会说话》	引导学生进入下一步内容，通过案例法实现课程思政目标
2 分钟	技术互动特性的类型介绍	
2 分钟	新媒体影视广告三个特性的总结	图表总结
2 分钟	提出问题：如何利用新媒体影视广告特性进行创作？	提问交流法
3 分钟	以某公益广告选题为例，分组讨论：如果让你为今年国庆设计创作影视公益广告，你该如何做？	实践教学法
2 分钟	提问交流：还记得去年国庆的电影《我和我的家乡》吗？	引导学生进入下一步内容，同时利用国庆献礼电影，通过案例法实现课程思政目标
2 分钟	视频案例：TVC《我和我的家乡在抖音》	案例分析法
2 分钟	提问交流：这则广告为什么会成为去年的成功爆款？	提问交流法
2 分钟	总结分析：新媒体影视广告的特性融合	文字+图表总结
3 分钟	讨论与作业	实践教学法，布置以建党 100 周年为选题的公益广告作业，加强课程思政的课外延展

四、教学效果分析

本章节的教学内容和课程设计符合广告学本科三年级学生的知识水平和认知规律，并且运用了多种教学手段，尤其通过视频案例教学营造出较为轻松活跃的课堂教学氛围。本节课非常有效地激发了学生的学习兴趣，有助于学生更好地掌握相关理论并应用于实践，达到学以致用，以实践促进教学的目的，并促使学生将本课程知识与其他学科、专业、课程的知识融会贯通，提高学生分析问题、解决问题的能力。

本课程始终贯穿着课程思政的内容，以爱国主义情怀为代表，它是当代大学生价值观当中非常重要的组成部分。有关影视广告的内容，乍看之下和课程思政关联并不紧密，但广告学专业未来所从事和创作的内容却会涉及各个行业，影响

千千万万用户观众，因此我们必须从价值观的根上上好这一课。本课程中融入的价值观、爱国主义情怀、乡土情怀、文化自信等元素，无不在点滴处感染和影响每位同学，使得他们可以更好地了解中国、了解中国文化、了解中国市场和企业，为他们日后的学习和工作奠定良好的基础。

三、艺术类专业课程思政案例

电影《熔炉》中的思政教学

课程名称： IP改编影视作品赏析

课程性质： ☑公共课　□专业课

课程类别： ☑理论课　□实践课　□理论实践一体课

课程所属学科及专业： 文学艺术学科影视文学专业

授课教师： 王晓頔

授课对象： 大一至大三本科生

一、课程简介

本课程主要围绕文学影视市场中占据主流地位的改编作品展开，分别对作品的最初文学形式和之后改编的影视形式进行详尽的分析与鉴赏。从作品的文学性和影像化两个角度出发，解读经典作品，分析作品背后的创作背景、社会表达和思想内核。课程内容丰富，涉及知识广泛，有较高的趣味性和艺术性，课堂上能实现与学生的充分互动；旨在拓宽学生眼界，提升学生艺术鉴赏能力和分析能力，以及培养学生对文学影视作品的兴趣；同时注重对学生们道德品质的培养，坚持党的理想教育，树立坚定正确的价值观念。

本课程以课堂讲授、影片鉴赏和分组讨论相结合，既分析作品的文学性，又从影视剧制作角度分析作品的展现，是一门综合性很强的通识教育课程。课程涉及领域包括文学、电影、电视剧、编剧等专业知识，与当下社会有高度的结合，符合培养高素质人才的基本要求，培养学生良好阅读习惯的同时，提升分析解析能力，并初步掌握影视改编与剧本创作的专业化基础知识。本学科选取素材广泛，能满足学生对不同文化的深入发掘；强化逻辑思维模式，培养学生的艺术创造性；帮助学生们建立理想，树立正确的世界观、人生观和价值观，是大学生通识教育培养的重要一课。

二、课程思政元素发掘

本课程各个章节在授课时可能包含的思政元素如下。

元素1：第一章《权力的游戏》赏析中可以引发学生对封建制度的批判和思考。《权力的游戏》中引用了一些现实历史事件作为创作背景，比如玫瑰战争和伊丽莎白一世，可由此延展，让学生们了解西方帝国主义，体现我国社会主义制度的优越性。社会主义制度的优越性是以尊重人民群众的历史主体地位为根本基础的，不可能脱离人民这个历史主体的积极性、主动性和创造性而存在。在社会主义条件下，人民不仅是先进生产力的创造主体，而且是为解放和发展生产力提供制度保证的直接承担者；不仅是探索社会主义发展道路的认知主体，而且是社会主义建设的理论、路线、方针、政策的直接实践者；不仅是物质文明、政治文明和精神文明创造活动的价值主体，而且是社会全面进步和人的全面发展的直接推动者。

元素2：第二章《白夜行》赏析中，就日本少年犯以及其引发的社会问题及其弊病，引申出社会主义法治建设。健全社会主义法治，不仅要从制度上、法律上保证人民当家作主，而且要从制度上、法律上保证党的执政地位，实施依法治国的基本方略。社会主义民主是社会主义法治的前提和基础；社会主义法治是社会主义民主的保障，两者不可分割。只有坚持和不断健全社会主义民主和法制，才能有效地贯彻落实科学发展观，建立社会主义法治国家，发展社会主义事业。

元素3：第三章《霸王别姬》赏析中，可以结合故事中的时代发展脉络，简述中国近代史，以影片中人物的实际经历，使学生们了解中国人民曾经的苦难，更加坚定只有共产党才能救中国的历史必然，引导学生继承和发扬优良的民族精神和革命传统。

元素4：第四章《流星花园》赏析中，通过介绍日本动漫产业和其占据日本GDP的巨大比重，以及其全球化的文化输出，引申到文化强国的重要意义。文化创意产业经历了从无到有、从小到大的发展过程，它在我国经济增长转型过程中一直发挥着重要作用，并且在政府的大力扶持下，已逐渐成为最具潜力的支柱产业之一。大力发展创意产业，不仅能够引领我国经济发展，而且能够转变经济发展模式，助力创新型国家建设。大动漫时代背景下，随着政策效应的逐渐扩大，文化强国被作为国家战略得以重视，文创产业这一朝阳产业已经成为经济发展的新蓝海。

元素5：第五章《朗读者》赏析中，通过介绍各国电影对战争题材的不断深入探索，使学生们了解到战争的残忍性以及战争发动者的残暴，其中，会重点讲述中国人民受到的战争侵害，以及在共产党的领导下，中国人民进行的艰苦卓绝的大无畏的抗争，使学生真切感受到革命先辈的伟大和如今幸福生活的来之不易。对学生进行理想教育，始终高举共产主义理想的旗帜。

元素6：第六章《熔炉》赏析中，通过韩国《熔炉法》的建立以及原作真实创作背景，使学生们认识到在资本主义社会看似平和的世界里，普通人的人生轻

易被权贵碾压，资本控制一切的丑恶。体现社会主义制度的优越性，引导学生树立正确的世界观、人生观和价值观。提高学生的法治意识和法律知识水平，引导学生在政治上和党中央同心同德。

元素7：第七章《神探夏洛克》赏析中，通过对经典小说《福尔摩斯探案集》的赏析，让学生看到经典IP的影响力，感受到文化强国的重要性，激发大家的创作热情，未来能致力于将我国的文化理念和价值观输出到国外。

三、教案设计

（一）教学目标

1. 知识目标

学习根据真实事件改编的IP内容。学习把握IP改编过程中人物的设置与重塑。学习影视作品中意象的概念。

2. 能力目标

通过分析人物，使学生理解改编作品中从书面到影像的转换与结合，基本了解影视作品中意向的设置与呈现，提高学生分析社会事件的能力和判断力。

3. 价值目标

帮助学生树立有正义感的价值观，提高学生的法治意识和法律知识水平，使学生们感受到社会主义制度的优越性。

（二）教学内容

1. 电影《熔炉》创作的时代背景

2000年至2005年，光州福利残障学校校长连同数十名老师，对校内聋哑学生施行了长达5年的虐待和性侵，受害学生最小的仅7岁。权钱交易下，罪犯仅处以轻判并缓刑。作家孔枝泳根据这个事件创作了小说《熔炉》，演员孔刘在读了小说之后，推荐经纪人将其策划拍摄成电影。

韩国的社会环境、财阀对政府的操控、对人民生命财产的蔑视是发生熔炉事件的原因。光州当地私立听障学校下属特殊学校、庇护工厂、社会设施院，是获政府补助又能向企业募款的社福法人单位，又是私立学校，受《私立学校法》和《社会福祉事业法》的双重保护，经营自主，完全不受外界监督，已发展为家族式企业，高层皆为亲戚姻亲。

2. 《熔炉》作品概要

来自首尔的哑语美术老师姜仁浩来到雾津，应聘于慈爱聋哑人学校。天降大雾，他意外撞车，维修时邂逅了人权组织成员宥真。姜仁浩妻子早亡，8岁女儿松儿天生哮喘由祖母照看，所以他不辞辛苦谋职养家。然而，双胞胎的校长与教导主任竟向仁浩索贿 5 000 万韩元，并美其名为学校发展基金。同时，姜仁浩逐渐发现学校笼罩着一种紧张压抑的气氛，令人窒息。尤其有三个孩子引人关注：聪颖的金妍斗和贪吃的陈宥利总是躲闪，全民秀总是满脸淤青。下课后，仁浩还听到女厕所中有呼喊与哭泣，在门卫的阻拦下他未深究。之后，他意外目睹了校长行贿警察、教导员毒打民秀、宿舍督导溺罚妍斗的行径。仁浩在权势与正义间抉择，一个惊天的隐秘被慢慢揭开，真相震动整个韩国。然而并没有取得司法的胜利，在权力与金钱的影响下，恶人只是被轻判。

3. 改编作品的基本人物设置法则

（1）相似性：改编作品中的人物与原创作品不同。原创作品是由人物带领进入故事，而改编作品则已经有了固有描述的样子。因而相似性是改编作品的重要法则，无论从妆容上还是服化上，都要高度接近原著本身。

（2）丰富性：文学作品是与影视作品不同的艺术形式，在影视化过程中必然会有其局限性。所以通过镜头语言将原著的人物丰富起来，是每一部 IP 改编作品的第二个重要法则。

（3）人物与氛围的结合：镜头是人物设置最有力的补充，完全可以达到甚至可以超越文字的表现力。这是人们对改编作品的期待，也是其魅力所在。

（4）人物特质：小人物面对罪恶有畏惧，但是冲破了困境，具有牺牲精神。通过小人物身上的英雄意志引申讲述革命先辈们的牺牲精神，以及对正义和光明的伟大追求。

4. 作品中的意象

（1）意象的概念：意象是创作者的主观感情对所呈现的物像的解构后的重构，是隐性的“意”与显性的“象”的融合以及主观感情与客观物像的统一体。导演在通过影像传达情感、意识的过程中，通过不同“意象”的构成来传达影片内涵。

显性的“象”是指在影片中可见的、直观的影像元素，是受众在观看影片时可以直接观看到的基本的视觉元素。隐性的、非直观的“意”有着重要的隐喻的表达作用。这些隐性的“意”通常是由物、景等“象”来表现的。

（2）《熔炉》中的意象：意象既可以是象征物，又可以是关键道具，还可以是故事支点。

影片镜头多次给了玻璃：第一次是仁浩坐在徐宥真的车里一起进入雾津这个地方；第二次是徐宥真在警局吃了闭门羹后赶回首尔去电视台；第三次是拒绝被收买的仁浩打破了自己的车窗；第四次是抗议民众以卵击窗；最后一次是民秀的遗像在防暴警察的脚下变得粉碎。

被撞的小鹿和被火车撞的男孩，其意象是稚嫩和早夭。

雾都的意象是真相的混沌。

这种意象实则是对社会法制的发问。法律制度看似健全，实则在财阀的操控下，最应该受到庇护的群体反而遭到了如此苦难的侵害。这是非常具有反思价值的。

(3) 其他作品中的意象：霸王别姬的意象——剑。蝶衣第一次看到剑，代表了少年甜梦——有了剑才是真霸王。在袁四爷家看到剑，代表强权。解放后被搜查出的剑，代表过去的腐朽。最后自刎的剑，使故事回归到霸王别姬的结局。

5.《熔炉》的影响

2011 年 9 月电影《熔炉》上映。网络上出现要求重启调查百万人签名活动。

《熔炉》上映第 6 天，光州警方组成专案小组重新侦办此案。

电影上映第 37 天，韩国国会以 207 票赞成、1 票弃权通过“性侵害防止修正案”，又名《熔炉法》。要点：性侵女身障者、不满 13 岁幼童，最重可处无期徒刑；废除公诉期。

《熔炉》下档后一个月，光州私立听障学校被取消社会福祉许可证。

经过一路艰辛，《熔炉》最终成为一部改变一个国家的电影。

本课程通过这部电影，着重阐述法治建设的重要性以及我国社会主义法治建设有法可依、有法必依、执法必严、违法必究的理念，并概述我国社会主义法治建设的发展。引导学生们积极踊跃讨论，从自身感受出发，感受正义感带来的触动，树立正确的世界观、人生观、价值观。

(三) 教学手段与方法

通过多媒体教学的方式立体呈现课程内容。讲演和启发并行，引导学生积极参与讨论和思考，自发树立正确的价值观。

(四) 教学过程

教学过程见表 1。

表 1

教学过程	教学时间	教学方法	能力培养
1. 引言 通过最近热门事件“素媛”案罪犯即将刑满释放的新闻，引入对韩国司法产生深远影响的 IP 改编作品《熔炉》。同时给学生们讲述目前韩国的社会弊端。使学生了解资本主义世界的残酷一面，体现我国社会主义制度的优越性	8 分钟	讨论法	对热门新闻事件的关注力和发散思考能力

续表

教学过程	教学时间	教学方法	能力培养
2. 视频观看和赏析 通过剪辑视频，了解整部电影的大体内容和其中的精彩镜头，对重点剧情进行剖析	8 分钟	多媒体教学	提高学生审美能力和鉴赏力
3. 人物解析 （1）IP 改编的重中之重是人物改编：从学生们日常熟悉的粉丝文化引入，讲解 IP 改编的基本人物设置法则。 （2）影像化对原著人物的丰富：重点剖析主人公姜仁浩的设置，使学生理解人物的饱满更加促使故事扎实的呈现。通过君子兰的细节引入第二个知识要点——意象。 （3）英雄与小人物：提出普通人的正义感，使学生树立正确的世界观、人生观、价值观。进行理想教育——不加入恶是起码的人生底线	10 分钟	讲授法 案例分析法	从兴趣出发理解知识要点，提升学生的创作力和分析能力，注重学生的品格培养
4. 作品中的意象 （1）意象的概念：显性的象与隐性的意。 （2）《熔炉》中的意象、表现形式以及其内涵：被撞的小鹿和被火车撞的男孩对应稚嫩与早夭；玻璃的意象是透明与脆弱。 （3）其他作品中的意象：《霸王别姬》中的剑	18 分钟	讲授法 案例分析法	指导提升学生的艺术鉴赏能力
5. 总结 （1）优秀 IP 改编作品的力量促使《熔炉法》诞生。 （2）我国社会主义法制建设的步伐	6 分钟	讨论法	培养学生独立的社会性思考能力

四、教学效果分析

通过课上的调研可以发现，学生们对于韩国影视接触最多的还是爱情式的韩剧，对类似于《熔炉》这样的现实主义作品了解得很少。因此在学习之后，学生们表现出了震撼。这种震撼主要来源于四个方面：其一，学生们没想到在发达资本主义国家会发生这样的真实事件。其二，资本主义政治制度的弊端显而易见，在财阀的操控下法律成为一纸空文。其三，被小人物的正义感所鼓舞，同时对生活在社会主义制度下充满了信心，坚定了对未来的期许。其四，通过对专业知识的学习，一定程度上提高了鉴赏能力和审美趣味。

对授课教师而言，在课程中加入思政元素的教学，取得了较好的效果。有比对才有体悟，有体悟才会有信服，有信服才会有建设祖国的决心。显然思政教育进课堂是有巨大意义的。

文化基因与当代思政

课程名称： 书法鉴赏与练习

课程性质： ☑公共课　□专业课

课程类别： □理论课　□实践课　☑理论实践一体课

课程所属学科及专业： 文化与传播

授课教师： 郭兴华

授课对象： 大学一、二年级本科生和外国留学生

一、课程简介

随着时代的发展，中华传统文化的教学在当今高校教学中越发重要。习近平总书记多次强调中华传统文化、文化自信的重要性，在他的治国理政思想中，也把传统文化的精髓作为指导当下的重要依据，尤其是“人类命运共同体”思想的提出，得到了广泛的国际认同，而这些思想都源于中华民族几千年的文化积淀。2020 年 9 月 22 日，习近平总书记又对美育教育做出了重要指示，这种民族文化品质无疑对中华民族的崛起而言是不可或缺的，甚至应该成为新时代中华民族基础性思想建设。

课程形式是书法理论加实践，通过以点带面的形式让学生系统学习中华传统文化，再通过书写实践落实课堂所学的美学思想。课程内容包含汉字起源、历史演变、中华传统文化哲学思辨思想与书法紧密联系、文脉延承与民族文化基因。学生通过文字学、美学、书法学三个方面的学习，系统了解中华传统文化精髓，从中吸取智慧营养，达到对书法艺术的基本鉴赏能力并掌握一定的实践技巧。

书法艺术承载着中华民族五千多年的综合智慧，通过学习书法，可以让学生深刻领会到中国古典哲学的智慧、艺术思考的智慧、创造力、想象力的智慧，提升文化自信，发掘创新潜质，激发创新能力。新时代最需要的莫过于创新人才，因此，创新能力的培养对于当代大学生而言尤为重要，而艺术教育尤其是书法艺术教育，具备传统文化教育、思政教育和创新能力教育三大基本功能。

二、课程思政元素发掘

本课程各个章节在授课时可能包含以下思政元素。

元素 1：书法中蕴含着《易经》、儒家、道家等哲学思想精髓，这些思想和智慧不仅属于文化范畴，更属于思政范畴，而且，这些优质的民族智慧在五千多年来一脉相承，从甲骨文造字的宇宙观到书体演变的艺术智慧，同样属于中国特色，必须在当代得到有效传承。因此，教学中把文字学、哲学和书法技法融为一体，形成艺术教育密切联系思政的教学特色。

元素 2：通过梳理中华传统文化、历史人文思想、当代国家发展理念和社会主义核心价值观，几者有机承接，把思政元素上升为美学思想，使学生在学习书法的同时，思考一脉相承的中华文化，既追根溯源又联系当今国家民族发展现状，内容丰富、通贯古今，形式活跃，易于接受。

三、教案设计

（一）教学目标

1. 知识目标

通过本节课程的学习，了解甲骨文“中”“华”的造字智慧和演变，领悟“中华民族”深层美的精神追求，了解中华民族“中正、中和”及“追求繁盛”的文化基因，强化文化自信意识和中华民族共同体意识。

2. 能力目标

通过文字学、美学、书法学三部分的讲解，学会“中和”的美学理念，并通过书法实践体会“中和”做人做事的方法。习近平总书记的“人类命运共同体”思想，就是传统文化“和”的理念，这是中华民族几千年来追求的文化核心，没有人类命运共同体的理念，就没有将来美好的世界。

3. 价值目标

了解中华民族文化理念从造字开始，就具有深层的美学内涵，且五千多年一脉相承，直到当代从未改变，这种强大的文化基因依然是中华民族屹立于当今世界民族之林的强大动力，从而树立文化自信，传承民族精神。

中华民族的语言文字不仅是一种交流沟通的工具，更是民族精神、民族品质、民族内涵的具体体现，每一个汉字都是一个精彩的中国故事。通过每个汉字的精彩故事，讲好当代中国的精彩故事。

书法艺术作为世界非物质文化遗产，不仅是书写技术，更是中华民族哲学智慧的集中体现，展现了中华民族非凡的想象力、创造力，反映出中华民族的宇宙观、世界观、社会观、自然观，内涵丰富、博大精深。通过以技法带动文化，以文化体现技法，理论紧密联系实践的书法教学，让学生深入理解中国书法艺术的文化内涵，进而理解中华民族的智慧及传统文化的精髓，以及和当代思政的联系及因果关系。

（二）教学内容

书法作为一种中华文化的载体，承载着中华民族的哲学智慧、民族思维模式和中华民族精神，具有深刻的启发意义。书法技巧是书法法度的具体要求，无论历史上哪一位书法家的作品都具备相同的哲学共性，但技巧千差万别。如果围绕技巧展开教学就失去了书法教学的真正意义。教学难点在于，如何解读中国书法的本质和各个书家技法的因果关系、五千年文化精髓和当代思政的传承关系，以及如何激活优秀传统文化在当代活的因子，让五千多年一脉相承的优秀基因继续得到传承发扬。

（三）教学手段与方法

本课程采取理论结合实践的教学方法。通过理论讲解，让学生不仅知道是什么，更知道为什么，知其然更知其所以然。每堂课采取文字学+美学+书法练习的方法。每堂课深入解读两个汉字，结合讲解汉字的内涵，进一步拓展出一个美学点，通过书法练习进而实践这一美学思想在书法中的应用，从而达到理论联系实际的教学效果。

教学中，对于汉字造字和演变的解读，运用了动画视频的教学方式，更便于学生直观地学习。美学思想部分运用举例、类比、讲故事等方式，避免之乎者也等晦涩难懂的言语教学，让学生更直截了当地学习到美学的精髓并加以课堂实践，从而实现通过书法技法剖析文化内涵，再通过文化内涵联通思政教育的活跃课堂形式。

（四）教学过程

把中华文化精髓总结成320个美学点，以点带面地系统阐释以《易经》、儒家和道家思想为主线的中华优秀传统文化；把书法中的美学点按照由易到难、层层递进的原则，循序渐进地讲解书法艺术所蕴含的深刻内涵；从鉴赏能力的提高带动书法技巧的掌握，再通过书法技巧的不断提高深入领会书法中的哲学智慧，进而打通到当代思政的深刻理解。

每堂课分为三个部分：汉字学+美学+书法学。以“中华”这堂课为例，第

一部分通过说文解字对“中”“华”二字进行汉字造字、演变分析，让学生了解自“中”字造字之初就代表三层含义：①和平地带；②核心地带；③贯通思想。可以得出，“中华”的“中”就借助造字的三层含义来定义中华民族的概念，即爱好和平（和平地带）、努力进取（核心地带）、崇尚智慧（贯通思想）。“华”字造字含义最初为植物繁盛，后来演变为文化全方位繁盛，由此，中华民族的概念从甲骨文造字的初创课理解为“爱好和平、努力进取、崇尚智慧、追求繁盛的民族”。第二部分，通过“中”字造字内涵延伸出“中和、中正、中庸”的美学理念，本节课重点对“中和”进行详细解读，让学生了解五千多年来中华民族一直奉行中正的美学原则。第三部分，结合前面两部分对“中”字和“中和”的解读，明确中国书法是基于传统哲学理念的表现形式之一，进而深入解读书法艺术中如何体现了“中和”的思想。首先，要中锋用笔。其次，所有笔毛要合在一起，尤其是转折的时候坚持“中和”原则。这既是书法的要领，又是做人做事的美学，从而让三部分环环相扣，层层递进，既有理论讲解，又有课堂实践，既介绍了书法技巧，又和传统文化的核心精髓紧密相连，使学生从优秀传统文化中吸取有益营养，进一步理解当前国际局势下，习近平总书记所倡导的治国理政思想是与传统文化一脉相承的民族智慧。

四、教学效果分析

本课程追根溯源，让学生系统掌握中华文化起源、传承及发展脉络，有助于打通优秀传统和当代思政的机密关联性；同时，以点带面，让学生深入体会中华文化美学精髓和书法中的美学追求的高度一致性，有助于深刻理解书法的法度就是美学，书法只是美学思想的一种表现形式，这是学习书法的核心要义。从文字学的角度来讲，“思政”中的“思”为美的思想，“政”为正确的文化方向，中华民族走过了五千多年的文化繁荣，只有继续坚持美的思想和正确的文化方向，中华民族才能完成复兴。

整体课程安排遵循循序渐进的教学规律，从“中华”民族的文化内涵，到传统文化“道、德、善、孝”的文脉相承，再到《易经》文化的“自强不息、厚德载物”，再到儒家文化的“仁义礼智信”“温良恭谦让”，再到“国”与“家”的概念，再到“兴盛发达”民族复兴的解读，再到当代“创新、协调、绿色、开放、共享”的发展理念，其中深入解读了“人类命运共同体”“创新、开放”等思想。整体课程按照从传统到当代文脉传承规律，让学生找到当代思政思想的根源，从传统美学思想中吸取当代有益的营养，从而从学习“是什么”深入“为什么”，以达到对当代思政思想从深刻认识到自发行动的教学目的。

马克思主义史学观在艺术欣赏中的应用

课程名称： 西方美术作品欣赏

课程性质： ☑公共课　□专业课

课程类别： ☑理论课　□实践课　□理论实践一体课

课程所属学科及专业： 艺术类

授课教师： 李庆新

授课对象： 本科生

一、课程简介

西方美术作品欣赏课属于艺术素养普及课，教学目标在于提高本科学生的艺术鉴赏能力。艺术教育课是提高大学生综合素质的重要环节，它符合当今大学教育的进步理念。本课程涉及西方古代、近代及现代历史发展的常识，各时期艺术风格变迁的内在逻辑，以及各时期艺术家的思想状况、技术状况和其作品的美学特征等方面。学生在完成本课程学习后，应该对西方历史进程和美术发展变迁的内在关系有比较完整的理解；具备相应的美术史知识；在面对西方艺术作品时，可以运用所学知识对作品的美学价值进行判断，并在欣赏的过程中感受审美上的愉悦。本课程是美育课，和对真与善的发掘培养是相辅相成的关系，对新时代提高大学生艺术素质、完善道德人格都能起到重要作用。

二、课程思政元素发掘

元素 1：运用马克思主义史学观来分析特定历史阶段与美学的关系。

元素 2：运用客观唯物主义的美学观阐述美学现象发生和发展的规律。

三、教案设计

第一讲：艺术欣赏综述及原始社会的艺术。

（一）教学目标

让学生理解“美术”与“欣赏”的内涵和外延；掌握美术欣赏的科学方法；了解原始社会美术产生的现实状况和原始艺术作品的美学特征；懂得如何欣赏原始之美。

（二）教学内容

（1）美术欣赏课的初衷和教学方法。
（2）“美术”的概念及概念来源。
（3）“美术欣赏”应该欣赏什么。
（4）原始社会的现实状况；原始美术产生的动因（艺术的起源）。
（5）原始美术与宗教的关系。
（6）拉斯科洞窟和阿尔塔米拉洞窟壁画之比较。
（7）重点解释：壁画《牛与人》、雕塑《原始维纳斯》。

重点1：首先，解决很多人内心都存在的困惑，即“面对艺术作品，我不知道该怎么欣赏”这样的问题。

重点2：艺术的起源问题。

重点3：如何理解和欣赏原始社会的美术作品。

（三）教学手段与方法

本课程以作品图片展示配合讲解为主要教学方法，中间插播相关短视频作为辅助教学手段。把老师比喻为导游、把学生比喻为游客，按照这一教学思路，调动学生主动参与的意识。运用马克思主义历史观阐述原始社会的历史形态，侧重讲述劳动在人类文明进程中的巨大作用。在讲解“艺术的起源”部分时，分析各种起源学说的局限性以及唯物主义劳动学说的科学观。课堂讨论或提问《原始维纳斯》到底美在何处，让同学们参与讨论。

（四）教学过程

1. 教学总体思路

两节课，用时共100分钟。教学总体思路设置为：第一节课主要讲解美术欣赏的理念和方法；第二节课主要讲述原始社会美术形态，并对几件艺术作品进行具体分析。

2. 具体教学过程

（1）第一节课：

①强调美术欣赏课的初衷在于提高修养、培养情操，它是培养新时代人才的必要课程，也是新时代大学生在心灵上自我道德净化的重要环节。美术欣赏课更强调实际应用方法。本课主要站在马克思主义历史的、美学的立场上，以西方美术史为纲线，对西方不同时期的美术作品加以概括和归纳，介绍经典艺术作品的生成背景、历史贡献和审美方法。

②讲述西方“美术”概念的缘起和演化，用唯物主义历史观阐述“美术”作为一个学科在历史中的变迁。同时，比较中国关于艺术和美术的理论认知和学科划分方法（中间提问“英语中‘美术’的称谓”）。

③强调“美术欣赏”不是简单的直觉感受，而要通过一定的知识积累，加上一定的审美经验，才能在艺术作品中获得审美快感，这才是训练有素的欣赏(讨论各自以往的审美经验)。

④分析“欣赏”作为一种个人体验的客观性和主观性。欣赏艺术作品要把握的几点要素：主题、技法和风格。

⑤回归到本课教学方法问题：教师是导游，学生是游客，我们一起在西方美术几千年的风景区观光。

（2）第二节课：

①讲述人类文明的历史分期，用唯物主义历史观阐释人类进化的过程；分析原始社会早期人类面临的种种问题。

②探讨艺术的起源问题，列举已有的起源学说，包括模仿说、游戏说、巫术说和劳动说等。以鲁迅的诗歌起源论为例，用唯物主义“劳动创造人”的科学进化论来论证艺术的起源。

③展示 PPT：法国拉斯科洞窟壁画，阐述原始美术与早期宗教的关系。强调早期人类认识自然的局限性，原始宗教是人类生存愿望的延伸。

④以壁画《中国马》为例分析原始壁画的绘画方法。

⑤以壁画《野牛与巫师》为例分析作品内涵（中间穿插提问或简单讨论）。

⑥展示 PPT：西班牙阿尔塔米拉洞窟壁画，与拉斯科洞窟壁画作比较，分析地域、材料的不同对绘画风格的影响。同时总结原始壁画在“美”与“实用”之间的关系，以及现代人对原始壁画的审美立场和审美方法的建议。

⑦展示 PPT：新石器时期的户外岩画。以贺兰山岩画为例，分析图腾崇拜的意义。介绍关于早期人类迁徙和文化流动的相关学说。

⑧展示 PPT：雕塑部分，阐述原始雕像的形态特征（穿插提问或讨论早期雕

塑为什么都形态小巧)。

⑨展示 PPT:“原始维纳斯”,讲述其形态构造、发掘情况及其在考古学上的意义。讨论其美学意义(提问或讨论“《原始维纳斯》到底美在何处?我们应该怎么欣赏?”等问题)。

⑩展示 PPT:巨石阵,讲述其为今天历史研究带来的困惑。播放短片《巨石阵》(约 7 分钟)。

⑪对原始社会的美术一课做总结。重述美术在原始人类社会中的重要作用,并且阐明立场:我们应该采取科学、唯物的立场和方法来欣赏早期人类的文明成果。

四、教学效果分析

本课程的教学内容和教学设计符合本科生的知识水平和认知规律,通过多种教学手段,在为学生普及知识的过程中也陶冶了他们的情操。

本课程本着寓教于乐的指导思想,将马克思主义史学观和社会主义价值观、人生观融汇于教学达过程中,起到了润物细无声的效果。从学生在课堂、课后的直接反映以及“学评教”的反馈来看,教学效果还是相当不错的,绝大多数同学认为,在收获知识、提高修养的同时,还增强了政治观念,提高了思想觉悟。

思政视角下的《嘎达梅林》音乐赏析

课程名称： 音乐名曲欣赏课

课程性质： ☑公共课　□专业课

课程类别： □理论课　□实践课　☑理论实践一体课

课程所属学科及专业： 音乐学

授课教师： 杨伶

授课对象： 各专业本科生

一、课程简介

音乐名曲欣赏课从审美欣赏的高度剖析作品的艺术魅力之所在，引导同学们在欣赏中外名家名曲的审美活动中提高音乐素养和艺术鉴赏水平，达到拓宽视野、丰富知识、陶冶情操、净化心灵、愉悦身心的教学目的。

本课程以辅导学生欣赏中外名曲为主线，曲目主要包括古今中外、不同时期、不同流派的多种题材和体裁、各种形式的音乐名曲，其中既有中国古代音乐、近现代音乐，也有欧洲不同时期、不同风格音乐。课程选取的都是耳熟能详、久演不衰、脍炙人口的名家名曲，既具有较高的艺术性，也有一定的思想性和代表性。在赏析音乐名曲的同时，扼要介绍与音乐欣赏相关的音乐知识，并阐述各个历史时期的音乐流派、历史背景、代表作曲家以及他们的生活经历、创作思想、音乐成就、代表作品、创作个性和艺术风格以及相关的轶闻趣事。

本课程力求融艺术性、思想性、知识性与趣味性于一体，多角度、立体式地向同学们展现一个广阔而迷人的音乐世界，带领同学们走进音乐殿堂，感受音乐的艺术魅力，接受美的熏陶，从而激发对美的追求，力求在自我完善化的过程中，培养出高尚的情操、高雅的格调和崇高的精神境界，成为一个有理想、有道德、有文化，热爱祖国的大学生。

二、课程思政元素发掘

本课程各个章节在授课时可能包含以下思政元素。

（一）培养学生的爱国情怀和民族自豪感

中国有着五千多年光辉灿烂的历史文化，疆域辽阔，民族众多，音乐文化更是丰富多彩、各具特色，不同时期涌现出许多杰出音乐家，他们创作了浩如烟海的优秀音乐作品，这些作品都是音乐艺术的瑰宝，给人类留下了宝贵的精神财富。例如，我们课程中欣赏和讲授的《渔舟唱晚》《潇湘水云》《春江花月夜》等描绘了祖国的大好河山，古曲《梅花三弄》《高山流水》《幽兰》等具有很高的艺术性和思想性，而《十面埋伏》《阳关三叠》《广陵散》则蕴含着祖国丰富的历史文化。我们今天在欣赏这些作品时，除了感知它们的艺术美之外，还会产生一种强烈的民族自豪感，并且由衷地更加热爱自己的祖国。

（二）引导学生珍惜美好生活，激发学生的责任感和使命感

每一首名曲都有它产生的时代背景，对比不同的时代背景和音乐所表达的思想情感更能让学生珍惜美好生活。例如，在欣赏《黄河》《义勇军进行曲》等乐曲时，结合这些乐曲的背景，对比当今的生活，引导学生感受到祖国在中国共产党的领导下逐渐强大和人民安居乐业的幸福生活，有助于激发学生的责任感和使命感。

（三）加强学生的爱国主义教育

郭沔的《潇湘水云》、蔡文姬的《胡笳十八拍》、西贝柳斯的《芬兰颂》、肖邦的《C 小调革命练习曲》等都是反映爱国主义思想的作品，在欣赏这些作品时，结合我国的现状进行爱国主义教育，让同学们知道国家贫穷落后时国民面临的境遇和抗争，每个人的命运和发展与国家的命运息息相关，生活在今天的中国既幸运又幸福，所以要牢记历史，缅怀先烈，爱党爱国。

三、教案设计

（一）教学目标

（1）通过欣赏音乐名曲《嘎达梅林》，培养学生高雅的审美情趣，提升学生

的综合素质。

(2) 以欣赏音乐名曲《嘎达梅林》为抓手，增强知识性、趣味性、史料性，使学生在寓教于乐的气氛中在一定程度上掌握欣赏音乐的方式方法。

(3) 提高学生对音乐的感知能力、理解和分析能力，培养学生欣赏音乐的热情，直接或间接了解一些音乐史事。

(4) 让学生在音乐中感受人间人情冷暖、社会政治风云变幻，体会人生五味杂陈，接受心灵洗涤，健全人格品德，加深人文修养，树立正确的人生观、世界观、爱情观。

(5) 让学生接受美的熏陶，从而激发对美的追求，拥有高尚的情操、高雅的格调和崇高的精神境界。

(二) 教学内容

在课程的讲授中主要突出三方面的内容：

第一，知识性内容，包括音乐知识、背景知识、作曲家的生平简介、相关的音乐故事。

第二，音乐感知和感受性内容，以提高学生的音乐感知力和理解力。主要通过音频和视频资料，加以引导性提示来实现。

第三，道德情操和思想境界的提升。通过音乐欣赏，以及音乐作品本身带给学生的情感震撼，引发学生的同感，引导学生向内思考，树立正确的人生观、价值观。

(三) 教学手段与方法

以欣赏音乐为主，以讲音乐内外故事为辅，既吸引学生的注意力，又在此基础上巧妙地讲解赏析知识，寓教于乐。

充分利用优质的视音频资料，利用技术手段，让学生全身心地沉浸式体验，充分体会到音乐的美。

讲解与讨论并重，让学生在欣赏音乐之后充分表达自己的感受，在相互交流和研讨中提升自己的审美感受力。

(四) 教学过程

《嘎达梅林》音乐赏析整个教学过程分为四个环节：首先向同学们简要介绍作品，让同学们对音乐背景有一个初步的了解；其次进行整体的音乐欣赏，让同学们对音乐作品有一个整体的感受；再次分段播放音乐，分段解析，并将相关的知识和相关的思政点传达给学生；最后请同学们再次聆听整部乐曲，感受音乐的魅力。

1. 简要介绍作品

嘎达梅林（1892—1931），是一位蒙古族英雄。蒙古族名为“那达木德”，汉名为“孟青山”，乳名为“嘎达”。曾在王府任梅林职，掌管军事。所以人们又称他为“嘎达梅林”。他领导的这次起义爆发于1929年哲里木盟达尔罕旗（今科尔沁左翼中旗），这是一次反对军阀张作霖和蒙古王公屯垦开荒、霸占草场、掠夺人民的起义斗争，前后历时数年，扩展到四五个旗县，影响很大。起义军转战数年，最后在强大敌人的联合进攻下，在黄花敖包脚下的乌力吉木红河（新开河）一战中，部众全部战死。他弹尽粮绝，誓不投降，在泅渡至河中心时中弹牺牲，表现了起义者大无畏的英雄气概。

2. 欣赏和体会音乐

先整体播放音乐，让学生沉浸其中体会音乐的美。

在音乐播放完成之后，引导学生表达自己的音乐感受，畅谈自己的感想，为进一步对音乐进行评析奠定基础。

3. 分段评析音乐

（1）引子：

小提琴奏出平稳、宽广的背景音调，它由经过拉长时值处理的民歌前半句旋律变化而来，描绘了一望无垠的内蒙古大草原的自然风光。

（2）呈示部：

主部主题：来自民歌的变化发展，优美而抒情，展示辽阔无际的草原孕育了民族英雄嘎达梅林。

副部主题：此段音乐声势浩大，具有强烈的反抗性。大跳进的音调具有号召意义，塑造了人民反抗斗争的鲜明形象。

（3）展开部：

乐曲以战马奔腾的马蹄节奏描绘了嘎达梅林率领蒙古族人民为了生存和自由，在大草原上与封建势力展开的惊心动魄的战斗场面。

（4）再现部：

主部主题：音乐辉煌壮阔，它对嘎达梅林及蒙古族人民的斗争精神作了热情洋溢的赞颂。

副部主题：通过反抗主题，描绘了被围困的起义部队重新投入战斗，在一片刀光剑影中，英雄壮烈牺牲，战斗的悲剧性的结局。

（5）尾声：

由提琴以沉重的感情再现了民歌主题，表达了人们对英雄的哀悼。随后，把悲伤的悼歌变成了对英雄的颂歌。

4. 讨论总结

在分段评析音乐之后，安排简短的讨论，解答同学们的疑问。然后对课程的知识内容和思政点进行总结。最后重新播放音乐，让同学们再次体会完整的音乐感受。

四、教学效果分析

将思政点贯穿到音乐欣赏中，学生不仅体会到了音乐的美，也更加关注其中蕴含的思想内容。有学生在课程之后说道："我们庆幸生活在和平的年代，看不到硝烟，听不见隆隆的炮声，那是因为我们国家一天天强大起来了。但我们得牢记，世界上还有战争，只要还有阶级，还有贫富，战争就可能会发生。我们更要牢记，国家贫穷落后是注定要挨打的，我们要防患于未然，努力实现复兴中华民族的强国梦。我们还要清楚地看到，这个世界还不太平，强权横行，拉帮结派，我们国家还未完全统一，敌对势力一直在我国周边虎视眈眈。作为当代大学生，我们要有忧患意识，要有责任感、使命感。"

胶州秧歌教学

课程名称：中国传统文化艺术——中国民间舞蹈

课程性质：☑公共课　□专业课

课程类别：□理论课　☑实践课　□理论实践一体课

课程所属学科及专业：健康与艺术类

授课教师：王阳阳

授课对象：全校公共基础课

一、课程简介

公共艺术课程是我国高等教育课程体系的重要组成部分，是普通高等学校实施美育的主要途径。公共艺术课程教学是普通高等学校艺术教育工作的中心环节。中国传统文化艺术——中国民间舞蹈课程是为培养社会主义现代化建设所需要的高素质人才而设立的限定性选修课程，是面向非艺术类专业学生开设的艺术类公共选修课。

中国传统文化艺术是中华民族的文化记忆，沉淀着中华民族的精神品质，蕴含着中华民族的价值观，是文化记忆的载体或表现形态。中国传统文化艺术中的中国民间舞蹈是对大学生开展“传承文化记忆、强化文化认同”隐性教育的载体。本课程的开设是传承中国传统文化艺术、弘扬中华民族精神的重要载体，也是引导学生了解我国各民族历史概况、感受各民族传统舞蹈文化的重要途径。本课程以汉族、藏族、蒙古族、维吾尔族、朝鲜族等民族的传统舞蹈文化为基本内容，同时加入了一批具有浓郁地域特色的中国传统民族舞蹈文化，充实和丰富民族民间舞蹈课程教学资源。

本课程通过中国民间舞蹈的教学使学生掌握运用身体的艺术技巧，提高运用身体语言来表达情感、塑造艺术形象的能力。在中国民间舞蹈课的学习过程中，学生通过感受各个地域的风土人情，发现美、感受美、认识美，在美育上得到充分滋养。本课程培养学生对美的鉴赏和创造能力，培养学生协调的肢体和良好的气质以及高尚的情操和文明的素质，激发学生对真善美的追求。

二、课程思政元素发掘

（一）树立正确的人生观和价值观

舞蹈课整合了教育学、美学、舞蹈学等多门学科内容，是以舞蹈为手段对学生进行审美教育的一种艺术教育形式，它的审美社会功能是审美的愉悦性和审美的功利性的统一。舞蹈美育不是单纯的舞蹈技艺的传授，而是引导人在自由的身体舞动中感悟自我，发现人生与生命之美。课程对于提高学生的审美素质、培养创新精神和实践能力、塑造健全人格有不可替代的作用，使学生在舞蹈学习过程中自然地受到教育，完善自我，树立正确的人生观和价值观。

（二）感受中国审美特征与不屈不挠的精神

中国民间舞蹈课以民族民间舞的学习为主。中国民间舞蹈基础元素动作是经过历代的整理和加工创造而成的，有利于加强学生对我国民间舞蹈文化的了解，促进学生对我国传统文化的弘扬和传承，感受独具中国特色的审美特征与不屈不挠的精神。

（三）培养爱国情怀与民族自豪感

中国民间舞蹈教学使我国传统民族文化与民间舞蹈艺术得到传承，激发学生的爱国情怀。学习胶州秧歌、云南花灯、东北秧歌等汉族民间舞，增加学生对我国汉族民间舞蹈文化的了解；学习藏族、蒙古族、维吾尔族等少数民族舞蹈，加强学生对我国少数民族文化、风土人情、舞蹈风格的了解，从而形成各民族守望相助、共同团结、繁荣发展的精神，让学生主动肩负起民族复兴的伟大使命。

（四）激发责任感与使命感

在中国民间舞蹈课的教学中选用了大量富于中华传统优良品质的曲目，如：反映新西藏的新气象、表达了一代翻身农奴的深层心理和深厚情感、深情抒发藏族人民感激中国共产党的情怀的《翻身农奴把歌唱》；爱国之情与纯洁爱情浓浓交织的《吐鲁番的葡萄熟了》；充满了返璞归真原生态魅力的《莫尼山》《牧歌》；巴乌声悠扬、展现云南美丽印象的《彩云之南》《月光下的凤尾竹》；展现革命战争年代沂蒙人民和子弟兵血肉相连、军民鱼水一家亲、沂蒙精神爱党爱军的《沂蒙情》等。在中国民间舞蹈的学习过程中，学生在学习动作的基础上更多地从音乐中感受了解故事、感受情绪。除了感知中国民间舞蹈的艺术美之外，学生也会产生一种强烈的民族自豪感，由衷地更加热爱自己的祖国，从而激发自己的责任感和使命感，并为中国梦的实现持续奋进。

（五）培养耐心与持之以恒精神

作为全校公共选修课，本课程的授课对象大多是没有舞蹈基础的学生，因此在每节课的练习过程中，教师要及时对学生进行思想上的引导。当学生因训练而感到疲惫时，教师要及时对学生进行鼓励，培养学生吃苦耐劳的精神；当学生因学不会动作而放弃时，教师要及时对学生进行积极疏导，从思想上进行引导，潜移默化中使学生感受持之以恒的内在精神力量。在学习过程中磨炼意志，坚定信念，刻苦钻研，勇攀高峰，学会正确对待人生中的挫折，学会在逆境中奋起。

（六）发扬与传承中国优良传统美德

在中国民间舞蹈课中，通过对行为举止动作的规范培养学生尊师重道的行为习惯。根据每学期学习内容的不同，制定不同风格的动作，激发学生的学习兴趣，养成懂礼貌的好习惯，这也是对我国传统美德的发扬与传承。

（七）培养互帮互助与团队协作精神

在舞蹈课的教学中，为了提高课程的质量与效率，会通过把学生分为多人一组或四人一组的方式进行动作的学习和练习，并以小组评比的方式进行点评或打分，激发学生积极性的同时，培养学生互帮互助和团队协作的精神。

三、教案设计

（一）教学目标

1. 知识目标

通过本节的学习，学生能够了解胶州秧歌发源地的文化背景，如地理地域、气候特点、生活习惯、民族风俗、宗教信仰、传统节日、服饰特点等相关知识。从美的角度去审视中国传统文化艺术，提高表现民族民间舞蹈艺术的能力和热情。

2. 能力目标

通过本章节的学习，学生能够掌握胶州秧歌“三道弯”的基本体态特征，并正确运用“三道弯”的动律体态，以加深对汉民族审美情趣的理解。学会胶州秧歌“拧、碾、抻、韧、扭”的律动，有意识表现出动作的延伸感，并会在简单律动中展现优美柔韧流动舒展的神韵。

3. 价值目标

（1）文化传承。学习中国的传统文化意义重大，可以增加学生对历史的了解和对中国传统文化的了解。传承中国文化，陶冶情操，提高文化素养，培养学生具备基本素质、社会责任感和历史使命感，树立爱国主义价值观。学以致用，与时俱进，更好地展望未来。

（2）技艺传承。2006 年“胶州秧歌”经国务院批准列入第一批国家非物质文化遗产名录。胶州秧歌蕴藏深厚的历史文化内涵，富有浓郁的时代气息和鲜明的地方特色，具有较高的审美价值和艺术研究价值。面向普通高校非艺术专业学生开设中国民间舞蹈课程普及中国民间舞蹈文化，有利于学生正确理解中国民族民间舞蹈的文化价值，激发学生去探索、去求知，更好地将中国的传统文化艺术发扬光大。

（二）教学内容

1. 教学重点

了解胶州秧歌文化背景，有利于学生掌握该民族民间舞蹈的基本体态、基本律动特点和节奏，便于课堂知识的消化与吸收。

2. 教学难点

掌握拧、碾、抻、韧、扭等胶州秧歌动律特点，展现胶州秧歌优美柔韧流动舒展的神韵中所蕴含的力量与内在的激情，形成胶州秧歌独特的舞蹈动态风格与生动细腻的动作质感。

（三）教学手段与方法

在教学中，加大思政育人的比重，综合运用课上讲解和课下视频互动相结合的授课形式，充分利用网络信息资源，培养学生主动探究式学习能力，旨在让学生较全面地了解各民族的传统舞蹈文化，进而掌握其民族舞蹈文化的特征风格与韵律以及人们对生活的渴望和毫无遮掩的情感宣泄特点，从而开阔学生的艺术视野。

在 16 周线下教学的 32 课时中，课堂讲授与练习同时进行 28 课时，组织学生完成小范围课堂展示 4 课时。课堂互动表演和师生点评部分，受到学生欢迎。

（四）教学过程

1. 教学的总体思路

（1）强调对民间舞蹈风格的学习掌握，同时更加关注对其文化所呈现的中国精神的传承与发展。每一章节均按照民族文化概述进行单一动作讲解、练习、组合呈现、重点提示、拓展练习、自主学习六大板块完成。

课程思政的体现：旨在让学生较全面地了解中国民间传统舞蹈文化，掌握其民族舞蹈文化的特征风格与韵律，进而切身感受中国 5 000 多年光辉灿烂的历史文化，感受到疆域辽阔，民族众多，民间舞蹈文化各具特色，丰富多彩。感知中国民间舞蹈的艺术美之外，更会有一种强烈的民族自豪感油然而生，由衷地更加热爱自己的祖国。

（2）关键动作与动律讲解和分析。通过本章节胶州秧歌中拧、碾、抻、韧、扭的律动，有意识表现出动作的延伸感，在简单律动中展现优美柔韧流动舒展的神韵，将舞蹈的情感、景象、意境交融于一体。

课程思政的体现：动作中所表达的思想情感更能让学生珍惜美好生活，感受到祖国在中国共产党的领导下逐渐强大和人民安居乐业的幸福生活，有助于激发学生的责任感和使命感。

（3）课堂习题和拓展训练。为了巩固学生课上所学知识，通过相关的练习来解决脚下的抬重、落轻、走飘，逐渐从拧、碾、抻、韧、扭中达到上下配合自如、整体协调一致。

课程思政的体现：动态动律中所表达的精神更能让学生立足当下，展望未来。学以致用，与时俱进。在恰似烟云飘散的舞蹈韵律中回味着百态生活，为中国传统文化的继承与发展添砖加瓦。

2. 教学过程安排

根据教学要求和教学计划，课堂教学以讲授、练习、编创的教学方式为主，发挥学生主体作用，让学生更多地参与教学，提高学生的学习效果。教学过程安排如表 1 所示。

表 1

胶州秧歌（50 分钟）		
教学意图	**教学内容及手段**	**环节设计**
导言	1. 回顾上节课教学内容 2. 检查学生是否按要求准备教具：扇子、手绢	时间：1 分钟 组织教学及导入新课。通过舞蹈风格对比分析，帮助学生进一步了解汉民族舞蹈风格特点
知识引入 问题提出	利用课前微信舞蹈视频欣赏，以提问的方式看看学生是否了解山东胶州秧歌文化，是否能够准确地说出胶州秧歌动态风格特征	时间：1 分钟 通过舞蹈视频欣赏，使学生头脑中有清晰的形象概念，激发其学习兴趣

续表

教学意图	教学内容及手段	环节设计
本节课程 总体框架架构	1. 掌握“三道弯”胶州秧歌的基本体态特征 2. 学会胶州秧歌拧、碾、抻、韧、扭的律动	时间：1 分钟 使学生总体了解本节课涉及的主要内容
教学重点 1	1. 通过教师示范，讲解本节课的核心知识点——胶州秧歌“三道弯”的基本体态特征 2. 基本动作元素的教学与练习，其内容包括基本体态、基本舞姿、基本步伐、基本扇巾动作	时间：5 分钟 教师示范、讲解基础动作要领，帮助学生理解和学习教学重点内容 时间：5 分钟 学生课堂练习
教学重点 2	1. 通过教师示范，讲解本节课的核心知识点——胶州秧歌拧、碾、抻、韧、扭的律动 2. 短句的教学与练习。其内容包括体态、舞姿单一训练组合、综合训练组合	时间：5 分钟 教师示范、讲解基础律动特点，帮助学生理解和学习教学重点内容 时间：5 分钟 学生课堂练习
教学重点 3	1. 通过教师示范，讲解本节课的核心知识点——胶州秧歌律动中的身体姿态 2. 训练组合的教学与练习，其内容包括步伐、扇巾动作单一训练组合、综合训练组合	时间：2 分钟 结合组合动作，通过动作要领分析，帮助学生掌握动作风格特征 时间：3 分钟 学生课堂练习
教学重点 4	通过教师示范，讲解本节课的核心知识点——胶州秧歌步伐的表演技巧	时间：2 分钟 结合组合动作，通过动作要领分析，帮助学生掌握步伐特征要领 时间：3 分钟 学生课堂练习
教学重点 5	通过教师示范，讲解本节课的核心知识点——胶州秧歌组合	时间：2 分钟 结合组合动作，通过动作要领分析，帮助学生理解和熟练教学重点内容 时间：3 分钟 学生课堂练习。熟练组合动作，为后续引出师生互动做好铺垫

续表

教学意图	教学内容及手段	环节设计
课堂练习 分组观摩	通过分组练习，提高本节课核心知识点的质量与效率	时间：10分钟 通过分组练习，相互观摩学习，激发学生学习积极性的同时培养学生互帮互助和团队协作的精神
阶段小结 知识总结	通过本节课的学习，结合前一章节内容，分析汉族民间舞蹈的不同风格特征，进行简要概括与总结，起到知识强化的效果，为下一小节的内容做铺垫	时间：1分钟 结合本节课堂教学内容与课前、课后观看相关舞蹈视频，在接下来教学内容上起到过渡和承上启下的作用，提高学生学习兴趣
课程总结 内容回顾	对本次课程的主要内容，尤其是教学的重点和要点进行概要式的总结和回顾	时间：1分钟 对课程重点进行总结，加深学生的印象
拓展训练	组织学生编创实践，要求以小组为单位，10人一组，运用已掌握的胶州秧歌动作元素，自主编创1~2段综合性舞蹈	时间：1分钟 通过课后练习题目及思考题的布置，帮助学生对课堂的知识进行温习和强化

四、教学效果分析

本课程的教学内容和课程设计符合普通高校非舞蹈专业本科学生的知识水平和认知规律，以马克思主义理论研究和建设工程重点教材《中国舞蹈史》为指导，以全国普通高校舞蹈专业规划教材《中国民族民间舞》、北京舞蹈学院教材《中国民间舞教材与教学法》为基础，在传授舞蹈技能与知识的同时，帮助学生树立唯物主义历史观，增强对民族、对国家的认同；帮助学生了解和掌握中国民族民间舞蹈，并以此指导开展“传承文化记忆、强化文化认同”教育实践。

在本课程的教学过程中，有意识地将思政育人融入舞蹈教学中，在了解中国民族民间舞蹈历史文化知识的同时让学生了解并掌握中国民族民间舞蹈风格特点；通过相关价值观环节的融入，使学生更好地了解中国民族民间舞蹈教育和传承中国民族民间舞蹈的使命，为未来有志于从事舞蹈传播工作的学生提供启示和借鉴。

舞蹈艺术是作用于人心的艺术，它能改变人的思想、性格，有美的作用，就有美的收获。在中国民间舞蹈课中，授课内容由浅到深，形式多样，富于知识性、趣味性、艺术性、审美性，同时贯穿了对学生思想政治教育的引导，起到了良好的育人作用。

德育美育交相辉映的大学语文课程

课程名称：大学语文

课程性质：☑公共课 □专业课

课程类别：☑理论课 □实践课 □理论实践一体课

课程所属学科及专业：文学/汉语国际教育

授课教师：李培涛

授课对象：一年级本科生

一、课程简介

大学语文是高校普遍开设的通识课程，它着眼于提高学生的阅读理解和书面表达能力，为其他课程的学习提供支撑，具有明显的基础性。同时，本课程更是培养学生审美能力、提升学生思想道德、影响学生价值观念的重要课程，具有强烈的人文性。

本课程在我校开设一学期，周课时为 2 学时，共 32 学时。课程目前使用的教材是本校教师自编的《大学语文新教程》，教学内容上以中国古典文史哲经典为主，以中国现当代文学和外国文学经典为补充，形式上以时代为宏观框架，开设北风南骚、诸子争鸣等 16 个人文专题，宏观与微观兼顾，理论与具体文本结合，使学生在阅读经典的基础上认识中国古典文学、哲学发生演变的规律，理解中国人文经典的一些重要特点，以更成熟的心智解读文本、理解中国文化。同时，在学习过程中拓宽视野、陶冶情操、提升审美趣味，树立传承弘扬中华优秀传统文化的自觉意识，成为合格的德智体美全面发展的社会主义建设者。

二、课程思政元素发掘

我国很早就有“文以载道”“文如其人”“以文识人”这样的认识和传统，

古代文学经典经过历史的检验，其中蕴含着丰富的人情事理，具有重要的思想教育功能，是天然的课程思政资源。我们在教学中挖掘并利用的主要思政元素如下：

元素 1：忧国忧民的爱国情怀。爱国是我国文学中的一个传统主题，许多文学大家都在作品中抒发出自己的爱国热情，诗圣杜甫就是其中的代表人物。从《三吏》到《三别》，从《春望》到《北征》，从《闻官军收河南河北》到《兵车行》，杜甫无不将目光聚焦在民生疾苦和社稷安危上，正是这种“济时肯杀身”“穷年忧黎元”的可贵品格使他跻身于群星璀璨的唐代诗坛，成为留名青史的伟大诗人。杜甫身上的这种精神对于当代大学生思考小我与大我的关系、培养爱国主义精神无疑具有积极的作用。

元素 2：民族文化自信。古代经典之所以能够跨越千年传承至今，很重要的原因就是它始终扎根于民族文化的土壤之中，其中所蕴含的普遍事理对于当今世界的发展具有重要价值，学习古代经典有助于学生重新认识这些价值，增强文化自信。以社会治理的方式方法为例，我国先秦时期就强调礼治、德治的重要性，提出“礼，国之干也”“为政以德”等认识和主张。时至今日，“礼”和“德”也在我国社会的运转中发挥着独特的作用，礼治、德治越来越体现出它的优越性。学习和理解这些内容是培养当代大学生文化自信、制度自信的重要一环。

元素 3：科学创新精神。回到经典产生的时代，我们发现经典于当时而言也是创新，在传承中创新，才能形成新的传统，为不同时代的人们所接受。以《史记》的创作为例，这本著作之所以能够居于二十四史之首，获得“史家之绝唱，无韵之离骚”的赞誉，与作者司马迁的创新精神有密切关系。司马迁独特的人生经历使得他敢于质疑天道，正因他敢于大胆“究天人之际，通古今之变”，才成就了《史记》的“一家之言”。阅读和理解《史记》，首先需要了解和理解司马迁的这种创新精神。

元素 4：积极向上的人生观。大学是人生观形成和发展的重要阶段，消除享乐主义、厌世主义等消极人生观的影响，培养积极向上的人生观是大学教育的重要内容，中国古代经典中不乏这方面的教育资源。以《世说新语》为例，这部刘宋时期撰写的笔记小说记述了自汉末到刘宋时期许多名士贵族的遗闻轶事，这些名士贵族饮酒、服药，看起来无不及时行乐，实际上大多具有严肃的人生态度和高雅的审美趣味，看似超然的背后是深刻的忧愤。欣赏和理解《世说新语》所描绘的时代画卷，反思魏晋名士的人生，有助于引导当代大学生形成积极向上的人生观。

元素 5：正确的爱情观。这一元素在许多文学经典中都有体现，我们以《诗经·周南·关雎》为例。《诗经·周南·关雎》是一首男女恋爱的情歌，主人公的情感纯粹而美好，“君子”钟情于“淑女”，思念她以至于“辗转反侧”，但是追求淑女时的一举一动、一言一行都合乎当时的礼乐制度。这样的恋爱对于当代大学生形成正确的爱情观不无裨益：爱情面前人人平等，爱他人是权利，拒绝他人的爱也是权利，不能因为爱他人就把这种爱强加给他人，爱情需要建立在平等和尊重的基础上。

三、教案设计

（一）教学目标

1. 知识目标

通过本节课的学习，正确理解《诗经·周南·关雎》中生僻词语“流”“芼”“思”“服”的意义，正确理解“君子”“淑女”等重点词语的意义；正确把握全诗的基本思想内容和艺术特色。

2. 能力目标

深入理解“君子”“淑女”在诗经时代的文化内涵，对诗歌人物及其情感的认识更加丰满、更加具体；初步掌握“通训诂、明诗旨”的诗经鉴赏方法，并尝试将这一方法运用到阅读实践中。

3. 价值目标

体验诗中人物的思想情感，丰盈自我精神世界；正确认识“理性”“责任”是“君子”“淑女”的重要内涵；反思自身在恋爱交往等人际关系中是否有失当行为，树立正确的爱情观、人际观。

（二）教学内容

1. 主要内容

（1）解释《诗经·周南·关雎》的生僻词语，梳理全诗大意。

（2）立足文本，赏析诗歌的思想内容和艺术特色。

（3）结合重点词语的训释，重新分析诗歌的人物和情节。

2. 教学重点

《诗经·周南·关雎》的思想内容和艺术特色。

3. 教学难点

通过训释重点词语，重新认识人物和情节。

（三）教学手段与方法

大学语文课程以中国古典文学经典为主要教学载体，学习内容具有较强的人文属性。学习文学作品既是理解其中的人物、故事的过程，更是学习者反思自我人格、生活的过程，重鉴赏、重体验是课程的重要特点。大学语文课的教学对象是一年级本科生，大学阶段是学生人格形成的重要阶段，他们对自己的未来、对社会的发展等问题都充满好奇，中学阶段的语文学习也为他们学习大学语文打下了基础。但是同时必须看到，学生在理解文学作品时，笼统认识较多、具体认识较少，刻板的理性评价有余、鲜活的感性体验不足，甚至有的时候原来的学习还会成为目前学习的障碍。

基于这样的课程特点和学生特点，教学中就必须以学生为主体，充分发挥学生的积极性。为此，我们在教学中采取了相应的手段与方法。首先，在课程思政的整体设计上坚持德育与美育相结合。道德之美是文学之美的重要构成内容，大学语文课程通过生动的文学形象和故事情节自然展现道德之美，寓德育于美育，学生在文学欣赏中浸染道德之美，自然树立起正确的价值观，润物无声。其次，在教学内容的安排上，我们选择贴近学生生活、符合学生成长需求的内容作为教学切入点，课程所提炼出的思政元素，不论是正确的爱情观、积极的人生态度还是大胆创新的科学精神，都是大学生成长中的重要课题。这些课题对学生有吸引力，较好地调动了学生的学习积极性。最后，在教学过程的组织上，我们把学生阅读作为学习的前提，把讨论作为重要的课堂教学手段，把作业作为巩固学习成果的环节，教师提前设置好问题，让学生带着问题阅读，这样课堂讨论也更加有效。作业主要是以阅读和讨论为基础进行写作，通过写作实现深入思考，使学生既有感性体验，又有理性认知。

（四）教学过程

本节课程主要运用通训诂、明诗旨的方法解释具体诗篇中的词语，使学生对诗歌的理解更加具体准确，同时将思政元素融入这一教学过程，在美育过程中开展德育。总体教学思路和具体教学过程如表 1 所示。

表 1

<table>
<tr><th colspan="5">教学思路</th></tr>
<tr><th>教学内容</th><th colspan="3">教学目标</th><th rowspan="2">教学方法</th></tr>
<tr><th>解释词语</th><th>理解文本</th><th>掌握方法</th><th>体验思政</th></tr>
<tr><td>流、思、服、芼</td><td>理解诗歌大意</td><td rowspan="2">通训诂明诗旨</td><td rowspan="2">树立正确的爱情观、人际观</td><td rowspan="2">讲授法讨论法</td></tr>
<tr><td>君、淑、窈窕</td><td>人物形象更丰满</td></tr>
</table>

续表

教学过程			
教学意图	教师活动	教学内容	教学设计
导入（2分钟）	导入情景，要求学生谈谈对这一事件的看法	2011年9月17日下午，安徽合肥某中学学生陶某因求爱同学周某不成，携带打火机油来到周家，趁周某不备，拿出准备好的油浇到受害人头上并点燃，整栋楼响彻周某的尖叫。 周某在安徽医科大学附院重症病房经抢救脱离生命危险，但伤势极为严重，全身烧伤面积28%、身体多部位Ⅱ度Ⅲ度烧伤、呼吸道烧伤、左耳部分缺失、双手功能受限	提出问题 引起思考
明确新的教学目标（5分钟）	1. 播放《关雎》朗诵视频，请学生谈谈对《关雎》的理解。 2. 在学生回答的基础上提出问题：诗歌写的是谁的爱情？他们是什么样的人物？	诗经·周南·关雎 关关雎鸠，在河之洲。 窈窕淑女，君子好逑。 参差荇菜，左右流之。 窈窕淑女，寤寐求之。 求之不得，寤寐思服。 悠哉悠哉，辗转反侧。 参差荇菜，左右采之。 窈窕淑女，琴瑟友之。 参差荇菜，左右芼之。 窈窕淑女，钟鼓乐之。	通过新问题使学生认识学习的必要性
解释主要的生僻词语（3分钟）	请学生查阅“流”等词的意义	1. 流，《毛传》：“求也。” 2. 思，语助词。 3. 服，思念	从简单问题出发，打消学生的畏难心理
重新认识“君子”，融入思政元素（8分钟）	1. 组织学生讨论：诗中的“君子”是一个什么人？证据是什么？ 2. 分析学生的讨论结果，引导学生结合时代背景和整首诗歌进行新的思考。 3. 给出正确答案并分析	“君子”在诗中指贵族男子。 《魏风·伐檀》：“彼君子兮，不素餐兮。” 《孟子·滕文公上》：“无君子莫治野人，无野人莫养君子。” 《论语·宪问》：“君子之道者三，我无能焉。仁者不忧、知者不惑、勇者不惧。” 《论语·里仁》：“君子喻于义，小人喻于利。”	通过词语训释，使学生认识到“君子”既是拥有权力的人，更是承担责任的人，引导学生思考如何成为君子

续表

教学意图	教师活动	教学内容	教学设计
重新认识“淑女”，融入思政元素（8分钟）	1. 组织学生讨论“淑女”是什么样的女子。 2. 分析学生的讨论，引导学生利用辞书找到“淑”的词义演变过程	“淑”的本义是清湛。 《说文》：“淑，清湛也。” 刘向《说苑》：“淑淑渊渊深不可测，其似圣者。” （1）清湛—干净—干净且安静。 （2）淑静—文静—举止得体。 （3）贤淑—德性美好—处事得体	通过词语训释，使学生认识到“淑女”的可贵之处主要在于其“理性”特质
更加具体地认识“淑女”（10分钟）	1. 组织讨论什么样的女子是“窈窕”女子。 2. 从先秦文献中寻找例证，证明“窈窕”的含义。 3. 结合上一个问题的答案，归纳“淑女”的特征	1. “窈窕”和“高、遥、辽”等词有同源关系。 2. 红山文化遗址女神像的证据。 3. 文献用例的证据	“窈窕”一词的解释最为复杂，通过这一部分的教学，可以使学生进一步掌握通训诂、明诗旨的方法
课堂小结（1分钟）	通过“君”“淑”“窈窕”三个词词义的探讨，我们对“君子”和“淑女”这两个人物形象的认识由抽象模糊到感性具体	君子：拥有权力+富有德性。 淑女：行为举止如清澈宁静的湖水+处事得体。 北京大学吴小如：讲《三百篇》中的作品，首先必须通训诂，其次还要明诗旨。因为风、雅、颂距今已远，其可赏析处往往即在字、词的训诂之中。加以旧时奉《三百篇》为经典，古人说诗每多附会；不明诗旨便如皓天白日为云霾笼罩，必须拨云见日，始能领会诗情	通过总结，回答课堂开始时提出的问题
讨论，强化思政元素（13分钟）	回到课堂导入的话题，再次组织讨论	《论语》中孔子评价《关雎》这首诗“乐而不淫，哀而不伤”，对比这首诗中的人物和材料中的人物，结合自身经历重新谈一谈自己对这件事情的认识	通过学生的“切身”思考，使思政元素进一步融入学习过程

续表

参考资料
1. 周振甫《诗经译注》 2. 向熹《诗经词典》 3. 许慎《说文解字》 4. 蔡英杰《从同源关系看"窈窕"一词的释义》

四、教学效果分析

大学语文在我校开设已有30余年历史，数十位教师先后参与该课程的教学工作。目前，文化与传播学院汉语系6名教授带队，共11位教师共同参与建设课程，师资队伍合理。他们坚持"以研究促建设、以建设促教学"的优良传统，近年来注重加强课程思政研究，丰富教学资源，改进教学方法，教学效果得到学生好评。编写并4次修订教材，相应的题库也随之多次更新，录制了教学视频，编辑出版了教辅读物和教学研究论文集，许多教师也获得成长，多人次获得教学新秀奖、优秀主讲教师等荣誉。来自全校各个学院不同专业的学生都从这门课程中汲取人文营养，在这门课程中建立起传承弘扬优秀传统文化的兴趣，可以说大学语文是我校实施人文教育、开展课程思政最重要的课程之一。

思政元素自然融入的汉字应用课

课题名称： 汉字学

课程性质： □公共课 ☑专业课

课程类别： ☑理论课 □实践课 □理论实践一体课

课程所属学科及专业： 汉语国际教育

授课教师： 刘雪莹

授课对象： 汉语国际教育专业本科一年级学生

一、课程简介

汉字学课程为汉语国际教育专业的必修课程，修读对象为汉语国际教育专业本科生。本课程主要向学生阐明汉字的起源与演变，汉字的特殊结构、衍生规律以及汉字形音义关系等内容，对学生进一步深入理解和掌握古代文学、古代汉语等专业课程至关重要。

汉字教学一直是对外汉语教学中的难点，汉字作为半表意半表音文字，与多数文字表音的性质不同，因此很多汉语学习者认为“汉字难写”甚至抵触学习汉字，对很多汉语口语优秀的华裔同学来说，此种情况同样存在。因此，对于将来可能从事对外汉语教师工作的本专业学生而言，学好汉字学的专业知识、加深对汉字文化的热爱之情将有助于学生未来开展汉字教学工作。

二、课程思政元素发掘

本课程各个章节在授课时可能包含以下思政元素。

元素 1：培养严谨的科学精神和开放的包容思想。在运用汉字过程中要将所学文字学知识学以致用，同时看到其他文字和其他文化元素的优越性，秉持开放的态度，尊重其他文化，合理将汉字文化与其他文化相结合。

元素 2：激发学生对本专业和汉字文化的热爱。这主要通过介绍汉字在现实

生活中的应用价值来实现。传统文化本身值得发扬光大，若将传统与现代完美结合，则更能激发年轻人的热情。

元素 3：培养学生的团队合作能力和创造力。这主要通过让学生完成小组作业，使用汉字设计一个标志来实现。这种能力不仅有益于学生学习本学科，对他们学习其他知识、参与团队工作同样有很大帮助，可使学生受益良多。

三、教学设计

（一）教学目标

1. 知识目标

了解汉字（包括汉字的古文形体和今文形体）在社会经济文化生活中的应用价值；掌握课上所提到汉字的本义、发展过程和构造理据。

2. 能力目标

掌握徽标设计中利用汉字的方法；培养学生将所学知识运用到实践活动中、将知识转化为产业的能力。

3. 价值目标

（1）培养文化自信心。

（2）增强对汉字和传统文化价值的认识。

（3）培养兼容并蓄、尊重多元文化的意识。

（4）树立在实践中运用所学知识的目标。

（5）锻炼团队合作能力。

（二）教学内容

教学重点是使学生掌握用汉字元素设计徽标的方式，思政教学重点是进一步提高学生对本专业和汉字文化的热爱，了解汉字在当今社会的应用价值和活力；教学难点是将知识与实践结合起来进行汉字徽标的设计。

（三）教学手段与方法

总体来看，通过启发教学法、情景教学法、案例展示法等手段实现教学目标和育人目标。本课程不仅重视汉字理论知识的传授，还兼顾汉字作为知识要素在社会生活中的应用价值。对于汉字知识的学习也不局限于理论的讲授，更注重通过一个个鲜活的汉字来体现理论知识的系统性和表现方式，这一点可以通过教师的引导、学生自己查阅资料、深入分析来实现。因此，本课程十分注重学生在学习过程中的实践性，有利于培养学生的探索能力、发现和解决问题的能力、活跃的思维方式。

具体的教学手段如下：

（1）教师明确自己的引导地位，以学生为创造主体。

首先由教师提供相关的具体汉字实例，鼓励学生结合已有的文献材料、工具书、教材和网络资源，厘清所给汉字的理论知识和发展过程；在此基础上，分析这些汉字在商标设定、宣传符号制定和警示符号表现中体现的文化要素。教师要随时关注学生研究和分析的进展情况，对于学生可能普遍出现的错误或遇到的困难要有预见性，并通过合理的提醒引导学生找到正确答案。在这个过程中，教师应时刻牢记学生的主体性和自主性，不直接给学生提供答案，而是激励和引导他们自己找出答案并对知识的运用作出自己的判断，分析优点和缺点，提炼有益经验。

（2）采用经典案例教学法，启发学生打开思路。

在案例教学中，要选择能够吸引学生注意力的内容。这要求教师了解并激发学生的兴趣，使学生印象深刻，不仅能够使得教学效果事半功倍，还能在之后的实践活动中发挥积极的引导作用。

另外，教学案例应该具有代表性。汉字在现代社会生活中的应用体现在徽标设计、游戏设计、取名文化、书法艺术和其他一些领域中。对于徽标设计而言，可以应用在艺术、教育、体育、经济、社会等各个领域，使用的手段包括直接使用汉字形体、对汉字形体进行艺术创造、将汉字与图片等形式结合、对汉字部件加以改造、将汉字与其他文化元素结合等。因此，教师提供的案例应该能够包含和体现各种情况，从而使学生更加全面地掌握在实践中运用汉字的能力。

（四）教学过程

1. 整体思路

（1）进行知识回顾。因为汉字知识的实际应用涉及汉字缘起、发展和演变方面的知识，因此在讲解本课内容之前，有必要首先复习汉字形体演变的过程，让学生再次复习这一概述性基础知识，为更好理解本节内容做好铺垫。

（2）以实例引入新课。通过图片展示及在微信群中发送以汉字为设计基础的微信表情包，引入汉字活用的新话题。表情包是学生们日常生活中最喜欢使用的网络元素，而汉字表情包十分生动形象，一定能够吸引学生的注意力，激发他们的热情。

思政元素的体现：表情包中的汉字主要使用了汉字的古文形体，有以甲骨文为基础的，有以小篆为基础的。通过制作表情包，可以使同学们切身体会汉字在现实生活中的实际应用价值，从而激发他们对于汉字和传统文化的热爱，树立文化自信。

（3）明确学习内容。系统介绍汉字的应用，包括它在徽标设计、取名文化、游戏文化、书法艺术和其他领域中的使用情况。本课对于这些内容分别通过案例进行介绍。首先介绍以汉字为基础的徽标设计方法，其中涉及5种应用汉字的方式。教学中并不是把5种方式直接介绍给学生，而是通过举例的方式，让学生感受知识与实践相结合时是如何运用汉字知识的。

思政元素的体现：展示案例后，组织学生展开讨论，学生可以畅所欲言，抒发自己的观点。这有利于调动学生的积极性，开拓学生思维，激发创造力；在看到汉字与其他文化元素共同使用时，可以提醒学生文化的多元性和融合性，培养他们在热爱本国文化的同时开放思想、兼容并包。

（4）布置作业。作业为分组合作进行徽标设计，不做过多限制，给学生提供足够的想象和发挥空间，锻炼学生将所学汉字知识真正用于实践的能力。读万卷书，行万里路，两者缺一不可。

思政元素的体现：发挥学生创造力，培养学生团队协作能力。通过集体讨论设计主题、确立分工、各自负责、共同探讨等环节，进一步提高学生与他人合作的能力，提高自己的责任感和行动力。

2. 具体安排（以“汉字与徽标设计”小节为例进行说明）

（1）知识回顾，以“龙”字为例（见图1），回顾汉字形体演变的过程和阶段（时间：3分钟）；引导学生回忆各个阶段汉字形体的类型及特点。

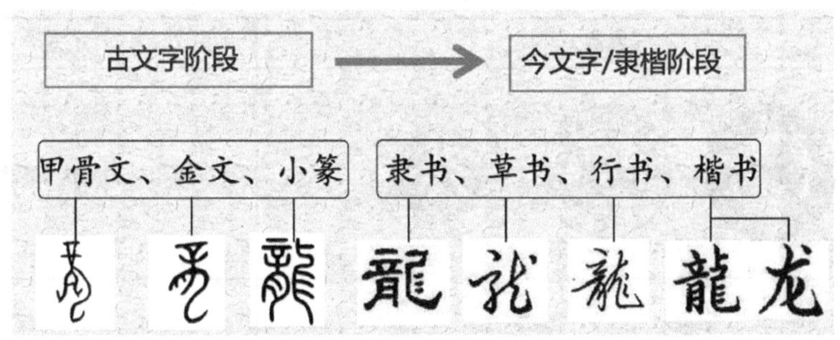

图1

（2）实例引入，向学生展示微信表情包（见图2），体会动态表情中汉字的应用（时间：5分钟）；分析字形，对涉及的“望”字，引导学生查阅资料，对形体构造进行解释（时间：10分钟）；在此基础上引入“汉字与徽标设计”等汉字应用的领域（时间：2分钟）。

主要内容：

①汉字与徽标设计。

②汉字与取名文化。

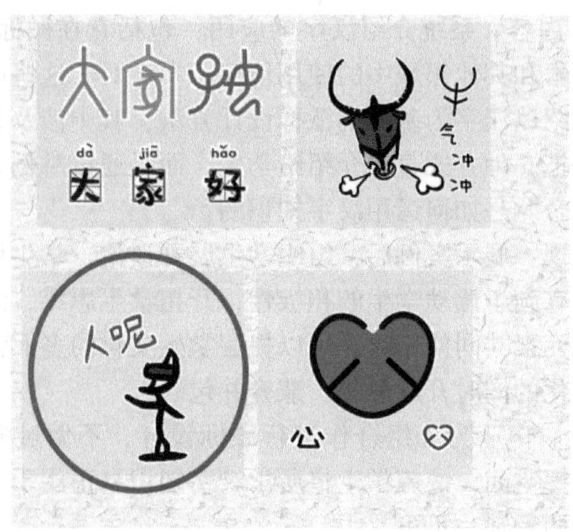

图 2

③汉字与游戏文化。
④汉字与书法艺术。
⑤汉字的其他应用。
（3）汉字应用方法，通过实例引导出方法的使用（时间：15 分钟），见表 1。

表 1

案例	方法
FUDAN UNIVERSITY 1905 PEKING UNIVERSITY 1898	直接使用汉字书法或特殊形体
BEIJING 2022 Beijing 2008	以汉字为基础，加以艺术创造
	对汉字部件进行改造，改换部件、合书等

续表

案例	方法
 	汉字部件与事物形象相结合
 	汉字形体与其他文字相结合

(4) 布置作业(时间:6 分钟)。

内容:以汉字为基本要素,设计一个标志。

完成方式:小组合作(4~5 人一组)。

提交方式:课堂展示。

展示时间:××××年×月×日。

(5) 总结本课:4 分钟。

四、教学效果分析

(1) 通过合理的教学设计,让专业教育与思政教育实现同向同行,在传授专业知识的同时,润物无声地将做人做事的基本道理、社会主义核心价值观以及实现民族伟大复兴的理想和责任传授给学生;今后在备课时应该付出更多时间与精力以做到两者的完美融合。

(2) 学生富有活力、喜欢新鲜事物,因此将历史悠久的传统文化与时尚鲜活的现代元素结合起来,更能激发学生对传统文化的热爱;为学生提供将知识转化为生产力的途径,更能加强学生对本专业的喜爱。

(3) 思政教育最主要的不是教师说出来,而是可以悄无声息、潜移默化、因地制宜地进行,例如安排有挑战性的小组合作任务,强调分工与合作的重要性,在这个过程中自然能够培养学生的团队协作能力和责任感。

《红楼梦》与中国传统春节

课程名称： 红楼梦导读

课程性质： ☑公共课　□专业课

课程类别： ☑理论课　□实践课　□理论实践一体课

课程所属学科及专业： 中国文学

授课教师： 彭利芝

授课对象： 全校本科生

一、课程简介

《红楼梦》系我国古典文学名著，是我国最具代表性的文学经典之一。本课程坚持整本书阅读与文本细读相结合的原则，主要以专题讲解、课外阅读、分组讨论相结合的方式，带领学生全面深入地探究红楼世界。其目的是通过对《红楼梦》的赏读，培养学生阅读中国古典文学名著的兴趣，引领学生领略中国古典文学的魅力，进而了解中国故事、中国价值、中国精神、中国气韵、中国文化，增长国学知识，提高人文素养，增强文化自信。

二、课程思政元素发掘

《红楼梦》之所以为经典，是因为它集中展现了中国故事、中国价值、中国精神、中国气韵、中国文化。它是中华优秀传统文化遗产，在当代仍然有着积极的文学价值与文化价值。习近平总书记在党的十九大报告中指出："文化自信是一个国家、一个民族发展中更基本、更深沉、更持久的力量。"中华优秀传统文化是中华民族的"根"与"魂"，它们潜移默化间涵养民族气质、筑牢文化自信。《红楼梦》作为中华优秀传统文化的代表，在新时代的文化建设中，应该发挥其积极作用。

本课程各个章节在授课时可能包含以下思政元素。

元素1：传播《红楼梦》与红学研究的正能量。在新媒体时代，媒介之于《红楼梦》，其实是一把双刃剑。一方面，媒介变革给《红楼梦》的传播带来了机遇，《红楼梦》得到多形式、大范围、高效率的传播；另一方面，随着自媒体等形式的出现，传播门槛日益降低，《红楼梦》的传播可谓泥沙俱下、鱼龙混杂，无形之中对《红楼梦》的经典性造成伤害。古典文学名著是中华优秀传统文化遗产，怎样在新媒体时代得到正面的传播并发挥其积极作用，是学者需要认真思考的问题。就《红楼梦》的传播而言，教师应该正视新媒体时代的传播乱象，充分利用高校课堂的优势，将正确的声音发散出去，以此消弭传播乱象的不良影响。红楼梦导读课程积极利用高校教学平台，传播《红楼梦》与红学研究的正能量，从而引领学生走近《红楼梦》、深入《红楼梦》，去感悟经典、敬畏经典。

元素2：讲述中国故事，增强文化自信。《红楼梦》是叙事文学，讲的是中国故事。习近平总书记曾指出，当代的文艺工作者以及新闻工作者，都应该讲好中国故事，传播好中国形象。红楼梦导读课程的前几次导读课以及主题论、情节论、人物论、作者论等，集中引导学生走进红楼世界，领略红楼故事，品味中国古典文学之美，引导学生感受中国故事中的中国精神、中国气韵、中国价值与中国文化，强化《红楼梦》在为中华民族文化塑根、塑形、塑魂等方面所做出的努力和创新，从而提高学生人文素养，增强文化自信。

元素3：传承优秀传统文化，服务新时代文化建设。红楼梦导读课程中特地安排"《红楼梦》的传播及其当代意义"专题，以此让学生了解《红楼梦》在当代的传承状况，凸显《红楼梦》在当代的文化价值。通过对相关图书、影视作品、舞台演出、主题公园、文创产品、艺术品收藏等的了解，探究《红楼梦》在当代文化事业与文化产业中的开发利用状况。以此为个案，探讨传统文化资源在当代的保护与利用现状，从而让学生感受优秀传统文化在新时代文化建设中的地位与作用。

三、教案设计

（一）教学目标

1. 知识目标

通过本节课程的学习，学生能够掌握熟悉《红楼梦》文本，了解《红楼梦》第十八回、第五十三回、第五十四回的重要情节，学习中国传统春节的节日习俗及其节日文化特征。

2. 能力目标

通过对重点章节的学习，学会赏析古典文学名著；通过重要情节分析中国古典小说的写作手法；通过对小说情节的了解，熟悉中国传统春节的节日文化，进而深层次把握中国传统文化的基本特征。

3. 价值目标

（1）培养学生的文学鉴赏能力、分析问题的能力以及表达能力。

（2）引导学生走进红楼世界，熟悉红楼故事，品味中国古典文学之美，引导学生感受中国故事中的中国精神、中国气韵、中国价值与中国文化，从而提高学生人文素养，增强文化自信。

（3）通过贾府的春节日常活动，培养学生的家庭观念，以及孝敬长辈、和睦亲友的人文品格。

（二）教学内容

1. 教学内容

在农耕社会，我国逐渐形成了基于“四时”的传统岁时节令。春生，夏长，秋收，冬藏。年年岁岁，周而复始。元旦、元宵、上巳、寒食、清明、浴佛、端午、七夕、中元、中秋、重阳、冬至、除夕等，组成完整而和谐的节日体系，错落有致地分布于一年四季。《红楼梦》作为我国古典小说的巅峰之作，几乎描写了所有重要的岁时节俗，元宵、清明、芒种、端阳、中秋、重阳、冬至、除夕，一个个节日场景宛如一幅幅风俗画卷，活灵活现地将明清时期的岁时节俗呈现在读者面前。本节课程主要选取了春节，以《红楼梦》文本为对象，讲解中国传统文化中的春节节日叙事以及蕴含的传统文化特征。

（1）《红楼梦》中的春节习俗概况。

（2）《红楼梦》中的除夕祭祖。

①《红楼梦》描写的贾府除夕祭祖。

②贾府除夕祭祖背后的传统文化因子。

（3）《红楼梦》中的元宵节（一）。

①《红楼梦》中的“元妃省亲”。

②“元妃省亲”场景中的元宵灯景。

（4）《红楼梦》中的元宵节（二）。

①《红楼梦》中的“元宵夜宴”与猜灯谜活动。

②“元宵夜宴”与猜灯谜活动的传统文化特征。

（5）《红楼梦》元宵叙事的特殊性。

①古典文学中的元宵节——宋词与《水浒传》。

②《红楼梦》元宵叙事的特殊性——家庭性与富贵气。

③元宵节与中国其他传统节日的不同点。

2. 教学重点

《红楼梦》中的重点情节“除夕祭祖”“元妃省亲”“元宵夜宴”，以及这些节日场景蕴含的传统文化特征。

3. 教学难点

节日习俗蕴含的传统文化特征。特别是“除夕祭祖”所体现的“敬祖尊宗”的思想和尊卑有序的观念，以及“元宵夜宴”所体现的传统宗族观念和家庭团圆的理想追求。

（三）教学手段与方法

本课程的教学内容主要采取教师讲解与学生讨论相结合的方式进行。在重点情节上，教师先引导学生阅读、思考与讨论，然后进行讲解，最后检查学生的学习效果。在教学手段上，采用多媒体组合的方式，线上线下联动，力求使学生对讲授内容有深入全面的了解，进而引发思考。

（1）教师为主导、学生为主体的教学方法。在本课程中，教师是教学的组织者，重点内容必须由教师进行讲解，学生的阅读与讨论也离不开教师的引导。因此，教师在教学中仍然发挥着极其重要的主导作用。但是，教学的对象是学生，所有教学设计都围绕学生而进行，因此，教学设计的出发点是学生，课堂要将学生作为主体，由此衔接各个环节。教师在讲解重点节俗时，要时刻关注学生的知识结构与生活经验，适当地辅以影视剧视频，联系当下的节日习俗之变迁，引导学生进行学习。

（2）多媒体组合的教学方式。《红楼梦》作为古典文学名著，具有一定的特殊性。首先，与《三国演义》《水浒传》等不同，《红楼梦》文本不通俗，文字具有很强的压缩性与含蓄性，在一定程度上增加了学生的学习难度。其次，《红楼梦》的影视剧特别多，各版之间差别较大，存在很大的比较空间。因此，本课程在《红楼梦》文本、PPT 课件之外，还增加了适量的《红楼梦》影视剧小视频。这些小视频的插入，一方面可以让学生更直观地了解《红楼梦》，了解《红楼梦》中的节日习俗；另一方面，可以通过对小视频的分析，看影视剧编导是否真实反映了原著中的节日习俗，进而讨论节日习俗中蕴含的传统文化特质。

（3）线上线下混合式教学。本课程的线上线下混合主要有两种方式：一种是课堂教学与学习通平台学习相结合，另一种是适当引入中国大学 MOOC 平台的《红楼梦》慕课课程以及教师在校外的讲座视频。新冠疫情期间，该课程采取线上教学的方式，教师积累了一定线上授课经验。疫情之后，该课程也适当保留了线上授课的一些教学手段。比如，课程在泛雅学习通平台设置有课程，在该平台上，教师将有关的资料上传，开阔学生视野。同时，教师在讨论区将相关问题设置好以后，学生将讨论的结果上传，互相学习。这样大大拓展了课堂教学的容量。随着社交网络的互动技术和基于大数据的学习效果测评技术的应用，互动学习平台越来越方便。教师通过线上和线下与学生讨论、答疑解惑，以此弥补在线学习的不足。而且，新一代的大学生熟悉与偏爱线上交往模式。传统课堂教学中，讨论环节的组织并非易事，教师可能为此煞费苦心。然而，在线的讨论中，学生的参与度往往出乎意料，其讨论结果的共享能够最大程度地为学生提供互相学习的机会。慕课是“互联网+教育”的产物，创新是慕课发展的生命力所在。互联网技术与数字信息技术的发展给传统的教育理念、教学方式等带来变革。但是并不能简单地将课堂教学上传到慕课平台，在课程设计上也需突破传统思维模式，在教学内容、教学手段等方面充分发挥技术的优势。慕课平台出现了不少《红楼梦》课程，本课程的教师曾经对所有慕课平台的《红楼梦》课程进行了研究，并撰写发表了相关教学论文。与本课程相关的慕课课程各有特点，适当引入可以大大拓展本课程的教学容量。此外，对于本课程涉及的节日习俗，授课教师曾在校外举办过专题讲座，可以让学生在课外观看相关的讲座视频，加深对课堂知识的了解。

（四）教学过程

1. 教学设计思路

（1）教学内容的导入。以两个问题开场，引发学生对《红楼梦》中传统节日描写的关注，以及对传统节日文化的探究。

课程思政的体现：中国传统岁时节日的多样性与系统性。元旦、元宵、上巳、寒食、清明、浴佛、端午、七夕、中元、中秋、重阳、冬至、除夕等，组成完整而和谐的节日体系，错落有致地分布于一年四季。《红楼梦》是了解传统岁时节日的重要文本。

（2）学习重点教学内容——“除夕祭祖”。教学环节由学生阅读讨论、教师讲解、观看《红楼梦》影视剧小视频、讨论总结组成，突出重点文本的文学性与文化性。

课程思政的体现：我国的岁时节俗充满浓重的仪式感。除夕是春节的重要一环，祭祖之礼强调血缘之亲与等级秩序。在贾府祭宗祠仪式中，尊卑有序、男女有别、内外有别、长幼有序等伦理观念都得以体现。祭宗祠仪式还是中国人“敬祖尊宗”思想的集中体现，表达的是对祖先的崇敬和缅怀。在传统宗法社会，祭祖之礼具有其崇高性与神圣性，是调节人与人、人与社会的关系，维持家族与社会和谐稳定的重要仪式。传统岁时节日大多以家庭（家族、宗族）为中心，强调秩序与仪式感，宗族观念、孝亲思想几乎在所有重大节日中得到强化。这可以说是传统节日区别于西方现代节日的最本质的特征。

（3）学习重点教学内容——元宵夜宴与猜灯谜活动。教学环节由学生阅读

讨论、教师讲解、观看《红楼梦》影视剧小视频和教师创作的小视频、讨论总结组成，在对比中突出元宵叙事在文学性与文化性上的特殊性。

课程思政的体现：《红楼梦》中的元宵节，着眼点不在市井，而在贵族家庭。元妃的元宵省亲，既是与亲人的一场团聚之会，也是一次赏灯之旅。学生可在贾府赏灯猜灯谜的活动中，体味中国传统节日的家庭氛围，以及家庭团圆的理想图景。贾府日常元宵灯饰极度辉煌，可见其家庭生活之富庶，也反映出乾隆时期我国制灯技艺的高超。元宵灯会在中国岁时节日中意义重大。它打破了城市的宵禁制度，也突破贵贱、男女、老幼的界限。因此，说元宵节是古代的狂欢节，并不为过。在这一点上，可以从“狂欢节”出发，理解中西文化的差异性。

2. 教学过程安排

本课程的教学过程安排如表 1 所示。

表 1

教学意图	教学内容及手段	环节设计
导言	以问题引出教学内容：作为古典文学名著，《红楼梦》中写了哪些传统节日文化习俗？《红楼梦》中贾府怎样过春节？哪些场景成为重点描写对象？	时间：3 分钟
本节课程总体框架设计	1.《红楼梦》中的春节习俗概况 2.《红楼梦》中的除夕祭祖 （1）《红楼梦》描写的贾府除夕祭祖 （2）贾府除夕祭祖背后的传统文化因子 3.《红楼梦》中的元宵节（一） （1）《红楼梦》中的“元妃省亲” （2）“元妃省亲”场景中的元宵灯景 4.《红楼梦》中的元宵节（二） （1）《红楼梦》中的“元宵夜宴”与猜灯谜活动 （2）“元宵夜宴”与猜灯谜活动的传统文化特征 5.《红楼梦》元宵叙事的特殊性 （1）古典文学中的元宵节——宋词与《水浒传》 （2）《红楼梦》元宵叙事的特殊性——家庭性与富贵气 （3）元宵节与中国其他传统节日的不同点 小结：《红楼梦》与传统节俗文化	时间：2 分钟 让学生了解本节课程的主要内容，形成一个整体印象
教学重点 1	教学手段：PPT 教学内容：《红楼梦》中的春节叙事与习俗概况	时间：5 分钟 以提问的方式，引入教学内容，简要了解《红楼梦》中描写的传统春节习俗

续表

教学意图	教学内容及手段	环节设计
教学重点 2	教学手段：利用 PPT 与视频 教学内容：《红楼梦》中的春节叙事（一） 重点：除夕祭祖 《红楼梦》中的除夕祭祖场面描写 《红楼梦》中贾府祭祖活动背后的中国传统文化内涵	时间：15 分钟 利用《红楼梦》文本、PPT、影视剧小视频，重点讲解《红楼梦》中春节叙事的重要节点：除夕祭祖。通过教师的讲解及小组讨论，认识贾府祭祖背后的传统文化中的“尊卑有序”“敬祖尊宗”思想，结合当下生活，讨论除夕祭祖活动传承现状
教学重点 3	教学手段：PPT 与视频 教学内容：《红楼梦》中的春节叙事（二） 重点：元宵省亲 《红楼梦》中“元妃省亲”场面中的花灯描写	时间：5 分钟 利用《红楼梦》文本、PPT、《红楼梦》影视剧小视频，重点讲解《红楼梦》中“元妃省亲”场面描写，认识中国传统元宵节赏灯的习俗，以及清代乾隆年间元宵文化的繁盛、制灯技艺的高超
教学重点 4	教学手段：PPT、教师讲座视频 教学内容：《红楼梦》中的春节叙事（三） 重点：元宵夜宴 《红楼梦》中描写的贾府元宵节活动：开夜宴与赏灯猜灯谜	时间：5 分钟 利用《红楼梦》文本、PPT，辅以教师讲座视频，重点讲解《红楼梦》中的贾府内部元宵过节活动，了解清代家庭赏灯猜灯谜的习俗以及中国传统的宗族观念与家庭团圆观念

续表

教学意图	教学内容及手段	环节设计
教学重点5	教学手段：PPT 教学内容：《红楼梦》的春节叙事与传统文化内涵 重点：《红楼梦》春节元宵节叙事的特殊性 《红楼梦》中的元宵节与其他古典文学中的元宵节的异同 元宵节与其他中国传统节日有何不同？ 	时间：10分钟 利用《红楼梦》文本、PPT、影视剧以及纪录片中的小视频，重点讲解《红楼梦》元宵叙事的特殊性，通过与宋词、《水浒传》的对比，明确《红楼梦》元宵叙事的家庭性与富贵气，并在对中国传统元宵节俗的梳理中，了解元宵节在传统岁时节日中的特殊地位
课程小结	对上述教学内容进行简单梳理，重点分析文本描写的特点及其蕴含的传统文化特征	时间：2分钟 突出传统节日文化的本质特征
课后拓展	认真阅读《红楼梦》文本，观看各版红楼梦影视剧，仔细比较其中的"除夕祭祖""元妃省亲""元宵夜宴"，分析各版的特色，判别哪一版更符合原著的特征 学习慕课平台曹立波老师的课程：《红楼梦》经典章回评讲相关章节	时间：3分钟 安排课后作业与学习，拓展学生的学习视野，培养学生探究问题、分析问题与解决问题的能力

四、教学效果分析

2014年，习近平总书记主持召开文艺工作座谈会并发表重要讲话，指出：中华优秀传统文化是中华民族的精神命脉，是涵养社会主义核心价值观的重要源泉，也是我们在世界文化激荡中站稳脚跟的坚实根基。在以财经专业为主体的高校，普及国学知识、提高学生人文素养尤显重要。选择《红楼梦》进行赏读，是对优秀传统文化的尊重与重视，也是进行课程思政的较好选择。从教学情况来看，学生对《红楼梦》体现出了浓厚兴趣，感受颇多，感触也很多。从《红楼梦》中的春节叙事入手，引导学生熟悉《红楼梦》，确实能够让学生领略中国古典文学之美，体会中国故事、中国精神、中国气韵、中国价值与中国文化。总体来看，本课程达成了初期设定的育人目标。

课程思政视角下的跨文化交流之语言交流

课程名称：跨文化交流

课程性质：□公共课　☑专业课

课程类别：☑理论课　□实践课　□理论实践一体课

课程所属学科及专业：汉语言文学，汉语国际教育

授课教师：何磊

授课对象：汉语国际教育专业本科生、其他专业任意选修课学生

一、课程简介

跨文化交流课程是汉语国际教育专业本科教学计划中的一门较为重要的专业选修课，授课对象为汉语言文学系本科生以及校内其他专业部分本科生。汉语国际教育专业的学生将来面对的是来自世界各地的学生，要学会跟不同文化背景的学生交流。有效的交流不仅涉及语言技巧，还涉及许多文化因素。本课程旨在帮助学生理解文化及跨文化交流的相关理论与实践知识，树立正确的跨文化交流观念，鼓励学生为新时期的跨文化交流贡献力量。

本节课程的主题为“跨文化交流中的语言交流”，以强势语言对弱势语言造成的影响与词汇替换为例，介绍跨文化交流的语言层面。具体而言，本节课程将以中古时期法语对英语的影响为例，说明军事政治征服带来的跨文化语言替换。与之相对，我们还将介绍中古时代汉语对日语的影响，带领学生对比两者的本质区别：法语对英语是政治强迫的结果，而汉语对日语则是文化濡养的结果。

二、课程思政元素发掘

本课程各个章节在授课时可能包含以下思政元素。

元素 1：强势文化的力量。在讲授第一部分“东亚文化圈文化交流”时，我

们可以通过东亚文化圈的建立与式微了解到，文化软实力必须以政治经济硬实力作为支撑，而中华民族伟大复兴必将为东亚文化圈的复兴带来新的希望与机遇。更重要的是，东亚文化圈的核心——中国，向来以和平与文化的方式向外拓展自身的影响力，这一点同西方世界的武力征服完全不同。

元素 2：世俗社会的力量。在讲授第二部分“南亚文化圈文化交流”的过程中，我们将认识到历史悠久的印度文化及其相关区域的文化历史、发展与交流。其中，我们将了解到印度文化的标志特征之一是宗教氛围浓厚、种姓根基牢固。这一特征也是当今印度社会发展过程中难以解决的棘手问题之一。由此切入，让学生了解到世俗社会、世俗环境的来之不易。

元素 3：科学技术的力量。在讲授本课程最后一部分“西方文化圈文化交流”的过程中，我们将认识到现代世界的发展动力根源——科学技术，由此认清近代中国全面落后的根本原因。同时让学生了解到中国文化与西方文化的根本差异：我们发展科学技术并非为了征服全世界，而是为了促进中华民族伟大复兴、推动建立全球平等协作的国际秩序。

总体而言，本课程的思政目标主要有以下几点：第一，树立立足本国文化与本国实际的正确观念。各国各地都有自己的国情与情境，文化本身并无高下之分，但是社会发展水平有着相应的衡量标准，我们不可能照搬世界上任何一个国家的现成经验，只能在党的领导下发展符合自己的发展道路。第二，培养尊重各国各民族文化的基本素质。文化并无高下之分，我们必须学会尊重世界上的每个国家，无论其社会发展状况如何，要在全世界范围内广泛结交朋友，共同构建平等协作、共同繁荣的人类命运共同体。第三，激发学生传播中华文化的责任感与使命感。中华文化是人类文明发展史中的重要组成部分，中华文化是我们所有中国人的根，每个中国人都应当以身为中华文化的一分子为荣，以推动中华文化发展复兴、中华文化对外传播为荣。

对应本节课程，可供发掘的具体思政理念如下：首先，我们要让学生从历史上的跨文化语言交流实例中明白，我国文化自古对周边国家就具有极大的影响力，且这种影响力建立在和平的文化而非武力的胁迫基础之上。这一点，对我们理解、反思当今“百年未有之大变局”极具启发意义。其次，我们应当通过历史实例让学生意识到“美人之美、美美与共”的重要意义，培养学生尊重他国文化与文明的精神。这一点，也是中华文化能够历经数千年而不断发展壮大、同其他文化平等交流、文明互鉴的根本原因。最后，通过历史实例的对比，激发学生在新时代继续投身于文化交流、文明互鉴的使命感与责任感。这一点，也是本课程存在于汉语国际教育专业课程体系中的根本原因。我们必须将历史实例、理论体系与现实实践紧密结合起来，让学生将课堂所学运用于今后的跨文化交流实践之中。

三、教案设计

（一）教学目标

1. 介绍跨文化交流中的语言影响

跨文化交流包含语言与非语言等多重面向，跨文化语言交流是其中的重要方面。在一定的历史条件（如军事征服或文化影响）作用下，某种强势语言会对弱势语言产生巨大的影响，前者甚至会深刻重塑后者。

2. 介绍跨文化语言交流中的词汇替换

基本词汇是语言词汇库中最基本、最难以改变的部分，替换一般发生在非基本词汇（抽象词汇、学术词汇等）层面，基本词汇替换越多，受到其他语言的影响越深。

3. 介绍东西方历史上强势语言影响其他语言的实例

中古时期，印欧语系罗曼语族的法语深刻重塑了同语系日耳曼语族的英语，后者词汇受到大规模替换。在军事征服的作用下，大量的法语、拉丁语、希腊语词汇源源不断地输入英语，使得英语成为日耳曼语族中的“异类”。类似地，中古汉语也对日语产生了深刻的重塑，大量汉语词汇进入日语，汉语的发音、词汇乃至造词方式亦深刻影响了日语的发展。

4. 讨论跨文化语言影响对我国语言发展的启示

历史上，汉语始终是影响、塑造周边语言的强势力量。但在当今世界，英语成为国际语言，汉语的语法、词汇都难免受到英语影响。如何在积极参与国际交流、吸取世界优秀文化的同时保持文化主体性与语言独立性，是我们必须思考的问题，也是新时代青年参与塑造民族文化的使命。

（二）教学内容

本节课为跨文化交流课程第 4 章第 1 节的“跨文化语言交流”。本次教学展示的内容为跨文化交流中的语言交流与语言影响。我们将由语言史料入手，展示中古法语对中古英语词汇的影响以及中古汉语对日语的影响。首先，让学生意识到此前未曾注意的语言现象：一是英语中有如此众多经由法语直接输入或转手引进的词汇；二是日语中有如此众多汉语输入的词汇。其次，让学生分析两者的异同：共同点在于，外来语言大规模替换本民族语言词汇；不同点在于，法语影响英语系军事征服的强迫行为，而汉语影响日语则属于和平的文化影响。最后，由上述内容切入本节课程思政融入点：其一，中国文化对周边文化具有极为深远的影响；其二，中国文化的影响乃是以和平教化而非武力征服方式实现的。由此增

强学生的民族自豪感，同时激发学生继续促进跨文化交流的历史使命感。

1. 教学重点

（1）了解中古时代法语对英语的词汇替换，认清其背景与根源。首先，法语对英语的替换发生于中古时代诺曼人对不列颠的武力征服之后，系军事征服强加的被动结果，并非自主发生的文化学习。其次，这一词汇替换过程影响巨大，它让英语成为日耳曼语族语言中的“异类”，也进一步加强了法国文化在欧洲的影响力。

（2）了解中古时代汉语对日语的词汇替换，认清其背景与根源。首先，汉语对日语的词汇替换从上古时代末期就已经开始，在中古时代达到顶峰，在近代发生反向的“文化反哺”影响。其次，这一替换过程系日本文化向中国文化的自主学习，并不存在军事征服或政治胁迫的作用，这与法英词汇替换存在根本区别。

2. 教学难点

（1）跨文化语言影响的原因分析。首先，之所以发生跨文化语言影响，必须存在两种或多种文化之间发展程度的差异，强势文化必然对弱势文化发生影响。其次，跨文化语言影响存在着方式的区别，法英之间的影响乃是军事征服与政治统治的后果，汉日之间的影响则是文化濡养与和平影响的结果。这一点，必须引导学生准确区分。

（2）跨文化语言影响的当代启示。从历史可知，中国文化对周边文化具有极为深远的影响。而且，中国文化的影响乃是以和平教化而非武力征服方式实现的。对比法语对英语的影响，我们可以认清中华文化的和平本质，由此增强学生的民族自豪感，在此基础之上激发学生继续促进跨文化交流的历史使命感。

（三）教学手段与方法

（1）教师讲授相关案例与知识。亦即第四部分“教学过程”中的“复习—引入新课—组织教学”模块，系本课程的理论基础部分。

（2）教师带领讨论相关思考问题。亦即第四部分“教学过程”中的“启发思维—讨论”模块，系本课程由理论切入实践的运用部分。

（3）教师启发学生将课堂知识与当代现实相结合，亦即本课程的思政融合产出点，通过理论学习与实践启发，让学生主动领会本课程的所有思政知识点。

（四）教学过程

1. 复习

前期知识包括语言学概论课程中“基本词汇”“词汇替换”的相关内容，教师将在引入案例时带领回顾相关知识。

2. 引入新课

通过英语法语部分基本词汇对比引入英语与法语的语言系属分类差异，继而导向本科核心内容——在法语影响下，英语发生词汇大替换，成为面目特别的日耳曼语言。

3. 组织教学

首先，由英语法语对比引入。其次，切入东方语言案例，对比日语汉语，得出两组跨文化语言影响的异同。最后，提出思考题，启发学生正向、积极思考跨文化语言交流。

4. 启发思维

跨文化语言交流总是伴随着政治、经济、军事与文化的多元影响。本节课程将通过思考题启发学生对跨文化语言影响的根本原因进行思考，帮助学生认识到文化软实力必须建立在硬实力基础之上的根本道理，继而激发学生建设国家、发扬祖国文化的意识与使命感。

5. 讨论、思考题、作业

（1）法语影响英语、汉语影响日语，两者有何共性与差异？

共性：其一，后者都在前者影响下发生了大规模的词汇替换。其二，后者在现代都对前者产生了文化反哺。

差异：法语影响英语是强迫的征服所致，日本则是主动接受先进文化，两者具有本质差异。

（2）有没有强势影响者完全取代当地语言的例子？

阿拉伯征服埃及后，埃及的语言、宗教乃至民族都遭到了几乎彻底的替换。如今的埃及已经不是古代的埃及，当代埃及的官方语言是阿拉伯语，宗教是伊斯兰教。古代埃及的后代，所谓“科普特人”与“科普特语”如今在埃及只是少数族群和少数语言，文化巨变的沧海桑田令人唏嘘。

（3）本节课程内容对我们有何启示？

开放问题，主要思考方向是如何在吸收先进文化的同时坚守本民族文化独立性。参考答案：首先，中国文化对周边文化具有极为深远的影响，这一影响不仅存在于经济、政治等层面，更延续到文化层面，并将在今后构建中国与他国关系过程中发挥积极的推动作用。其次，中国文化的影响乃是以和平教化而非武力征服方式实现的，这一点，是中华文化与西方征服型、强权型文化的根本区别，也是我们在今后面对其他国家、民族与文化时应当秉持的正确理念。作为新时代的青年，我们每个人都应以身为中华民族一分子为荣，并心怀这份荣誉感与自豪感进行现实生活工作的实践。

四、教学效果分析

本课程自 2016 年开设以来，始终尝试将思政融入课程内容之中。总体而言，学生反馈良好。在 2020 年网络授课期间，甚至出现了外专业学生听课后因受思政内容感染而主动要求随堂听课的情况。身为教师，对“思政进课堂”有以下几点感受：首先，“思政进课堂”本就是我们始终在努力实现的事情，而且，作为非思政类课程，“润物细无声”的思政引入效果更好。其次，“思政进课堂”是必须加以坚持的事情，必须保证学生将专业知识领会、运用在正确的方向上。目前存在的问题主要是思政引入的内容与方式不构成体系，今后应当在这方面加大研究，抓紧落实。

具体而言，本次课程达到了以下几方面的课程思政效果：

第一，课程让学生意识到我们民族的光辉历史。通过课程可以了解到，中国文化对周边文化具有极为深远的影响，这一影响不仅存在于经济、政治等层面，更延续到文化层面，并将在今后构建中国与他国关系过程中发挥积极的推动作用。

第二，课程让学生意识到中国文化的闪光点。中国文化的影响乃是以和平教化而非武力征服方式实现的，这一点，是中华文化与西方征服型、强权型文化的根本区别，也是我们在今后面对其他国家、民族与文化时应当秉持的正确理念。

第三，课程可以增强学生的民族自豪感。通过上述两点，学生的民族自豪感将得到巩固与加强，我们将以身为中华民族一分子为荣，并心怀这份荣誉感与自豪感进行现实生活工作的实践。

第四，课程可以激发学生继续促进跨文化交流的历史使命感。汉语国际教育系理论基础、实践导向的运用型专业，我们的专业知识只有运用至文化交流的现实实践中，才能体现出意义与价值。跨文化交流课程的思政融合努力都服务于这一目标。

研习传统经典，增进文化自信

课程名称： 儒学经典

课程性质： ☑公共课　□专业课

课程类别： ☑理论课　□实践课　□理论实践一体课

课程所属学科及专业： 哲学学科，中国哲学史专业

授课教师： 王瑞昌

授课对象： 文化传播学院本科生

一、课程简介

儒学是中国文化之主体，不仅在中国而且在世界上也深有影响，享有很高声誉。本课程引领大学生研读儒学经典文献，以期奠定其人文素养和人格修养基础。选读内容涉及《大学》《孟子》等元典文献。授课方法是带领学生通过深入细致的研读而直接地体会经典的核心精神。采用的经典文本是南宋哲学家、教育家朱子（朱熹，1130—1200）的《四书章句集注》。此书是公认的儒家基本经典，不仅其中所包含的四部先秦儒家著作，即《大学》《中庸》《论语》《孟子》，是重要经典，而且朱子的注解本身经过八百年的历史检验，也早已成为举足轻重的民族经典。在研读经典的过程中，同时对经典的历史背景和时代意义予以阐发，以期古为今用。此课程有助于学生深入理解和感受中国的主流思想，牢固把握中国文化的人文精神，并因之增强对本民族的文化自信。

二、课程思政元素发掘

2014 年 3 月，教育部印发的《完善中华优秀传统文化教育指导纲要》是教育工作者从事传统文化教育的指导性文件。该文件的第三部分“分学段有序推进中华优秀传统文化教育”里谈及“大学阶段”时指出：“大学阶段，以提高学生对中华优秀传统文化的自主学习和探究能力为重点，培养学生的文化创新意识，

增强学生传承弘扬中华优秀传统文化的责任感和使命感。深入学习中国古代思想文化的重要典籍，理解中华优秀传统文化的精髓，强化学生文化主体意识和文化创新意识；深刻认识中华优秀传统文化是中国特色社会主义植根的沃土，辩证看待中华优秀传统文化的当代价值，正确把握中华优秀传统文化与中国化马克思主义、社会主义核心价值观的关系。引导学生完善人格修养，关心国家命运，自觉把个人理想和国家梦想、个人价值与国家发展结合起来，坚定为实现中华民族伟大复兴的中国梦不懈奋斗的理想信念。”为落实上述文件精神，开设本课程并挖掘其中的思政元素。其主要方面分述如下：

元素 1：“中华优秀传统文化是中国特色社会主义植根的沃土”。

“传承优秀传统文化”，这一事情本身就是“思想政治”的重要内容之一。1972 年，被美国学者艾恺（Guy Salvatore Alitto）誉为“最后的儒家”的爱国民主人士梁漱溟先生就真诚地表示过：“今日中国所以巍然成为无产阶级世界革命先导者，马列主义只为起着伟大启发作用的外因，而其根柢力量固在中国民族自身。中国有其数千年传统的深厚文化，养成其民族性格（原注：社会多数人心理倾向）不同于西欧和东欧也。”（梁漱溟：《致章士钊》，1972 年。见梁培宽编注：《梁漱溟往来书信集》上册，上海人民出版社，2017 年，第 119 页）2014 年 2 月 24 日，习近平在中央政治局第十三次集体学习时更明确地强调：“培育和弘扬社会主义核心价值观必须立足中华优秀传统文化。牢固的核心价值观，都有其固有的根本。抛弃传统、丢掉根本，就等于割断了自己的精神命脉。博大精深的中华优秀传统文化是我们在世界文化激荡中站稳脚跟的根基。”由此可见，弘扬优秀传统文化是我国政治生活的重要内容，本身就属于思政元素。

元素 2：“文化自信是更基本、更深沉、更持久的力量”。

2016 年 5 月 17 日，习近平在哲学社会科学工作座谈会上指出：“站立在 960 多万平方公里的广袤土地上，吸吮着中华民族漫长奋斗积累的文化养分，拥有 13 亿中国人民聚合的磅礴之力，我们走自己的路，具有无比广阔的舞台，具有无比深厚的历史底蕴，具有无比强大的前进定力，中国人民应该有这个信心，每一个中国人都应该有这个信心。我们说要坚定中国特色社会主义道路自信、理论自信、制度自信，说到底是要坚定文化自信。文化自信是更基本、更深沉、更持久的力量。”儒家经典中有丰富的精神价值和思想资源，可以在建设中国特色社会主义的伟大实践中发挥积极作用。其最明显的如习近平在文艺工作座谈会上所说的那样：“中华民族在长期实践中培育和形成了独特的思想理念和道德规范，有崇仁爱、重民本、守诚信、讲辩证、尚和合、求大同等思想，有自强不息、敬业乐群、扶正扬善、扶危济困、见义勇为、孝老爱亲等传统美德。”在研读儒家经典的过程中，可以阐发相关内容，以收坚定文化自信之效。

元素 3："树立正确的世界观、人生观、价值观"。

2013 年 3 月 1 日，习近平在中央党校建校 80 周年庆祝大会暨 2013 年春季学期开学典礼上指出："中国传统文化博大精深，学习和掌握其中的各种思想精华，对树立正确的世界观、人生观、价值观很有益处。古人所说的'先天下之忧而忧，后天下之乐而乐'的政治抱负，'位卑未敢忘忧国'、'苟利国家生死以，岂因祸福避趋之'的报国情怀，'富贵不能淫，贫贱不能移，威武不能屈'的浩然正气，'人生自古谁无死，留取丹心照汗青'、'鞠躬尽瘁，死而后已'的献身精神等，都体现了中华民族的优秀传统文化和民族精神，我们都应该继承和发扬。"习近平所指点的这些精神集中体现在儒家经典之中。实际上研读儒家经典的最重要的效用就是能指引人们树立正确的世界观、人生观和价值观。"温良恭俭让"、"仁义礼智信"、"学而不厌"、"和而不同"、"人禽之辨"、"义利之辨"、"王霸之辨"、"浩然之气"、"平天下"的大同理想等思想观念贯穿于儒家经典，随处可见。通过研读儒家经典，自然有助于树立正确的世界观、人生观、价值观。

元素 4："为人类提供正确精神指引"。

2016 年 11 月，习近平在中国文联十大、中国作协九大开幕式上发表讲话时指出："要加强对中华优秀传统文化的挖掘和阐发，使中华民族最基本的文化基因同当代中国文化相适应、同现代社会相协调，把跨越时空、超越国界、富有永恒魅力、具有当代价值的文化精神弘扬起来，激活其内在的强大生命力，让中华文化同各国人民创造的多彩文化一道，为人类提供正确精神指引。"2018 年 8 月，习近平在全国宣传思想工作会议上又强调："中华优秀传统文化是中华民族的文化根脉，其蕴含的思想观念、人文精神、道德规范，不仅是我们中国人思想和精神的内核，对解决人类问题也有重要价值。要把优秀传统文化的精神标识提炼出来、展示出来，把优秀传统文化中具有当代价值、世界意义的文化精髓提炼出来、展示出来。"儒家经典所蕴含的精神价值不仅是中国人民的宝贵精神财富，也是全人类的精神财富。这一点长期以来一直被世界各国有识之士反复指出。例如，广为人知的德国哲学家雅斯贝斯（Karl Jaspers，1883—1969）将孔子、老子等中国圣贤列为人类的"轴心文明"人物之列。在当代世界文化中，中国先哲的思想影响日益深广。例如，美国哈佛大学教授迈克尔·普鸣（Michael Puett）为本科生开设的中国伦理与政治课，主要是研读《论语》等中国经典，他的课曾一度位列哈佛大学"最受欢迎的课程"第三位，仅次于经济学导论和计算机科学这两门实用课程（详参迈克尔·普鸣、克里斯蒂娜·格罗斯-洛：《哈佛中国哲学课》，中信出版社，2017）。由此可见，以儒家经典为主要内容的中国经典已经实实在在地进入世界文化舞台。我们研读儒家经典的时候，也不要忘记这一点，应适当予以揭示。

三、教案设计

（一）教学目标

儒学是中华文化的主干，是中华优秀传统文化的集中代表。《大学》《论语》《孟子》等经典文献既是中华文化的载体，也是人文教育的经典，更是文学名著。通过本课程的学习，学生可加深对中国文化的理解，提升思想素质和综合文化素养，最终为造就高素质人才奠定坚实基础。同时，可以培育爱国主义精神，继承中华优秀传统美德，提升文化自信。具体言之，有以下几项教学目标：

（1）提高直接解读经典文献的能力。古汉语比较艰深，言约义丰，与现代白话文差距比较大；加之古代经学有其独特的注经体例和专业术语，如不加以训练，现代一般人士是不容易读懂《四书章句集注》这样的经学著作的。本课程直接引领学生逐字逐句研读经典原文，经过这一过程，可望使学生初步具备直接研读经典文献的能力，克服望而生畏的心理障碍。

（2）了解儒学在中国文化中的地位、意义和基本发展阶段。《四书章句集注》，尤其是朱子的注释文字，涉及很多“儒学史”方面的知识，这些知识是中国文化史的重要内容。比如朱子的《大学章句序》一文就言简意赅地讲述了从伏羲、神农、黄帝，中经孔子、孟子直至朱子自身所处的时代即南宋的儒学发展史，同时谈到了儒学与佛学、道家之学、词章之学、训诂之学的不同，因之凸显了儒学在中国文化中的地位和意义。这对把握中国文化的基本精神、增强文化自信等具有重要意义。

（3）把握儒学核心概念、范畴、基本原理和核心思想体系。“天”“性”“明德”“气质”“新民”“三纲领”“八条目”“复性”“王道”“内圣外王”“道统”等基本概念范畴；“明明德”“止于至善”“格物致知”“诚意正心”“继天立极”“人禽之辨”“义利之辨”“王霸之辨”“絜矩之道”“为政以德”“与民同乐”“苟日新，日日新”等基本命题及由此诸命题组成的儒学核心思想体系，是修身治国的重要资源，也是中国文化的核心精神。通过本课程的学习，学生能够理解、解释这些内容，脱离对传统文化模糊不清、“胡子眉毛一把抓”或者只有支离破碎之认识的状态。

（4）加深了解传统文化与社会主义核心价值观等红色文化的关系。改革开放以来，尤其是党的十八大以来，以习近平同志为核心的党中央不断强调传统文化在社会主义新文化建设中的重要作用，这就提出了一个中国文化与社会主义新文化的关系的问题。通过本课程的学习，学生将认识到中国共产党继承了很多优秀传统文化，如爱国主义、为政以德、以人民为本、提倡国际和平等。同时，学生也会认识到，作为传统文化主流的儒家文化产生在两千多年前的世界东方，与产生于19世纪西方社会的马克思主义在很多方面有重大不同，不能盲目混同、不加区分。因此，在吸收和利用传统文化时要注意坚持“取其精华，去其糟粕”的原则，把不利于当今人民福祉、不利于中华民族的前途命运、不利于社会主义新文化建设进程的东西，剥离出去。

（二）教学内容

1. 教学重点

（1）完整地理解儒学的核心精神。儒学是一个庞大的思想文化体系，儒家经典的代表性文献《十三经》多达60万字，如何既准确又方便地把握其一以贯之的核心精神，是一个严肃问题。所幸儒学经典中有一篇篇幅不长的文献，即《大学》，精简地概括了儒学的基本精神和学习方法，传统上被称为“初学入德之门”。可以说，把握了此篇，就可以得到“纲举目张”之效。所以，本课程的教学重点是研习《大学》及朱子注解的全文。在完成此经全文的基础上，再选读其他经典，就有了一个更好地消化和理解的铺垫。

（2）学习朱子的注经体例及其语言风格。朱子把《大学》分成“经”和“传”两部分，然后分别分成“章”，体例严密；朱子注解引用汉唐和宋代不少学者文献，其文字注音用“反切法”。诸如此类的“技术性”问题是现代青年不熟悉的，需要传授给学生，否则培养不出直接研读经典的能力。

（3）诵读经典文本。研读经典，仅仅理解了文字和基本意思远远不够，还必须开口放声反复“诵读”，以达到“朗朗上口”的程度。这是古今中外学习经典、加强文化修养和道德修养的行之有效的办法。因此，本课的重点之一是在讲解的基础上督促学生不断诵读。“含英咀华”“擩哜道真”，以期收到“知之、好之、乐之”的效果。

2. 教学难点

（1）融会贯通经典中的核心思想。如“继天立极”“慎独”“絜矩之道”等，含义深刻，不容易理解透彻。此外，朱子的注释文字大多富有深意，蕴含着儒家思想的核心精神，也需要融会贯通。如“明德者，人之所得乎天，而虚灵不昧，以具众理而应万事者也。但为气禀所拘，人欲所蔽，则有时而昏”（《大学章句》），其中的关键词“天”、“人”、“明德”、“气禀”、“人欲”有什么样的关系？把课程中诸如此类的范畴弄清楚，对把握儒学核心思想至关重要。

（2）利用经典中的思想分析现实问题，并发挥其思想政治教育功能。儒学经典课的宗旨是学以致用，如何把儒学经典中的思想用在现实生活中，与现实联系起来以起到思想政治教育作用，无疑是十分重要的。例如，习近平在讲到优秀传统文化时，有“讲仁爱、重民本、守诚信、崇正义、尚和合、求大同”等提

示，因此在教学过程中，可以对经典中的相关内容，如《孟子》“梁惠王”章、《大学》“诚意”章和“治国平天下”章等内容作相应的发挥。

（三）教学手段与方法

1. 考据法

研读经典离不开考据，即考证经典文句的意思和各种典章制度的渊源。这是比较复杂的一门学问，但是可以让学生稍微了解一些基本情况。比如，考证一下“仁爱”在儒家经典中的基本意思是什么，与墨子的“兼爱”、西方的“博爱”有何异同；“民本”“大同”“小康”出现在儒家经典的何处；“正义”与儒家的“义”是否有区别，等等。这种考据有一定的趣味性，而且能达到课程思政的要求。

2. 启发法

孔子说：“不愤不启，不悱不发。”教学过程中可以通过设置一些问题让学生思考、回答，引起思想的激发和碰撞，以达到更好的教学效果。比如，可以提出“社会主义核心价值观中的哪些内容与儒家经典中的思想一脉相承或密切相关?”“‘其所令反其所好则民不从’（《大学》经文）这一原理对改善当今党政领导干部的工作方法、提高为人民服务的水平，是否有启发意义?”“‘贤者而后乐此，不贤者虽有此不乐也’（《孟子》经文），此儒家思想对改善干群关系是否有借鉴意义?”等问题，通过设置诸如此类的问题，既可以提高学生活学活用经典的能力，也能起到课程思政所要求的效果。

3. 比较法

教学过程中，恰当地将儒家经典所表现出的思想与其他诸子百家的思想乃至西方其他思想加以比较，有利于更深入地把握教学内容，而且能更清楚地认识到相对于其他各家，传统文化中的儒家思想与当今的思想政治教育联系更为紧密。比如，阴阳家思想迷信成分太多，法家专制思想太强，释、道两家思想出世倾向太明显，墨家思想太忽视个人福利，名家、农家思想内容不够丰富；相较而言，儒家在哲学、伦理、政治、经济、教育等方面都有丰富、深刻而系统的思想，而且积极入世，与新时期中国特色社会主义理论的契合点最多。在这种比较过程中，学生会受到潜移默化的熏陶和教育。

4. 诵读法

前文已提到经典诵读的重要性。关于诵读法，前人有很多精彩的论述。朱子自己曾现身说法：“读书须是成诵，方精熟。今所以记不得，说不去，心下若存若亡，皆是不精不熟之患。若晓得义理，又皆记得，固是好。若晓文义不得，只背得，少间不知不觉自然相触发，晓得这道理。”（见《朱子读书法》，卷一，浙江人民美术出版社，2017，第31页）教学过程中，将重要经典段落布置给学生，让其课下背诵，然后提交录音，评定成绩，可起到督促作用。

5. 音像法

由于现在网络资讯发达，教学过程中可以充分利用，向学生推荐有关优秀教学视频资料，尤其是那些将传统文化与思想政治教育结合得比较好且具有艺术品质的音像资料，以收到寓教于乐的效果。

（四）教学过程

总体思路：让学生充分认识到学习儒家经典的重要意义，将《大学章句》及其他经典选段列为教学的重要内容，利用考据、启发、比较、诵读、音像等方法将经典内容传授给学生，并加强平时督促、答疑和考核工作。在此过程中，将经典内容与思想政治教育的相关内容，如爱国主义、仁爱诚信、和谐文明、自强不息等有机地结合起来，使学生学完课程之后既受到传统文化教育，又提高其思想政治意识和水平。

具体教学过程分为以下几个环节：

1. 动员环节

利用中外学者资料、资讯，向学生介绍儒家经典的重要意义。介绍《汉书·艺文志》中对儒家的经典定位，即何以儒家“于道最为高”；介绍习近平及著名学者李学勤等人关于传统文化重要性的论述；介绍国外大学儒家经典的学习情况，激励学生的学习热情。

2. 解释教材环节

向学生介绍儒家经典的基本情况，在此基础上引出《四书章句集注》的重要性，并说明选学的内容及选取这些内容的理由。重点说明为什么要全文一字不落地学习朱子的《大学章句》；介绍为什么要学会用繁体字教材。

3. 经典讲授环节

在学生预习的基础上，让准备得比较充分的学生朗读经典文本，并鼓励其尝试解释经典的语义、表达其个人心得；学生不能解决的难点内容，教师作重点讲授，同时将学生解释得不圆满的地方予以补充讲解、发挥得不恰当的地方加以纠正；告一段落之后，集体诵读一遍，以巩固所学。

4. 讨论环节

结合经典内容，提出一些问题，让学生思考回答；提的问题尽量结合思想政治教育相关内容；在此基础上进行讨论，起到加深理解的作用。

5. 诵读环节

布置诵读的经典文本，让学生在诵读熟练的基础上制作录音文件，并上传到网络教学系统；教师在网络系统上评分并作点评。最后，在课堂上总评，表彰优秀，激励后进。

6. 课外答问环节

利用微信群等即时信息传播工具随时随地进行课外答疑和交流。课下学生有什么问题，可以通过微信群提出，教师予以解答。这样就能把教学活动贯彻到课堂内外，起到更好效果。

例如，有学生不理解朱子“补格物致知传”中的“全体大用”一语的意思，教师作出解释：“体用”是一对哲学范畴，“体”指事物的本身、自性，“用”是指此事物之功能、作用、表现。英语一般翻译成“substance and function”。以“手”为例，其“体”是其自身的结构、自身的存在；其“用”就是抓东西、写字、表演等活动和功能。“全体”不是指“everything”“all of something”，而是指完好无损，“the whole body of a certain thing”。一只手缺了一个手指，就不是“全体”了，而是残缺不全。“大用”是伟大、强大的功用。任何事物都有其“全体大用”。如果一只手长得正常、完好无缺，而且受过很多锻炼、训练，则其“用”就很强大。例如，能做饭、能缝衣、能耕种、能木工、能“制梃”、能舞剑、能奏乐、能哑语……岂不大哉！一只手是如此，至于“人心”则更是如此。“全体大用”在具体语境中的意思，可以自己依以上所言举一反三去体悟。

7. 考核环节

总成绩由平时成绩和期末考试成绩构成，各占50%。平时成绩依据领读领讲情况、回答问题情况、诵读情况、将经典内容与思想政治教育结合的能力等因素评出；期末成绩以卷面成绩为准。

四、教学效果分析

对于儒学经典课的教学效果，尚未有相关领域专家做出全面的、客观科学的评估，但是从上过此课的学生的一些表现、反应看，其效果是显著而可喜的。具体表现如下：

（1）大部分学生最终都取得了很好的成绩。学生在答题的时候，能较好地将学习内容与思想教育内容结合起来，做到古为今用。比如，有学生在答题时对于“与民同乐”的思想，这样写道：“夏桀让百姓怨恨到不想再活下去的地步，他的奢侈淫乐就是他败亡的前兆。孔子的核心思想之一就是以民为本，一切以百姓为出发点，让百姓得到满足和欢乐，执政者才能得到真正的满足。在我们之前学习的文章中，《醉翁亭记》里的‘人知从太守游而乐，而不知太守之乐其乐也’，也很好地解释了‘古之人与民偕乐，故能乐也’。在当今社会，我国奉行群众路线，一切从群众中来，到群众中去，一切工作以人民群众的利益为出发点。当我国领导人把群众利益看得比个人利益更加重要，带领大家走向共同富裕，这才是大众的快乐。”这就把经典与“为人民服务”“共同富裕”结合了起来。

（2）有些学生通过儒家经典的学习深化了对思想政治课的理解。比如，有学生在课后与教师交流时表示：“我们的思想道德修养与法律基础课上有中华传统美德的内容，学了儒家经典之后，对这些内容的理解就很透彻了。比如思政课上的有‘慎独’之说，而此说出自《大学》。在儒学经典课上，通过‘如好好色，如恶恶臭’的讨论，对‘慎独’有了深入系统的了解，这对我们的思想道德课有很大的促进作用。”

（3）不少学生对朗读经典投入很多精力，朗读得声情并茂，富有感染力且具有艺术性。有的学生还给自己的朗读配上了优美的音乐。更难能可贵的是，有一些学生在评分结束之后，还纯粹出于“好学”，锲而不舍，精益求精，继续朗读。“温柔敦厚诗教也，广博易良乐教也。”（《礼记·经解篇》）可以看出，通过经典的学习学生的文化水平得到了提升，情操得到了陶冶，思想道德修养也得到了提高。

课程思政背景下的杜甫诗歌教学

课程名称：唐诗宋词鉴赏

课程性质：☑公共课 □专业课

课程类别：☑理论课 □实践课 □理论实践一体课

课程所属学科及专业：中国文学，中国古代文学

授课教师：赵建梅

授课对象：全校本科生

一、课程简介

唐诗宋词鉴赏属于全校性的公共选修课。唐诗宋词作为中国古代文学中的瑰丽奇葩，对青年学生的精神世界可以起到很好的熏陶和滋养作用。课程旨在使学生通过大量唐宋诗词名篇的学习，丰富人文内涵、提升艺术素养。

本课程主要介绍著名作家和重要流派，赏析唐诗宋词名篇佳作，让学生在有限的时间内系统地阅读优秀的唐宋诗词作品，了解唐诗、宋词发展的历史；通过唐诗宋词的教学，培养学生的家国情怀，强化学生的进取意识，提升学生的审美品位，丰富学生的情感世界。

二、课程思政元素发掘

元素 1："国家兴亡，匹夫有责"的家国情怀。

"国家兴亡，匹夫有责"的家国情怀是古人留给我们的最宝贵的精神财富，古典诗歌更成为这方面的重要载体，而作为古典诗歌最高成就的唐宋诗词更蕴含着丰富的爱国情感，在课堂中实现唐宋诗词的教育价值，有意识地培养学生的家国意识。

元素 2：积极、强烈的进取意识。

中国文化的精神是"君子以自强不息"，唐宋诗词中蕴含着积极进取的儒家精神，而这种精神是新时代青年学生必须具备的。通过唐宋诗词的教学，强化学

生勤奋努力、积极进取、开拓创新的意识。

元素3：乐观、旷达的精神境界。

唐宋诗词中蕴含着丰富的人文精神，尤其是诗人面对人生中的挫折、困境时所表现出的乐观、旷达的人生态度。通过教学，学生在潜移默化中领悟诗人的精神境界，逐渐养成乐观旷达的情绪、心境。

元素4：正直、峻洁的人格追求。

深受儒家文化熏陶的唐宋诗人、词人，普遍有着儒家核心价值如正直、峻洁等精神底色，这些亦会在其诗作中自然流露，从而成就其诗歌的精神价值。通过教学，逐渐培养学生对正直、峻洁人格的推崇和追求。

元素5：高尚、雅正的审美品位。

美育教育已经越来越受到高校的重视，而唐宋诗词蕴含着丰富的美育价值。通过诗词教学，学生的审美品位在诗意的熏陶中得到培养和提升。

元素6：丰富、深刻的情感世界。

唐诗中表现亲情、爱情、友情的诗作很多，这些诗作折射出唐人真切的亲情、纯洁的爱情和真挚的友情。赏读这些诗作，可以帮助学生建立健康纯净的情感世界。

三、教案设计

（一）教学目标

1. 知识目标

通过本节课程的教学，学生能够深入了解杜甫的生平、思想，其诗歌的情感内涵和艺术特点，以及杜甫在唐诗发展史上的地位。

2. 能力目标

通过本节课的教学，学生能够把握杜甫诗歌的主要特点，并能够对杜甫的诗歌作出科学而艺术的分析、鉴赏。

3. 价值目标

（1）培养学生“国家兴亡，匹夫有责”的家国情怀。

（2）帮助学生建立真挚、纯正的情感观。

（3）提升学生的审美品位。

（二）教学内容

1. 教学内容

（1）杜甫的主要人生经历。

（2）“诗圣”内涵和“诗史”意义。

（3）杜甫《羌村三首》分析。

2. 教学重点

杜甫的主要经历、思想特点，杜甫诗歌的情感和艺术特点，以及《羌村三首》讲解。

3. 教学难点

通过作品分析让学生理解杜甫诗歌情感的深沉厚重特点。

（三）教学手段与方法

唐宋诗词要想进入学生的心灵，必须采取适合年轻学生特点的形式，使他们从心灵深处感受到诗词的美和魅力，在其感兴趣的前提下，再引导他们逐步进入更深层次的阅读境界。情景教学法特别强调情绪激发感染，这一点对以抒情为主的唐宋诗词教学尤为适合，恰如其分地运用情景教学法，可以收到意想不到的课堂效果。可以说，情景教学法的精彩运用是唐宋诗词实现育人目标最有效的教学手段。具体到本节课来说，包括以下手段：

（1）恰当运用多媒体，营造诗歌的视听效果，让学生在多种艺术的熏陶中感受诗词之美，领悟杜甫的思想境界。唐宋诗词有极强的画面感和音乐美，所以，诗词教学中可以恰当借助多媒体手段，运用相关视频和音频，营造诗词的意境，给学生丰富的视听感受，唤起他们的审美联想，使他们在内心深处切实感受到诗词的情感意蕴和艺术魅力。

（2）教师运用语言及朗诵描述、渲染，带学生进入诗的境界。情景需要语言，语言应当从情景教起。教师通过语言的描述、声情并茂的诵读，引领学生进入诗歌的意境，是学生深入理解诗歌的重要一环。学生对诗歌的把握必须建立在理解诗人创作诗歌的际遇、心境以及诗人所处的社会环境、文化背景的基础上，这样才能更好地感受、体味诗作的情感、意象及意境、意蕴，也才能对一首诗做出合情合理的分析和鉴赏。那么，这一点的实现除了必要的课外阅读外，在时间有限的课堂之内，教师精准、生动的语言描述将起到重要作用。通过充实、精致的内容，以及对诗人相关故事的动情描述，营造出使学生身临其境、感同身受的氛围，唤起他们心灵的共鸣，进而引发其进一步读诗的愿望。教师在讲解中要补充大量诗人信息，力求给学生一个立体多维的诗人世界和空间。教师的语言对学生更好地理解作品起着至关重要的作用。讲授诗词，教师的朗诵也尤为重要。一个善于朗诵、对诗歌有深入理解和热爱又充满激情的教师，会激发起许多学子的读诗兴趣，也会引领学生对诗歌获得更深入的理解。所以，除了利用名家朗诵资料外，教师也要有意识地培养朗诵能力，包括有意识地练声，以便使自己能够更好地将诗作的意境、内涵与魅力传达给学生。

（3）学生深情吟诵，调动多重感觉，真切感受、体味诗的美境和意蕴。古人读古文，一向重视诵读，对于韵文之代表诗词来说，诵读显得尤为重要。苏轼曾说："三分诗，七分读耳。"只有深情、反复诵读，诵读者才能真正领略诗家妙处。朗读本身是由眼、口、耳、脑等多感官参与的活动，学生用心投入地读诗，感受诗，用心体味诗人的境遇、情感，用想象去填补诗词创作留下的空白，品味诗词的意境，这样会大大加深他们对诗歌妙处的理解，以及对诗人思想境界的领悟。

（四）教学过程

1. 教学设计思路

（1）以杜甫《望岳》诗的朗诵以及精心结撰的导语引出本节课的主题，引发学生对杜甫诗歌进一步学习的兴趣。

课程思政的体现：让学生从《望岳》诗和充满正能量的导语中，感受杜甫"岱宗夫如何，齐鲁青未了""会当凌绝顶，一览众山小"的胸襟气魄和奋发有为、积极向上的青春力量。

（2）读古诗要"知人论世"，以教师讲解与学生思考、讨论相结合，让学生掌握杜甫的主要人生经历、"诗圣"内涵、"诗史"意义。

课程思政的体现：通过对杜甫人生经历、"诗圣"内涵、"诗史"意义的理解与把握，让学生真切感受杜甫"致君尧舜上，再使风俗淳"的理想追求、"穷年忧黎元，叹息肠内热"的忧国忧民之心及其真挚深沉的情感世界。

（3）以教师详细、深情讲解为主，分析杜甫《羌村三首》，播放名家朗诵音频，以引发学生的情感共鸣。教师既要注重字词、诗句的解释，又要声情并茂地讲解，带学生进入诗歌情境。再让学生反复诵读，进一步体味诗中所表现的诗人的情感。在此基础上，教师引导学生对诗歌的主要艺术特点进行归纳，并以此诗为切入点，让学生进一步体味"诗圣"内涵和"诗史"意义。

课程思政的体现：通过对杜甫《羌村三首》组诗的学习，让学生切身体味杜甫忧国忧民的厚重情感，也感受他对妻儿的深情，从而在潜移默化中培养学生博大深厚的家国情怀和纯洁美好的情感世界。

（4）课堂练习题训练。根据时间安排若干题目，既有知识点，也有拓展思考，考查学生对本节课的掌握程度，以及对于杜甫诗歌之伟大的切身感受。

课程思政的体现：通过练习题的精心设计，加强学生对杜甫忧国忧民之心的理解与体会，进一步实现杜甫家国情怀的教育价值。

2. 教学过程安排

根据教学要求和教学计划，对教学进程进行系统安排，本着"知人论世"的解诗思路安排内容，教学过程既充分发挥教师的引导作用，又全面调动学生的学习积极性和主动性，努力收到最好的教学效果。教学过程安排如表 1 所示。

表 1

教学意图	教学内容及手段	环节设计
导语	教师朗诵杜甫《望岳》，并以精心结撰的简明导语引出本节课要讲解的主题：杜甫（教师板书）。同时引发学生对于杜甫何以被称为“诗圣”，杜诗何以被称为“诗史”的思考	时间：2 分钟 通过这样的导语，调动学生已有的知识储备，引发学生的情感共鸣和学习兴趣
本节课总体框架结构	1. 杜甫的主要人生经历 2. “诗圣”内涵和“诗史”意义 3. 杜甫《羌村三首》分析	时间：1 分钟 使学生对本节课所要学习的内容有一个总体、清晰的了解，以便更有效地进入课程学习
教学重点 1	利用 PPT，教师讲解本节课教学重点之一：杜甫的主要人生经历。 杜甫（712—770）： 1. 读书和漫游时期（712—745）（35 岁以前） 2. 困居长安时期（746—755）（35~44 岁） 3. 陷贼与为官时期（756—759）（45~48 岁） 4. 西南漂泊时期（759—770）（48~59 岁）	时间：7 分钟 本着读诗要“知人论世”的原则，教师通过充实、精致的内容，努力营造能使学生身临其境、感同身受的时代氛围，让学生切实感受杜甫在唐朝由盛转衰的时代如何彰显忧国忧民的“大我”精神
教学重点 2	借助 PPT，通过教师引导、学生思考讨论发言等多种教学手段结合，使学生深刻领悟本节课教学重点之二：“诗圣”内涵和“诗史”意义。 1. “诗圣”内涵 （1）流离孤苦：“江汉思归客，乾坤一腐儒”（《江汉》），“海内风尘诸弟隔，天涯涕泪一身遥”（《野望》），“真成穷辙鲋，或似丧家狗”（《奉赠李八丈判官》）。 （2）坚守理想：“致君尧舜上，再使风俗淳”（《自京赴奉先县咏怀五百字》），“济时敢爱死，寂寞壮心惊”（《岁暮》）。 （3）至情至性：对国家、对人民、对妻儿、对兄弟、对友人。 2. “诗史”意义 （1）杜诗具有史的认识价值。 反映重要历史事件：《悲陈陶》《悲青坂》《收京三首》《洗兵马》；“三吏”“三别”补史之失载；《三绝句》。 （2）杜诗提供了史的事实。从一个人、一个家庭写起。 （3）杜诗用叙事手法写时事	时间：8 分钟 通过讲解引发学生对已有认知常识“诗圣”“诗史”的深入思考，从而使他们对杜甫其人其诗的理解上升到一个新的高度

续表

教学意图	教学内容及手段	环节设计
教学重点3	主要通过PPT展示、教师声情并茂的讲解，并采用名家诵读、学生吟诵等手段，完成本节课教学重点之三：杜甫《羌村三首》分析。 《羌村三首》（其一）：刚到家时全家悲喜交集。三个画面： （1）与妻儿见面。"怪"、"偶然"，乱世中的真切心理。 （2）邻人围观。"感叹"、"唏嘘"，富有人情味的场景。 （3）夜阑秉烛时分，与妻子相对而坐。"夜阑更秉烛，相对如梦寐。" 《羌村三首》（其二）：还家后仍然忧虑国事。重点诗句： "晚岁迫偷生，还家少欢趣。娇儿不离膝，畏我复却去。忆昔好追凉，故绕池边树。萧萧北风劲，抚事煎百虑。" "赖知黍秫收，已觉糟床注。如今足斟酌，且用慰迟暮。" 《羌村三首》（其三）：邻人来访，共谈世事。以歌哭结束，语至沉痛： "请为父老歌，艰难愧深情。歌罢仰天叹，四座泪纵横。" 教师声情并茂地讲解作品后，让学生反复诵读加深体会。在此基础上，引导学生归纳出组诗在艺术上的主要特点： （1）每章独立成篇，又互相联结。 （2）用叙事手法写时事。在叙事中融入强烈抒情。 （3）语言表现力强	时间：18分钟 通过对《羌村三首》组诗的讲解，让学生从具体作品入手，深切体味杜甫忧国忧民的情感，以及他对妻儿的深情，同时体会杜诗不同于盛唐兴象玲珑之作、以叙事为主的诗歌表现手法，并进而初步理解杜诗在唐诗发展史上的"开新世界"意义
课堂练习题训练	用讨论形式，针对教学主要知识点进行课堂练习。 1. 由《羌村三首》理解"诗圣"的内涵 2. 由《羌村三首》理解"诗史"的意义	时间：9分钟 通过精心设计的练习题，引发学生对于主要知识点的思考，训练学生综合分析问题的能力及表达能力，同时强化他们对于杜诗之伟大的理解与体悟

四、教学效果分析

本课程的教学内容和教学设计符合本科生的知识水平和认知规律，通过多种教学手段，努力营造诗歌情境，引发学生对于杜甫诗歌学习的兴趣，使学生在诗意情绪激发中阅读、理解、思考诗歌的情感内涵和艺术特征。对杜诗沉郁浑厚诗风的欣赏，既提升了学生的诗歌审美鉴赏品位，也提升了他们综合思考问题、分

析问题的能力。

本课程始终贯穿着家国情怀的思政教育。“国家兴亡，匹夫有责”的家国情怀是古人留给我们的宝贵精神财富，这种高尚的情感是当今大学生应该具备的最重要的核心价值观。正如习近平总书记 2018 年 5 月 2 日在北京大学师生座谈会上的讲话所说：“爱国，是人世间最深沉、最持久的情感，是一个人立德之源、立功之本。”他给广大青年提出的第一条希望即是“要爱国，忠于祖国，忠于人民”。出身于“奉儒守官”之家、时逢唐朝由盛转衰的杜甫，其“穷年忧黎元，叹息肠内热”忧国忧民的深挚情感，堪称唐诗中所蕴藏着的思政教育价值的典范。在教学过程中增强实现这种思政教育价值的意识，是每一个唐诗教学者的使命和责任。在当今经济全球化背景下，对学生加强爱国主义教育有着重要的现实意义。此外，课程中所表现出的杜甫对妻儿的深厚情感，有助于培养学生真挚纯洁的情感观，使他们建立健康纯洁的情感世界，提升人生的幸福感。

蕴藏在唐诗中的宝贵的思政教育价值是隐性的，精心组织设计的教学过程能够让这种教育价值呈现出来。这种呈现不是以生硬、教条的方式强加给学生，而是通过各个教学环节诗意地渗透到他们的心灵中。在潜移默化、润物无声的滋养中，让家国情怀在学生的心灵中扎根、成长。

读写改一体的应用写作教学实践：以“通报”概由的写作教学为例

课程名称：应用写作

课程性质：☑公共课　□专业课

课程类别：□理论课　☑实践课　□理论实践一体课

课程所属学科及专业：全校必修课

授课教师：戴新月

授课对象：各专业低年级本科生

一、课程简介

应用写作课程为通识教育必修课，修读对象为全校大部分专业本科一年级或二年级学生。应用写作是指带有明确社交功能和价值，与特定行业、职业或学科相关的表达活动，如公文写作、论文写作等。专门用途写作能力是每个现代社会成员都应具备的基本能力。

通过本课程的学习，学生将会具备创新思维、创新能力、良好的职业素养和综合素质，同时增强语言文字运用能力，培养热爱祖国语言文字和传统文化的意识，形成良好的品格和个人修养，树立规范意识，认同并践行社会主义核心价值观。

二、课程思政元素发掘

元素1：坚持母语自信和文化自信。

应用写作首先是母语写作，应用写作的教学首先是母语教学。本课旨在使学生了解汉语的基本特点和汉字与汉语的适配性，进而对汉语所记录的中华民族优秀文化和思想价值体系产生认同感。

元素 2：增强社会参与感和责任感。

党和国家的路线方针、决策部署，通常是利用各类应用文层层传达、广泛宣传的。本课程旨在引导学生关心国家的前途、人民的命运，关注社会发展，投身祖国建设，增强社会责任感。

元素 3：树立规范意识和法律意识。

首先，应用文在体裁、格式、语言等方面都要求规范性；其次，应用文的内容多涉及国家政策和法律法规。本课程希望学习者树立规范意识，坚定立场，提高公共道德素养和法律素养。

元素 4：养成实事求是的人生态度。

应用文要求文中涉及的人、事、数都必须是符合客观事实的，不能弄虚作假，不能剽窃。本课程希望引导学生养成实事求是的人生态度。

三、教案设计

（一）教学目标

（1）知识目标：了解什么是通报以及通报的适用范围；通报的结构组成；通报概由的位置、作用和写法。

（2）能力目标：可以用合适的语言为给定任务撰写概由。

（3）价值目标：引导学生关注社会现实，提高解决问题的能力；树立规范意识；养成实事求是的人生态度。

（二）教学内容

（1）通报的适用情境。

（2）通报的结构（教学重点）。

（3）通报概由的位置和写法（教学难点）。

（三）教学手段与方法

1. 任务法

任务型教学（task-based language teaching）是指教师通过引导学习者在课堂上完成任务来进行的教学。这是一种强调“在做中学”（learning by doing）的教学方法。任务型教学法的突出优势是给学生提供将知识和技能贯通的机会，让每个学生都能独立思考、积极参与，易于保持学习的积极性，收获感较强。任务的设置应确保与学生生活密切相关。

2. 阅读法

写作是一种表达活动，从语言学的角度看，属于言语输出活动。足量、优质的言语输入是保证言语输出的必备条件。因此，写作的教学离不开阅读。本课会提供大量经典应用文范文，通过阅读让学习者自己总结各种应用文适用的范围和情境，体会各类应用文的语言特点。范文的选择要考虑大学生的认知特点和不同专业背景，应选择反映社会重大事项及与学生生活密切相关的应用文。

3. 实践写作

本课的教学以学生为中心，由学生写，由教师给出修改意见，再由学生修改。

（四）教学过程

教学过程见表1。

表1

<table>
<tr><th colspan="3">“通报”概由的写作（45分钟）</th></tr>
<tr><th>教学意图</th><th>教学内容</th><th>环节设计</th></tr>
<tr><td>任务导入</td><td rowspan="2">通报的概念、适用情境</td><td>时间：8分钟
任务：提供5篇不同部门的通报范文，让学生阅读范文后，分组讨论总结每篇范文的适用范围，并比较有何异同。
范文1：山西省教育厅关于某演员以伪造应届生身份参加高考问题的调查处理通报。
范文2：关于黑龙江省新冠肺炎聚集性疫情有关情况的通报。
范文3：国务院关于对“十一五”节能减排工作成绩突出的省级人民政府给予表扬的通报。
范文4：交通部关于对治理公路三乱检查情况的通报。
范文5：关于3月21日媒体曝光3名游客在八达岭长城城墙刻画的相关情况通报。
➢ 范文1的内容与高考有关，大一的学生刚刚经历过高考，对高考的关注度较高，容易引起共鸣；涉及娱乐圈和明星，更加容易激起学生的阅读兴趣。
➢ 范文2的内容反映新冠疫情发展情况，属于重大社会话题。
➢ 范文3和范文4是通报最常用的情景，具有代表性和典型性。
➢ 范文5是本地热点新闻，同样可以引起学生的阅读兴趣</td></tr>
<tr><td>概念引入</td><td>时间：2分钟
方式：教师根据小组讨论结果总结通报的概念、适用情境。
➢ 通报：用来表彰先进、批评错误、交流情况的下行公文。
➢ 通报适用的三种情况分别是表彰先进、批评错误和交流情况</td></tr>
</table>

续表

<table>
<tr><th>教学意图</th><th>教学内容</th><th>环节设计</th></tr>
<tr><td rowspan="2">教学重点 1</td><td rowspan="2">通报的结构</td><td>时间：5 分钟
任务：将 5 篇范文分别指派给一个小组，讨论列出该篇范文的结构</td></tr>
<tr><td>时间：5 分钟
方式：教师总结 5 篇范文结构的共性。
（1）概由：用十分精练的文字，高度概括出主要事实，点出意义或影响，表明态度。
（2）基本事实：叙述事件的主要过程，交代清楚有关问题，是概由部分的具体化。
（3）分析评价：解剖评说所叙事实，指出事实的意义、后果或影响。尤其是转述的通报。
【补充】通报有直述和转述两种，前者直陈其事，后者类似中转通知，因其后有附件详述事实，因此通报本身不必详叙过程，重点应放在评析上。
（4）希望和要求</td></tr>
<tr><td>教学重点 2</td><td>通报概由的信息结构</td><td>时间：5 分钟
方式：首先每组在不看被指派范文的前提下，集中讨论该篇范文概由部分写了哪些信息。然后再次精读范文概由部分，查漏补缺，对比语言差别。
以“交通部关于对治理公路三乱检查情况的通报”为例，该文概由：
为了解当前治理公路“三乱”工作出现的新情况，解决新问题，进一步巩固治理公路“三乱”成果，交通部近期组织检查组，采取实地检查、走访司机等方式对河北、浙江、安徽、福建等省份的部分国道、省道进行了暗访检查。从检查情况看，公路比较畅通，各执法部门工作人员上路执法较为规范，但是在一些地区仍不同程度地存在一些问题，个别地方问题还比较严重，应引起高度重视。现将有关情况通报如下：
…………
经分析，这一段的信息要素有：
➢ 检查的目的：为了解当前治理公路“三乱”工作出现的新情况，解决新问题，进一步巩固治理公路“三乱”成果。
➢ 检查的主体：交通部近期组织检查组。
➢ 检查的方式：采取实地检查、走访司机等方式进行了暗访检查。
➢ 检查的范围：河北、浙江、安徽、福建等省份的部分国道、省道。
➢ 检查的结果（正面）：从检查情况看，公路比较畅通，各执法部门工作人员上路执法较为规范。
➢ 检查的结果（负面）：在一些地区仍不同程度地存在一些问题，个别地方问题还比较严重，应引起高度重视</td></tr>
</table>

续表

教学意图	教学内容	环节设计
实践写作	通报概由的写作	时间：10 分钟 任务：模仿范文，结合刚刚总结的概由信息结构，以教务处的视角为“教务处关于 2020—2021 学年第二学期本科期中教学检查工作的通报”写出概由。 ➢ 检查的原因：为提高本科教学质量，加强本科教学管理。 ➢ 检查的参与者：教务处、督导组、各教学单位。 ➢ 检查的方式：教学单位组织教学观摩活动；教学单位召开教师、学生座谈会；督导专家随机听课。 ➢ 检查的范围：全校范围内的本科课堂教学。 ➢ 检查的结果：正面结果和负面结果
		时间：10 分钟 方式：教师总结问题，给出修改意见。示例如下： 问题 1：应用文语言讲究平实性，忌抒情、渲染。 学生习作实例：本学期的学习生活在不知不觉中已经过半…… 修改意见：删去。

续表

教学意图	教学内容	环节设计
实践写作	通报概由的写作	教务处在各教学单位及督导组的协助下 加强本科教学管理，现决定由教务处全衔管理，各教学单位及督导组本 通过 全校范围内的本科课堂教学的 配合，共同开展了期中教学检查工作。工作方式为采取了教学单位组织教学观 问题 2：内容与文体要相适应。 学生习作实例：为提高教学质量，现决定进行教学期中检查。 修改意见：通报是事件完成后行文，因此不应出现“现决定……”，建议改为“为提高教学质量，进行了教学期中检查”。 为提高本科的教学质量，加强本科的教学管理， 对本科学习起到检查督促的作用，教务处和督导组 以及各教学单位进行了期中教学检查工作，教学单位 对全校范围内的本科课堂学习。检查 问题 3：应用文写作应讲究真实性。 学生习作实例：教务处和督导组以及各教学单位进行了期中教学检查工作。 修改意见：教学检查的主体是教务处，各教学单位是被检查对象，督导专家听课是检查的方式之一，不应统统列为检查的主体。与事实不符。建议改为：“教务处组织各教学单位进行了期中教学检查。检查采取教学观摩、督导专家随机听课、师生座谈等方式。”
		时间：5 分钟 方式：学生根据教师提供的修改意见修改习作并定稿。范文如下： 教务处关于 2020—2021 学年第二学期本科期中教学检查工作的通报 为提高本科教学质量，加强本科教学管理，教务处组织各教学单位进行了期中教学检查。检查采取教学观摩、督导专家随机听课、师生座谈等方式，对全校范围内的本科课堂教学进行了检查。从检查情况看，整体教学秩序井然，教学效果良好，但是在一些课堂上仍存在一些问题，应引起高度重视。现将有关情况通报如下： …………

四、教学效果分析

本课程以学习者为中心，提供与社会热点问题相关或与学生生活密切相关的范文，由阅读到写作，符合人类语言习得的自然规律。具体操作时，由泛读到精读，由视觉辅助输入到无辅助输出，难度逐步增加，符合人类普遍认知规律。整体营造一种适度挑战的学习氛围，能够较好地激发学习者的学习热情和学习兴趣，培养学习者自主学习的习惯，提高学习者分析问题、解决问题的能力。

本课程始终强调应用文语体的差异性，通过阅读和写作，使学习者切身体会到谈话语体和文章语体的不同。“现代汉语的语体总的可以分为两大类：谈话语体和文章语体。前者可以简称为谈话体，后者简称为文章体。不少人曾经混淆了谈话体和口语，文章体和书面语的区别。口语和书面语应该指的是使用语音或文字来表达思想的两种形式；而谈话体和文章体却指的是运用语言时一系列的差异。”① 文章体给人以严谨庄重的感受，而谈话体给人以随意、生动的感受。通过本课的学习，学生更深刻地了解汉语的语体差异及汉字与汉语的适配性，可以在特定的语言环境下选择恰当的语体进行表达，进而对汉语所记录的中华民族优秀文化和思想价值体系产生认同感。

本课程提供大量现实文本，涉及当下社会热点问题和事件，潜移默化地影响学生的价值观和世界观，提高公共道德素养和法律素养，引导学习者主动关心关注国家的前途、人民的命运，增强社会参与感和责任感。例如，展现新冠疫情下全国各地的医疗队驰援湖北的报告文学作品《千里驰援》，既可以为学生展示“边缘文体”的特征，又可以展示中华民族砥砺奋进、栉风沐雨的文化基因。又如，“国务院中央军委关于授予丁晓兵同志‘保持英雄本色的忠诚卫士’荣誉称号的命令”，既可以提供“命令”文种的结构、语言、内容，也可以展示爱国的核心价值观。

应用文写作在我国有着悠久的历史，最早可追溯到甲骨卜辞。第一部体例比较完备的公文总集《尚书》成书于春秋战国时期；除了行政公文，法律、经济、医学、历法等领域应用文的产生、发展均有代表性作品。新中国成立以来，应用文的发展从形式到内容经过规范化改革，逐渐形成今天的样貌和惯例。本课程通过介绍我国应用文的发展史、各历史时期应用文的代表作品，有效地激发了学生的民族自豪感和爱国主义情怀。

应用文在体裁、格式、语言等方面都要求规范性，国家质量监督检验检疫总局 2012 年发布的国家标准《党政机关公文格式》（GB/T 9704—2012）规定了国家行政机关公文通用的纸张要求、印刷要求、公文中各要素排列顺序和标识规则。通过学习应用文写作，学习者树立了较强的规范意识，拥有了良好的职业素养和综合素质。应用文写作的训练促进学生养成实事求是的人生态度。

---

① 唐松波．谈现代汉语的语体［J］．中国语文，1961：5.

中华剪纸之美

课程名称：中国传统技艺

课程性质：□公共课 ☑专业课

课程类别：□理论课 ☑实践课 □理论实践一体课

课程所属学科及专业：文化学，汉语国际教育

授课教师：张小乐

授课对象：汉语国际教育专业本科生

一、课程简介

一个合格的对外汉语教师，必须具备一些中华传统的才艺。本课程通过介绍中华茶艺、中华棋艺、汉字书法、中国传统手工艺、中国民族舞蹈技艺、中华养生技艺等，让学生了解传统技艺的内涵、流程和技法，并能够较好地进行演示。

中国传统技艺是一门实践性很强的课程，其课程思政育人着力点具体表现为：感悟中华民族的创造智慧，增强文化自信，提高动手能力，提升生活品位。

二、课程思政元素发掘

本课程各个章节在授课时可能包含以下思政元素。

元素1：课堂教学，以技艺之美引发学生的文化认同。

(1) 精选"文质"皆美、思想性和艺术性俱佳的教学内容。依据我国入选联合国教科文组织"人类非物质文化遗产代表作"中的传统技艺名目，以及国家非物质文化遗产代表作名录中的传统技艺名目等，挑选了中华茶艺、中华棋艺、汉字书法、剪纸、中国民族舞蹈技艺、中华养生技艺等进行教学，并根据学时选取书法、茶艺、剪纸作为教学的重点。汉字书法的神气风骨、茶艺的美好意境、剪纸作品的审美情趣，这些凝结着民族智慧与创造精神的艺术成就，让学生感受到了中华文化的迷人魅力。

（2）立体化展示传统技艺风采。通过书籍、音频、视频等不同介质的内容，以讲授、观影、问答、互动等方式，尽可能直观展示传统技艺的杰出成就。例如，通过六大茶类的图片、不同质地和形状的茶具资料、影视剧的片段等，展示中国茶文化的自然之美、器具之美和哲理之美；通过介绍汉字形体的演变及不同流派的书法作品的对比，体现汉字书法艺术的博大精深。

（3）巧妙设置问题，启发审美情趣。由于学生的艺术修养和审美能力还没达到一定高度，因而他们对传统技艺的思想内涵和形式美的理解常常是肤浅的。因此，巧妙设置问题，如“猜猜剪纸内涵”“《兰亭序》中涂抹修改的字是真的还是假的？”“《兰亭序》的真迹在哪儿？”等问题，可以帮助学生通过一个恰当的切入点，理解作品的思想境界与艺术境界。同时，还适当补充一些有关的审美理论知识，并把教师自己的审美感受、审美经验介绍给他们，启迪其智慧，开拓其视野，让他们在传统技艺的“百花园”中受到熏陶和感染，潜移默化中以美储善。

元素 2：大师进课堂，以匠人精神激发动手与创新能力。

为了使学生近距离感受传统技艺的风采，邀请了两位业界的匠人大师进课堂，为学生们演示中华茶艺与剪纸技艺。于飞老师是来自北京著名老字号吴裕泰茶庄的高级茶艺师，在她对茶席、茶具、茶礼的示范中，学生们真切体会到四季交替里中国人的自然观和中式健康生活理念。

元素 3：网络推介，以课外荐读拓展知识，启发学生理性思考。

教师通过网络对学生课外阅读进行正确引导，启发学生对社会人生的理性思考。主要通过邮箱、微信群推荐课堂上无法全部展示的精美视频作品。例如，书法技艺部分，推介有关苏轼生平、文学、书法、饮食等方面的书籍和视频，以苏轼豁达的人生态度，引导学生正视人生的挫折和生活的烦恼，使他们在课外阅读中与文化名人“魂魄共舞”，找到通往崇高的缆绳。

元素 4：课外延展，提升学生的学术研究能力。

中国传统技艺课程使不少学生爱上饮茶并对中国茶文化产生浓厚兴趣，每年都有近 1/4 的学生把茶文化作为毕业论文的选题，选题涉及中国古代茶文学、文化及其审美意蕴、中日茶文化比较研究、中国茶文化的海外传播研究、基于茶文化的文化自信研究等。有浓厚的兴趣，学生就会产生强烈的求知欲，就能积极、主动地学习探索，其定旨立意、谋篇布局、选材用材以及遣词造句的能力得到较大提升。

三、教案设计

（一）教学目标

通过讲解和实操，让学生了解蕴含在剪纸技艺中的人文精神与技艺之美，并通过邀请工艺美术大师进课堂，以匠人精神激发动手与创新能力。

（二）教学内容

（1）传统剪纸中蕴含的文化元素及其寓意。
（2）传统剪纸的主要技法。

（三）教学手段与方法

讲授、观影、实操。

（四）教学过程

邀请民间工艺美术大师进课堂，介绍传统剪纸的发展历程和代表作品，演示剪纸技法，指导学生动手创作。孙二林是享誉国内外的民间工艺美术大师，她的作品被中国、美国、日本等国印制为邮票。她反复强调，精心、专注、勤学苦练加上善于创新，才能剪出好的作品。

四、教学效果分析

在孙老师严谨细致、精益求精精神的鼓舞下，学生们关注细节，每个步骤、环节都精准到位。有的以精心剪出的“福”“寿”给姥姥祝寿；有的在老师的启发下，在作品中加入新元素，打算把具有“知识产权”的“囍”字留作自己结婚的饰品；有的剪一对小鸟送给异性朋友，表达比翼双飞、甜甜蜜蜜……尊重劳动、劳动创造美好生活，以劳育人的目标在潜移默化中自然达成。

艾青诗歌中的爱国情怀

课程名称： 中国现当代文学作品赏析

课程性质： ☑公共课　□专业课

课程类别： ☑理论课　□实践课　□理论实践一体课

课程所属学科及专业： 中国文学

授课教师： 司新丽

授课对象： 全校学生

一、课程简介

中国现当代文学作品赏析课程通过精选中国现当代文学史上厚重而独具魅力的作品名篇，按照历史的脉络，依从文体的划分，使学生赏析每一部独具风采的作品，徜徉于文学的海洋，探寻各型各色的人物形象，与鲁迅、茅盾、老舍、曹禺、沈从文等文学大师对话，与徐志摩、郁达夫等风流才子笑谈，与萧红、张爱玲等一代才女进行心灵沟通。学习本课程，有利于学生了解中国现当代文学史上的名家名作，提高独立阅读、分析、评价作家作品的能力；也有利于学生在厚重的艺术殿堂中得到课程思政教育，提高思想道德水准和人文素养，提升爱国情怀及审美能力。

二、课程思政元素发掘

本课程各个章节在授课时可能包含以下思政元素：

元素 1：鲁迅的人文思想。鲁迅的人文思想为人民大众冲破封建制度和封建思想的束缚、获取思想上的自由提供了强有力的支持。鲁迅的国民性思想是其人文思想的重要组成部分，国民性思想注重发现人性中的弱点，对“国民性”进行改造，从而使人民大众适应社会的发展。

元素 2：左翼（革命）文学。在声势浩大的革命浪潮中，1930 年左翼作家联

盟成立，创作了很多反映社会现状的作品，为加速中国文艺大众化以及坚定中国共产党的领导做出了突出贡献。

元素 3：表达爱国思想的郁达夫自叙传抒情小说。郁达夫自叙传抒情小说以《沉沦》为代表。《沉沦》通过对一个在异国留学青年屈辱和苦闷生活的描述，以及对他在祖国时学习和生活的回顾，发出了对帝国主义和封建主义统治的愤懑和控诉，以及向旧礼教挑战的个性解放的呼声，字里行间充溢着爱国主义激情。

元素 4：以萧红、萧军等人为代表的东北作家群。东北作家群是指“九一八”事变后，一群从东北流亡到关内的文学青年在左翼文学运动推动下开始文学创作的群体，他们的作品反映了处于日寇铁蹄下的东北人民的悲惨遭遇，表达了对侵略者的仇恨、对父老乡亲的怀念及早日收回国土的强烈愿望，比如萧军《八月的乡村》、萧红《生死场》。

元素 5：柔石《为奴隶的母亲》。小说通过对旧社会惨无人道的“典妻”现象的描写，控诉了封建社会残酷的经济剥削、阶级压迫以及对劳动人民的精神奴役和摧残，揭露了封建道德的虚伪和堕落。作者以十分严峻冷静的笔触，采用白描手法，将深挚的情感蕴含在朴素、真切的生活描写中，不夸饰、不渲染，冷静谛观人生，严峻解剖现实，让读者在清晰的生活画卷中探索思考重大的人生问题，表现了深刻的现实主义精神。

元素 6：茅盾《子夜》。民族工业资本家吴荪甫和买办金融资本家赵伯韬之间的矛盾和斗争，是贯串《子夜》全书的主线。环绕这条主线，《子夜》反映了 1930 年左右革命深入发展、星火燎原的中国社会的面貌。

元素 7：中国诗歌会。1932 年 9 月，中国诗歌会成立。该会的前身为“左联”领导下的诗歌组织。诗歌表达的主要内容包括：反对帝国主义，特别是反对日本帝国主义；反对封建统治；批判那些以“不谈政治”为幌子的脱离现实的诗歌和不关心人民命运的诗歌，主张诗歌应当成为革命斗争的武器。

元素 8：艾青的爱国主义诗歌。艾青的爱国主义诗歌通过“土地”和“太阳”两个主要意象，用忧郁的格调表达了深沉的爱国情怀。

元素 9：曹禺话剧《日出》。《日出》描写了 20 世纪 30 年代初期受资本主义世界经济恐慌影响下的半封建半殖民地的都市里，日出之前，上层社会黑暗中“损不足以奉有余”的种种活动以及下层社会的悲惨生活，表达了作者对现实生活强烈的爱憎和迫切期待天亮的心情。

元素 10：“十七年”小说。这些小说指的是 1949—1966 年的小说，这些小说从不同视角记录了中国革命战争、社会主义革命和建设初期波澜壮阔的历史画卷，塑造了那个时代的各色人群，比如《林海雪原》《红旗谱》《红岩》等。

三、教案设计

（一）教学目标

通过本节课的学习，学生能够掌握艾青诗歌创作的基本情况及艺术特色，增强审美能力，提升人文素养，厚植爱国情怀。

（二）教学内容

艾青在20世纪30年代初走上诗坛，其诗歌深沉而忧郁的抒情风格受到了人们普遍的注意。抗战爆发后，艾青事实上已成为最具代表性的诗人之一，20世纪30年代末到40年代中期可以称为“艾青的时代”，他的创作不仅开了一代诗风，而且深刻影响了这一时期乃至40年代后期的诗界。

1. 教学重点

（1）分析艾青代表性诗歌的内容。1933年问世的《大堰河——我的保姆》是一首自述性的抒情诗。这首诗是艾青把思想感情和艺术个性真正融入民族生活的重要转折点，表现了他对旧世界的叛逆和诅咒。这首长诗也是艾青早期创作中成就最高、影响最大的作品。《向太阳》是艾青写的第一首长诗。最初发表在1938年《七月》第3集第2期，是我国现代诗歌史上的杰作。这首诗充分表现了诗人的高度热情和对光明、未来的追求和信心。长篇叙事诗《火把》是《向太阳》的姊妹篇，创作于1940年5月，把艾青抗战以来创作礼赞光明的主题升华到一个新的高度。

（2）分析艾青诗歌的艺术特色。第一，艾青诗歌具有独特的意象和主题，其中心意象是太阳，主题是爱国主义。第二，艾青诗歌具有忧郁的诗绪。第三，艾青诗歌具有独特地感受世界和艺术地表现世界的方式。

（3）突出艾青诗歌创作的爱国情怀。艾青诗歌的中心意象是土地和太阳，主题是爱国主义。

2. 教学难点

教学难点是结合艾青诗歌创作的内容深入浅出地分析其艺术创作特色。

（三）教学手段与方法

中国现当代文学作品赏析这门课基本的教学方法是以教师为主导和学生为主导相结合的教学模式。首先要求学生对即将学习的作品进行认真阅读，写出其对作品的认识和感想。讲授作品分两个步骤，第一步是学生各抒己见，进行讨论，通过学生之间的交流和碰撞加深对作品的认识，提高学生的分析能力。第二步是

教师讲解作品，引导学生正确理解作品的思想意义和艺术特色，以提高学生的审美鉴赏能力。

在遵循上述基本教学方法的指导下，根据课程特点，挖掘课程思政要素，设计课程思政教学模块，选取社会主义核心价值观中的若干元素作为课程思政的教学目标，优选适合教学目标的案例、故事、活动等教学材料并以插件的形式融入课程中，使教学不仅起到传授学科知识的作用，更发挥出教育“润物细无声”的育人作用。这是本课程教学的思路框架。同时，对本课程要坚持结合历史、立足作品、聚焦审美的教学原则，使“课程”和“思政”两者相互促进，引导学生更好地理解赏析作家作品，把家国情怀自然融入课程之中，实现“课程”与“思政”的无缝对接。具体而言，可以在课程教学中融入中国优秀传统文化教育、爱国主义教育、品格素质教育、理想和信念教育。

在坚持本课程基本教学思路和教学原则的前提下，课程思政具体的教学手段与方法有：引导学生在阅读作品后的讨论中更多关注课程思政要素，充分调动其参与的积极性，引发其思考。运用多媒体手段，将课程思政要素呈现为画面、语音解说等，增强对学生的感染力；教师对课程思政要素要结合现实、运用正反对比等方法进行解读分析，加深学生对课程思政要素的理解；课后可以开展阅读交流会、文学研讨会、诗歌朗诵比赛等活动，让学生充分感受中国现当代文学作品的魅力与精髓，从而达到课后课程思政的目的。

（四）教学过程

1. 总体思路

首先，要把握两个原则。一是要把握回到历史的原则。在中国现当代文学作品的课堂上，对作家作品的讲授和赏析要回到当时创作的历史情境中，明了其历史内容和意义，才能避免片面的认识。因此，对于艾青诗歌的讲授要回到当时的历史情境中去。二是要恰当把握课程思政，使其达到如盐在水、润物无声的育人效果。因此，讲授艾青诗歌时，要把其中蕴含的爱国主义情怀自然地传达给学生，使其得到爱国情怀浸润式的熏陶和教育。

其次，教学的具体思路如下：

（1）学生提前阅读艾青诗歌，并思考最喜欢艾青哪首诗歌及原因，为课堂教学互动做好准备。

（2）分析艾青的人生经历和其诗歌创作的关系，并以此梳理其诗歌创作概况，使学生掌握艾青诗歌的创作概况。

课程思政的体现：艾青从画家成为诗人，在精神历程上，从时代“叛逆者”逐渐变成时代“吹号者”。艾青的诗在起点上与我们民族多灾多难的历史和人民有深刻的联系。通过分析这种联系使学生意识到艾青诗歌爱国情怀的起因。

(3) 对艾青代表性诗歌的内容进行分析讲解，使学生掌握艾青代表性诗歌创作的主题，增强学生对诗歌的赏析能力。

课程思政的体现：艾青早期自述性抒情诗《大堰河——我的保姆》（1933年）、第一首长诗《向太阳》（1938年）以及长篇叙事诗《火把》（1940年）中所表达的对中国农民命运的深切同情、民族忧患意识以及对光明的礼赞和追求等主题思想，有利于激发学生的爱国热情。

(4) 对艾青诗歌的艺术特色进行举例讲解，使学生掌握艾青诗歌创作的艺术特色，进一步理解艾青诗歌创作的爱国情怀，提高学生的审美鉴赏能力。

课程思政的体现：艾青诗歌所表达的中心意象“太阳”和主题“爱国主义”以及忧郁的诗绪等艺术手段更有利于充分表达爱国情怀，既有利于学生欣赏诗歌的艺术之美，更有利于课程思政达到如盐在水、润物无声的育人效果。

2. 详细教学过程

根据教学要求和教学计划，本着培养学生的赏析能力和审美能力、提升学生的人文素养和爱国情怀的教学目的，针对教学重点和难点，教学的详细过程安排见表1。

表1

艾青诗歌赏析（50分钟）		
教学意图	**教学内容及手段**	**环节设计**
进入诗歌赏析境界	插入配乐诗朗诵《我爱这土地》，同时PPT显示诗句："为什么我的眼里常含泪水，因为我对这土地爱得深沉……"，目的是吸引学生进入诗歌赏析的境界	时间：3分钟 使学生进入情境
和学生互动	询问学生最喜欢艾青的哪一首诗	时间：1分钟 调动学生积极性
本节课程学习主要内容	1. 艾青简要经历和诗歌创作概况 2. 艾青的历史地位 3. 艾青代表性诗歌的主要内容 4. 艾青诗歌的艺术特色	时间：1分钟 PPT显示，使学生了解本节课学习的主要内容
介绍艾青诗歌创作概况	利用PPT，简介艾青经历和诗歌创作概况	时间：4分钟 利用PPT，把艾青创作的主要诗歌题目列出来
评价艾青历史地位	利用PPT，评价艾青诗歌的历史地位	时间：2分钟 让学生了解艾青在诗歌史上的地位

续表

教学意图	教学内容及手段	环节设计
教学重点 1 赏析艾青诗歌内容	插入配乐诗朗诵《大堰河——我的保姆》，利用 PPT，对这首诗的内容进行分析。自述性的抒情诗体现了作者对中国农民命运的深切同情，表达了作者强烈的民族忧患意识，激发了对人类普遍生存境遇的巨大怜悯	时间：13 分钟 通过朗诵和对这首诗的分析，达到赏析和课程思政目的
教学重点 2 赏析艾青诗歌内容	利用 PPT，分析长诗《向太阳》和《火把》。《向太阳》充分表现了诗人的高度热情和对光明、未来的追求和信心。《火把》把艾青抗战以来创作礼赞光明的主题升华到一个新的高度	时间：7 分钟 通过对诗歌内容的分析，达到赏析和课程思政的目的
教学重点 3 分析艾青诗歌艺术特色	利用 PPT，用举例分析的方法对艾青诗歌三方面的艺术特色进行讲解：①具有独特的意象和主题，其中心意象是太阳，主题则是爱国主义。②具有忧郁的诗绪。③具有独特地感受世界和艺术地表现世界的方式	时间：17 分钟 通过对诗歌艺术特色的分析讲解，使学生提高审美能力，有助于更好达到课程思政的目的
总结	内容回顾，简要总结	时间：2 分钟 通过内容回顾，加深学生对学习内容的印象，尤其是重点内容

四、教学效果分析

本课程的教学内容和课程设计符合通识教育学生的知识水平和认知规律，案例教学中由教学内容和教学手段营造的轻松活跃的教学氛围，充分激发了学生的学习兴趣和思考能力，有助于学生对作家作品知识的掌握，提高了分析能力和鉴赏能力，提升了学生的做人品格和人文素养。

本课程与现代中国人的生活情感、人文精神紧密相关。相关作品具有深沉的历史意蕴，与中国新民主主义革命、社会主义建设具有千丝万缕的关联，蕴含着家国情怀、核心价值、人文素养等丰富的课程思政元素，始终贯穿着爱国主义情怀。这些思政元素与塑造学生的家国情怀、人文素养、理想信念、道德修养有密切联系，本课程实现了显性讲述与隐性教育的有机结合。

本课程案例教学以艾青诗歌的爱国主义为主题，以审美赏析的形式达到了培养学生正确的价值观念、塑造学生的现代人文精神的课程思政目标，从而实现了课程与思政的无缝对接。通过艾青诗歌爱国情怀课程思政元素的融入，学生提升了人文素养，增强了爱国主义情怀。